高职高专"十二五"规划教材

药学系列

药品生产质量管理

王 鸿 李剑惠 主编

U0367774

化学工业出版社

·北京·

内 容 提 要

本书以 2010 年版《药品生产质量管理规范》为依据,按照"理论够用,突出实践"的原则,结合学生对药品生产质量管理应用能力的培养和制药企业实际需求,将药品生产过程中的质量管理、人员机构管理、厂房设施和设备管理、生产管理、验证以及自检、认证等内容作为教学项目来实施。为了强化学生的职业素养和职业能力,本书仿照药品实际生产过程中的质量管理设计了实践项目,便于学生掌握技能要点、操作程序等实际操作。书后附有《药品生产质量管理规范(2010 年修订)》文件,供学生学习和在实践中使用。

本书适合高职高专药学、药物制剂技术、制药工程技术、化学制药、药品经营和管理等药学类专业选为教材使用,也可作为药品生产企业 GMP 培训教材。

图书在版编目(CIP)数据

药品生产质量管理/王鸿,李剑惠主编. —北京:化学
工业出版社,2013.6(2024.6重印)
高职高专"十二五"规划教材 药学系列
ISBN 978-7-122-17059-0

Ⅰ.①药… Ⅱ.①王…②李… Ⅲ.①制药工业-工业企
业管理-质量管理-高等学校-教材 Ⅳ.①F407.763

中国版本图书馆 CIP 数据核字(2013)第 078034 号

责任编辑:梁静丽　　　　　　　　　　　装帧设计:关　飞
责任校对:蒋　宇

出版发行:化学工业出版社(北京市东城区青年湖南街 13 号　邮政编码 100011)
印　　装:涿州市般润文化传播有限公司
787mm×1092mm　1/16　印张 13　字数 293 千字　2024 年 6 月北京第 1 版第 7 次印刷

购书咨询:010-64518888　　　　　　　　　售后服务:010-64518899
网　　址:http://www.cip.com.cn
凡购买本书,如有缺损质量问题,本社销售中心负责调换。

定　　价:36.00 元

《药品生产质量管理》编审人员名单

主　　编　王　鸿　李剑惠

副 主 编　崔勤敏

编写人员　（按姓名笔画排序）

王　鸿　（浙江医学高等专科学校）

王　玮　（浙江医学高等专科学校）

李剑惠　（浙江医药高等专科学校）

仲建良　（宁波大红鹰药业有限公司）

赵文霞　（浙江医学高等专科学校）

胡　英　（浙江医药高等专科学校）

施　卉　（浙江医学高等专科学校）

崔勤敏　（浙江医学高等专科学校）

主　　审　裘国丽　（浙江民生药业有限公司）

前言

　　本教材以教育部的"以就业为导向，重视教学过程的实践性、开放性和职业性，走工学结合道路，培养高端技能型人才"精神作为指导思想。按照"理论够用，突出实践"的原则，以"项目"为指导，以"项目"为驱动，注重培养学生的药品生产质量管理的实际应用能力。本教材完成了药品生产过程中的质量管理、人员机构管理、厂房设施和设备管理、生产管理、验证以及自检、认证等内容的讲授，对2010年版的GMP相关条文进行了详细的讲解；同时考虑到验证和自检认证在企业的重要性，将这两部分内容单独列出，并结合实际进行讲解。

　　本教材在内容的编排上，注重理论知识在具体生产实践中的应用，结合实际生产，避免繁琐枯燥的规范条文，提高教材的可读性和趣味性，同时在实践项目中，可以使学生通过模仿实际生产过程，掌握技能要点、操作程序等实际操作。希望通过对整个教材的学习，使学生具有能胜任药品生产质量管理各项工作的能力。

　　本教材将教学内容分为三个模块，每个模块又分成若干个项目，每一项目内容包括必备知识、拓展知识和实践项目。在内容上，突出实践能力的培养，与实际工作岗位的需求相对接，尤其是实践项目，完全是仿照实际生产过程中的质量管理进行，强化了学生的职业素养和职业能力。

　　目前由于《药品生产质量管理规范》（2010年版）中很多方面正在探索中，相关的文献也不多，加上编委的编写经验有限，难免会出现不妥之处，敬请广大读者批评指正。

编者

2013.2

目录

模块一 GMP 的基本知识

模块二 GMP 管理

模块三 GMP自检与认证

模块一

GMP 的基本知识

项目一　GMP 概述

项目二　GMP 与 cGMP

项目一 GMP 概述

【知识目标】
1. 掌握 GMP 的基本要求和主要内容。
2. 熟悉 GMP 有关概念，药厂 GMP 车间的基本布局和设计要求。
3. 了解 GMP 的发生和发展。

【能力目标】
1. 知道 GMP 实施的意义及特点。
2. 知道 GMP 的原则和主要内容。
3. 能正确按照 GMP 要求绘制药厂 GMP 车间的基本布局，并提出相关的设计要求。
4. 知道不同用途的工艺用水对制水设备系统的要求。

必备知识

一、基本概念

1. GMP 的概念和组成

GMP 原文为 Good Practice in the Manufacture and Quality Control of Drug 或 Good Manufacture Practice for Drug，即药品生产质量管理规范。它是世界各国普遍采用的对药品生产企业全过程进行监督管理的法定技术规范，是保证药品质量和用药安全有效的可靠措施，是当前国际社会通行的药品生产和质量管理必须遵循的基本准则，是药品生产质量全面管理的重要组成部分。

从硬件和软件系统角度来看，GMP 的主要内容可以概括为硬件和软件。所谓的硬件是指人员、厂房、设备等，这部分涉及必需的人财物的投入，以及标准化管理；软件是包括组织机构、组织工作、生产工艺，记录、制度、方法、文件化程序、培训等，可概括为以智力为主的投入。硬件部分必然涉及较多的经费，以及国家、企业的经济能力；软件通常反映管理和技术的水平问题。用硬件和软件划分 GMP 内容，有利于 GMP 的实施。许多发展中国家推行 GMP 制度初期，往往采用对硬件提出最低标准要求，而侧重于抓软件的办法，效果比较好。

从专业性管理的角度来看，GMP 可分为两方面：质量控制是对原材料、中间产品、产品的系统质量控制，主要办法是对这些物料的质量进行检验，并随之产生了一系列工作质量管理；质量保证是对影响药品质量的、生产过程中易产生的人为差错和污物异物引入，进行系统严格管理，以保证生产出合格药品。

GMP适用于药品生产全过程和原料药生产过程中影响成品质量的关键工序。GMP以生产高质量的药品为目的，从原料投入到完成生产、包装、标示、贮存、销售等环节全过程实施标准而又规范的管理，在保证生产条件和环境的同时，重视生产和质量管理，并有组织地、准确地对药品生产各环节进行检验、监控和记录。世界卫生组织（WHO）对制定和实行GMP制度的意义做过如下阐述："在药品生产中，为保证使用者得到优质药品，实行全面质量管理极为重要。在生产为抢救生命或为恢复或为保持健康所需的药品时，不按准则而随意行事的操作方法是不允许的。要想对药品生产制定必要的准则，使药品质量能符合规定的要求，这无疑是不容易的。下面是我们推荐的为生产符合规定质量要求药品的规范。恪守这些规范的准则，加上从生产周期开始到终了的各种质量检验，将显著地有助于生产成批均匀一致的优质产品"。

2. GMP的特点

GMP的特点有以下几个方面。

（1）强调药品生产和质量管理的法律责任　只要开办药品生产企业，就要履行相关的审批手续，其产品质量管理就要按GMP的要求，接受相关部门的监督。

（2）对各影响因素严格要求　对凡能引起药品质量的诸因素均有严格要求，并强调从事生产人员的业务素质、技术水平和受教育状况。

（3）强调生产过程的全面质量管理，建立全面质量管理档案。

（4）强调检、防结合，以防为主。

（5）重视为用户服务，要求建立销售档案，并做好用户信息反馈。

3. 实施GMP的意义

药品是一种特殊商品，事关人民健康，因此在药品生产中实行全面质量管理，保证药品质量极为重要。GMP制度是一种行之有效的科学的严密的对药品生产质量管理的制度，它的意义可以概括为以下几点。

（1）实施GMP是我国医药行业向国际通行惯例靠拢的重要措施，是使医药产品进入国际市场的先决条件。

（2）实施GMP是我国药品生产企业及产品增强竞争力的主要保证。

（3）实施GMP是我国政府和药品生产企业对人民用药安全高度负责精神的具体体现，是企业形象的重要象征。

二、GMP的产生和发展

1. GMP的产生

GMP是社会发展中医药实践经验教训的总和和人类智慧的结晶。药品的特殊性决定了药品质量的至关重要性。为确保药品质量，世界各国政府对药品生产都进行了严格的管理，制定了有关法规，并制定了药典作为本国药品基本的、必须达到的质量标准。这种管理方式属于质量管理的质量检验阶段，未能摆脱"事后把关"的范畴。因此，因药品质量而引发的人身事故仍时有发生。

在美国首版GMP推行以前，美国食品和药品管理局（Food and Drug Adminstration，FDA）对药品生产和管理的监督尚处于"治标"的阶段，将药品抽样检验的结果作为判别药品质量的唯一法定依据，结果符合《美国药典》和《美国国家处方集》的要求，即判合格；反之，则判为不合格。但美国 FDA 的官员在监督管理实践中发现，被抽样品的结果并不能真实地反映市场中药品实际的质量状况，被抽样品的结果合格，其同批药品的质量在事实上可能并不符合标准。美国 FDA 为此对一系列严重的药品投诉事件进行了详尽的调查。调查结果表明，多数事故是由于药品生产中的交叉污染所致。如 1902 年前，有 12 名以上儿童因使用了被破伤风杆菌污染的白喉抗毒素而死亡；1922～1934 年，有 2000 多人死于使用氨基比林造成的粒细胞缺乏的相关疾病；1935 年，有 107 人死于二甘醇代替酒精生产的口服磺胺制剂；1941 年，一家公司生产的磺胺噻唑片被镇静安眠药苯巴比妥污染，致使近 300 人死亡或受伤害；1955 年，一家公司生产预防脊髓灰质炎疫苗的过程中未能将一批产品中的病毒完全灭活，导致约 60 人感染病毒而患病；1961 年又发生了震惊世界的"反应停"事件。这是一次源于联邦德国、波及世界的 20 世纪最大的药物灾难——一种曾用于妊娠反应的药物，导致了成千上万例畸胎的药物灾难事件，而这种畸形胎儿死亡率高达 50％以上，当时"反应停"已经在市场上流通了 6 年，未经过严格的临床实验，而生产"反应停"的联邦德国格仑蓝苏药厂隐瞒了已收到的有关该药物毒性反应的一百多例报告。这次灾难波及世界各地，受害者超过 15000 人，日本迟至 1963 年才停止使用"反应停"，导致了一千多例畸形婴儿的产生。

美国是少数几个幸免一难的国家之一。当时美国 FDA 官员在审查此药物时，发现该药物缺乏美国药品监督管理法律法规所要求的、足够的临床试验资料，如长期毒性试验报告，所以未批准进口。这次灾难虽然没有波及美国，但是在美国社会激起了公众对药品监督和药品法规的普遍重视。鉴于这种情况，美国于 20 世纪 50 年代末开始了在药品的生产过程中如何有效地控制药品质量的研究，1963 年美国 FDA 颁布了世界上第一部《药品生产质量管理规范》，要求美国的制药企业按 GMP 的规定，规范化地对药品的生产过程进行控制；否则，就认为所生产的药品为劣药，不允许出厂。美国 GMP 的实施，使药品在生产过程中的质量有了切实的保证，效果显著。因此，美国 GMP 产生后在世界范围内迅速推广，显示了强大的生命力。

2. GMP 的发展

（1）国外 GMP 的发展

继美国制定、实施 GMP 后，一些工业发达国家和地区纷纷仿照美国的先例制定了本国、本地区的 GMP。1968 年，澳大利亚确定药品 GMP 认证审核制度；1969 年世界卫生组织（WHO）颁发了自己的 GMP，并向各成员国家推荐；1971 年，英国制订了第一版 GMP；1972 年，欧共体公布了《GMP 总则》，指导欧共体国家药品生产；1974 年日本推出 GMP，1976 年通过行政命令来强制推行；1988 年，东南亚国家联盟也制订了自己的 GMP。现在，美国又推出了 cGMP，欧盟也推出新的 GMP，世界 GMP 正处于不断发展之中，为各国人民用药安全发挥出了越来越大的作用。

1969 年，WHO 在第 22 届世界卫生大会上，建议各成员国的药品生产采用 GMP 制度，以确保药品质量和参加"国际贸易药品质量签证体制"（Gertification Scheme on the Quality of Pharmaceutical Products Moving in International Commerce，简称"签证体制"）。1975 年 11 月 WHO 正式公布 GMP；1977 年第 28 届世界卫生大会时 WHO 再次向成员国推荐 GMP，并确定为 WHO 的法规，经过修订后，收载于《世界卫生组织正式记录》第226号附件12中。此后，世界上很多国家开始宣传、认识、起草GMP。到1980年有63个国家颁布了GMP；到目前为止，已有包括很多第三世界国家在内的100多个国家和地区制定、实施了GMP。随着社会的发展、科技的进步，各国在执行GMP的过程中不断地对其进行修改和完善，并制定了详细的实施规则和有关的指导原则。

（2）我国GMP的发展

① 我国GMP的发展回顾　我国制定和实施GMP起步较晚。1982年，由中国医药工业公司制定了《药品生产管理规范（试行本）》，并在一些制药行业试行，经修订后，于1984年作为行业GMP正式颁布，并要求全行业执行。1988年，在对我国药品生产状况进行调研、分析的基础上，卫生部正式颁布了我国的第一部《药品生产质量管理规范》（1988年版），1992年进行了第一次修订，1998年进行了第二次修订，2011年2月12日最新修订的2010年版的《药品生产质量管理规范》以卫生部令的形式公开发布，并于2011年3月1日起施行。2010年版的GMP共分为14章313条，内容较旧版的GMP大幅增加。同时吸收了国际先进经验，结合我国国情，按照"软硬件并重"的原则，贯彻质量风险管理和药品生产全过程管理的理念，更加注重科学性，强调指导性和可操作性，达到与国际卫生组织药品GMP的一致性。

与旧版GMP相比，2010年版GMP的主要特点为：一是加强了药品生产质量管理体系的建设，大幅提高对企业质量管理软件方面的要求。细化了对构建实用、有效质量管理体系的要求，强化药品生产关键环节的控制和管理，以促进企业质量管理水平的提高。二是全面强化了从业人员的素质要求。增加了对从事药品生产质量管理人员素质要求的条款和内容，进一步明确职责。三细化了操作规程、生产记录等文件管理规定，增加了指导性和可操作性。四是进一步完善了药品安全保障措施。引入了质量风险管理的概念，在原辅料采购、生产工艺变更、操作中的偏差处理、发现问题的调查和纠正、上市后药品质量的监控等方面，增加了供应商审计、变更控制、纠正和预防措施、产品质量回顾分析等新制度和措施，对各个环节可能出现的风险进行管理和控制，主动防范质量事故的发生。提高了无菌制剂生产环境标准，增加了生产环境在线监测要求，提高无菌药品的质量保证水平。

但是我国的制药行业整体水平与国外同行相比还有很大差距，最能说明问题的事实是我国药品出口的现状：我国出口的药品绝大多数是低价的原料药，高附加值的制剂出口仅为一些口服制剂，而无菌药品的出口量几乎为零。随着我国的经济发展和与国际的不断接轨，我们有必要重新审视我国与国际先进水平的差距。

② 我国实施GMP的现状　经过30年发展，我国GMP实现了从无到有、从点到面、从普及到提高的历史跨越，取得了较大的成绩。GMP意识不但在药界深入人心，还在社会层面上产生了较大的影响；企业和药品监管人员的素质得到了极大的提高，尤其是锻炼成长了一支较出色的检查员和药品监管队伍；药品的生产环境有了根本性的改变，花园式工厂不再是梦想和神话；精良的制药装备在药品生产企业得到了普遍应用，技术的进步促进了产品质量的优化；硬件和软件的管理水平有了持续性地改进和不断提高；尤其可喜的是，许多企业的产品走出了国门，通过了美国FDA和欧盟COS及其他国家的药品认证，在参与国际竞争中获得了通行证。

在整个 GMP 推广、实施的过程中，由于各种因素的制约，不可避免地会存在这样那样的问题，这些问题有些是由国情决定的，在本阶段不可能一步到位解决，有些是在实施推进及认证过程中产生的，有些是 GMP 实施和发展过程中的新问题。纵观我国 GMP 认证实施中存在的问题，主要有以下几个方面。

第一，企业 GMP 管理意识有待进一步深入，人员素质有待进一步提高：在推行 GMP 认证之初，不少企业对 GMP 的认识有误区，重认证、轻管理，重硬件、轻软件，将 GMP 认证当作过关，认证之前，日夜突击，加班加点，编制 SOP、各种管理软件，造成制定的一些 SOP 和管理软件与生产实际不一致，甚至相差甚远，实际实施生产、质量管理过程中的具体问题和文件规定间存在差距，管理软件也未及时按规定进行修订，造成少数企业认证后管理滑坡现象。

企业各级生产、质量管理人员和技术工人的素质亟待提高。药品生产、检验专业技术人员是药品生产全过程的第一要素，在"齐二药"事件中，企业检验人员不具备相应的专业技术水平，不能识别二甘醇和丙二醇不同的红外图谱，导致出现这种不良事件。我国现有五千多家制剂和原料药生产企业，需要大量的专业技术人员，但由于历史的原因，特别是强制推行 GMP 认证之初，各个药品生产企业为赶在最终停产时限之前完成 GMP 认证，采取了多种方式的 GMP 引资改造活动，大量不同领域的人员进入药品生产领域，造成一些药品生产企业负责人不懂药品、部门负责人不理解药品生产质量控制过程、生产检验人员缺乏应有的药品生产质量意识和专业水平的现状，随着药品 GMP 的深入实施，药品生产企业的这种情况亟待改善。

第二，政策法规有待进一步完善：法律法规是实施药品 GMP 的坚强后盾和有力支持。《药品管理法》规定药品生产企业必须按照国务院药品监督管理部门依据本法制定的《药品生产质量管理规范》组织生产。此范围非常广泛，涵盖制剂、原料药、医用氧、中药饮片、空心胶囊、药用辅料等所有药品生产企业，由于不同药品生产企业的人员、厂房、设备等不同，生产要求也不同，均按同一标准进行 GMP 认证，有一定的缺陷；药品注册管理和药品生产管理等环节的法律法规衔接也有待进一步加强；研究、生产、流通等方面的监督管理法规体系也有待于进一步完善。

第三，GMP 认证管理体系及监管协调有待进一步加强：药品质量的保证是一项涉及多方面的系统工程。药品的注册管理、生产监督管理、药品流通管理是药品生产的上游、中游和下游的三个关键，是药品管理的三项基石，是保证产品质量安全有效的根本。研发、生产、流通既是相互独立的，又是有机统一的整体，它们的协调一致决定了向社会提供的药品安全、有效。因此作为监管机构，要明确哪些是影响产品质量的关键因素，针对每一个不同剂型、不同品种药品的实际情况，确定不同的关键点，才能使监管工作顺畅起来，才能使 GMP 实施合情、合理、合法、合乎科学规范的要求。

第四，解决监管的相对滞后与生产技术不断发展之间的矛盾：随着我国医药经济的快速发展，新设备、新工艺、新材料不断涌现，不少品种在原有注册工艺的基础上进行了改进，产生了生产工艺的变更，但由于一些法律法规的不完善，申报程序繁琐，审批时限过长，积累了较多的工艺变更问题，应在深入研究的基础上，本着实事求是的原则，科学评价不同剂型、不同工艺的风险程度，根据不同的剂型，分级、分类规范审批程序，妥善地解决这些问题。

第五，药品 GMP 认证体制有待进一步完善：现阶段 GMP 认证体制为国家、省级二级认证体制，实行国家、省、市、县四级监督管理，认证体制在 GMP 认证检查过程中受到多方面的压力及多种因素制约，应加强 GMP 检查员队伍建设，提高检查员的业务素质和能力，熟练掌握和运用 GMP 认证检查评定标准，保证药品 GMP 认证的公平性和严肃性，促进医药经济健康发展。

③ 我国 GMP 发展的展望　GMP 作为药品生产和质量管理基本准则是永恒的，但 GMP 又是动态的，基本准则的具体内容不是一成不变的，是随着人们对药品质量的要求、科技进步对药品质量控制水平以及药品自身发展的需要而变化的，不同国家 GMP 的发展历程虽然不同，但根据本国的实际情况建立 GMP 制度，在此基础上不断调整、发展完善的做法却是一致的。我国 GMP 发展主要有以下几个方面。

第一，不断修订完善 GMP，建立有中国特色的 GMP：我国 GMP 从无到有经历了 30 年的历程，可以参照 FDA 的做法，针对某些具体的问题提出各个指导原则，例如培养基模拟灌装的指导原则等。

第二，加快新技术、新工艺在 GMP 实施过程中的应用：GMP 实施必须有精良的设备等硬件的保证，同时也需要通过应用新技术、新工艺来不断提高实施水平。应强调在研究过程中运用先进的技术和分析方法，深入理解，客观地收集资料，对生产过程运用数理统计，进行生产过程工艺分析，在检验过程中强调运用现代分析方法，实行在线实时检测等，从而有效地保证药品质量，有利于 GMP 的实施。现在我国也日益重视在实施 GMP 过程中理顺研究、生产、检验的关系，强化企业运用新技术、新工艺的意识，完善药品监管机制，创新监管手段，建立相应的措施，鼓励企业在实施 GMP 过程中应用新技术、新工艺。

第三，强化质量风险管理意识，提高 GMP 实施水平：社会对保证药品质量的要求是永无止境的，GMP 实施水平也需要不断提高以满足社会对产品质量的要求，如何协调社会的期望和提高质量成本之间的矛盾，生产出社会满意的产品，是 GMP 工作者、生产企业与监管部门不断探索的课题。2002 年，FDA 发出题为"21 世纪的 GMP——药品风险分析的基础和方法"的倡议，国际 ICHQ9A 也已系统提出了风险管理的原则，其共同的目的是应用风险管理的科学方法，在产品生命周期内对其质量风险进行评估、控制、信息交流和回顾评审，变事后检验为生产全过程控制，保证药品的质量。GMP 规定企业应进行风险管理研究，在 GMP 实施过程中监管部门应有意识地将其引入，包括在认证过程中按产品的风险程度来实施有效监管，从而极大地提高我国实施 GMP 的水平。

第四，加强部门协调、强化监管队伍建设，提高 GMP 检查水平：由于我国社会发展水平的差距和条件的限制，药品监管部门人员的素质在很大程度上影响到 GMP 实施水平，将药学、制药工艺等领域高水平的专家引入药品监督管理部门工作或组织认证专家库，建立一支专业化的认证、检查队伍，将会带动整个行业实施 GMP 水平的提高。同时将新药申报的注册核查、GMP 检查、品种核查有机结合起来，不断加强企业、药品监督管理部门之间的协调，使注册、生产与 GMP 检查形成有机整体，将可以有效解决我国目前实施 GMP 中的许多难题。

我国 GMP 实施进行到现在取得了世人瞩目的效果，制药行业的整体水平较 30 年

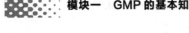

前实现了历史跨越，医药领域新技术、新工艺飞速发展，具备了提升 GMP 标准的条件，GMP 工作必将随着社会的发展而显现出更强大的生命力。

三、GMP 的分类

1. 依据 GMP 的适用范围分类

（1）具有国际性质的 GMP　可分为 WHO 的 GMP、欧洲自由贸易联盟制定的 GMP、东南亚国家联盟的 GMP 等。

（2）国家权力机构颁布的 GMP　可分为国家药品监督管理局、美国 FDA、英国卫生部、日本厚生省等政府机关代表国家制定的 GMP。

（3）工业组织制定的 GMP　可分为美国制药工业联合会制定的 GMP、中国医药工业公司制定的 GMP 及其实施指南、瑞典工业协会制定的 GMP，甚至还包括药厂或制药公司自己制定的 GMP。

2. 依据 GMP 的性质分类

（1）作为建议性的规定、不具有法律效应的 GMP　如有些国家或组织制定的 GMP 只对药品生产和质量管理起指导作用。

（2）作为法典规定、具有法律效应的 GMP　如美国、日本等国家的 GMP。

四、GMP 的主要内容

1. 实施 GMP 的基本控制要求

（1）训练有素的人员（包括生产操作人员、质量检验人员、管理人员）。

（2）合适的环境、厂房、设施和设备。

（3）合格的物料（包括原料、辅料、保证材料等）。

（4）经过验证的生产方法。

（5）可靠的检验、监控手段。

（6）完善的售后服务。

2. GMP 三大目标要素

（1）将人为的差错控制在最低的限度。

（2）防止对药品的污染和防止降低质量。

（3）保证高质量产品的质量管理体系。

GMP 的中心指导思想：药品质量是在生产过程中形成的，而不是检验出来的。因此必须强调预防为主，在生产过程中建立质量保证体系，实行全面质量保证，确保药品质量。

3. GMP 十项基本原则

（1）明确各岗位人员的工作职责　GMP 要求每一岗位的人员都能胜任自己的工作。能否胜任所承担的工作，是否具备了所在岗位应具备的知识和技能，能否保证第一次就能把工作做好、每一次都能做好，是保证产品质量的关键。因此各岗位人员应明确自己的工作职责，掌握在自己的岗位上"应知应会"的内容。同时制药技术和岗位的要求是不断发展的，需要不断地学习和培训。

（2）在厂房、设施和设备的设计、建造过程中，充分考虑生产能力、产品质量和员

工的身心健康 厂房、设施与设备的设计、建造应满足的条件包括生产能力、产品质量、员工安全和身心健康；厂房、设施与设备设计、建造应考虑的因素包括提供充足的操作空间、建立合理的生产工艺流程、控制内部环境、设备的设计、选型。

（3）对厂房、设施和设备进行适当的维护，以保证始终处于良好的状态 厂房、设施和设备维护保养不当可引起产品返工、报废、不能出厂，投诉、退货、收回以及可能的法律纠纷，以及对企业形象的影响等。

建立厂房和设备的年度维护保养计划并认真实施是非常重要的。应制定书面规程，明确每一台设备的检查和维护保养项目、周期、部位、方法、标准等。做好维护保养记录：每台关键设备均应有使用记录、清洁记录、维护保养记录、润滑记录等。在出现可能影响产品质量的异常情况时，应在开始生产操作前采取应急处理措施。

（4）将清洁工作作为日常的习惯，防止产品污染 清洁是防止产品污染的有效措施。药品生产对清洁工作的重视和挑战是永无止境的。要将清洁工作作为 GMP 生产方式的一部分，并建立清洁的标准和清洁的书面程序。

在日常操作中应注意：保持良好的个人卫生习惯，更衣、洗手，清洁消毒，患病报告休养，严格遵守书面的清洁规程，及时，准确记录清洁工作，发现任何可能造成产品污染的情况及时报告，采取必要的措施防止鼠虫的进入，定期检查水处理系统和空气净化系统，对生产废弃物进行妥善处理，对生产设备进行彻底的清洁。

（5）开展验证工作，证明系统的有效性、正确性和可靠性 验证是证明药品生产的过程、设备、物料、活动或系统确实能达到预期结果的有文件证明的一系列活动，是一种有组织的活动。通过验证可以证明药品生产的过程、设备、物料、活动或系统确实能达到预期结果；可以保证药品生产过程能够始终符合预定标准的要求。当药品生产的每一个系统或过程均通过验证，就有充分的自信使生产的产品的质量能够始终如一地符合质量标准的要求。为了保持这种自信，必须严格遵守经过验证的书面程序。只有经过验证的过程，产生的记录才有意义。

验证包括空气净化系统验证、工艺用水系统验证、主要工艺设备验证、灭菌设备验证、设备清洗验证药液滤过及灌封（分装）系统验证、检验仪器验证、主要原辅材料变更验证、生产工艺及其变更验证、设备清洁验证、检验方法验证等。

（6）起草详细的规程，为取得始终如一的结果提供准确的行为指导 人们的生活由程序控制着，而日常生活和工作中所遵循的程序的主要区别是：是否形成书面文件。GMP 的核心是为生产和质量管理的每一项操作（或工作）建立书面程序。书面程序是保证符合 GMP 要求、操作（或工作）过程可控、结果一致的第一步，可以控制药品的生产和质量管理过程，将污染、混淆和差错的可能降至最低。

书面程序的六大功能：标准化——规范行为，操作指示——新工作的培训教材及操作指示，操作参考——查阅，控制——检查与评价，审核——历史审核，归档——证据、追溯。

书面程序应保证其清晰、准确、易懂、有逻辑性，先描绘出操作（或工作）的流程，使用执行者能够理解的语言，用图表加强印象，注重包装。

（7）认真遵守批准的书面规程，防止污染、混淆和差错 认真遵守书面程序的每一步要求是确保生产操作符合 GMP 要求的最有效途径，书面程序中的方法可能并不是最佳或最有效的，有经验的员工可能会发现看起来节省时间、节约成本或操作更简单的方法。其实许多看起来是捷径的方法，潜伏着缺陷和危害，长远看来会付出代价。批准的书面程序的每一步操作都有其特定的目的和含义，或许对当前的操作并无意义，但可能是对其他操作的准备、检查或复核。如果确实有很好的想法或操作方法可以改进操作（或工作），应向主管报告，由质量部门组织相关的人员对变更或改进进行评价。只有经证明确实是很好、有效的方法，才能批准对书面程序进行修订。没有部门主管和质量部门的批准，任何操作不能与书面程序有任何偏离。生产过程中一定要牢记，任何书面程序是保证产品质量的最有用的工具，是经慎重考虑或验证后产生的标准文件，有助于获得始终如一的工作质量。书面程序对有经验的员工和新员工同样重要，书面程序是使生产行为符合 GMP 要求的保证。

（8）对操作或工作必须及时、准确地记录归档，以保证可追溯性，符合 GMP 要求　记录是将已经发生的事件或已知事实文档化并妥善保存。GMP 要求与 GMP 有关的每项活动均应当有记录，以保证产品生产、质量控制和质量保证等活动可以追溯，其中包括国家药品监督管理部门的检查内容、质量问题或用户投诉发生时调查的依据等。保存准确的记录也是一种良好的工作习惯。其中批记录应当由质量管理部门负责管理，至少保存至药品有效期后一年。

GMP 记录的范围包括物料管理的记录，厂房设施、设备管理与操作记录，生产操作与管理记录，质量管理与检验、检查记录，销售记录，人员培训、健康检查记录等。

GMP 记录的要求：建立记录的管理规程，操作（或工作）完成后应及时、准确地记录，字迹清晰、内容真实、数据完整、不易擦除，由操作人员亲自记录并签名，过程中的任何偏差应及时报告、处理和记录，不能写回忆录或提前记录。

（9）通过控制与产品有关的各个阶段，将质量建立在产品生产过程中　药品的缺陷通常是由污染、混淆和差错引起的。实施 GMP 的目的就是要通过过程控制，防止污染、混淆和差错，保证产品质量。控制的主要环节包括：物料控制中的采购控制和贮存控制，检验控制，设施设备控制中的设计建造控制、验证、使用与维护保养控制，生产过程控制中的书面程序、原始记录、工艺参数、工艺卫生、独立复核，包装贴签控制，清洁清场和检验过程控制，成品贮存和销售控制中的出厂前的检验与审核、贮存控制、销售记录、售后服务等。QA/QC 只能检验或检查产品质量，而产品质量是在生产过程中形成的，企业的每一位员工都对产品质量有直接的影响。

（10）定期进行有计划的自检　生产过程中建立自检的书面程序，规定自检的项目和标准，定期组织自检。自检完成后，写出自检报告，其中包括自检结果、评价结论、改进措施及建议。

日常工作的自检包括是否接受了必要的教育、培训和技能训练，能够胜任本岗位的工作；是否掌握了本岗位的“应知应会”，是否理解在产品质量中应承担的责任；能否第一次就把事情做好，每一次都能把事情做好；是否按记录的要求及时、准确地记录，执行的书面程序能否对工作给予明确的指导；是否能够理解书面程序；能否严格遵守；是否对执行的书面程序定期进行检查，保证其准确性和有效性；发现捷径或更好的操作方法时，应该怎样处理；个人卫生是否符合要求是否按要求更衣；设备、容器、用具是否按书面程序清洁，保证处于随时可用的状态；发现可能污染产品的异常情况是否立即报告；是否通过控制内部环境减少污染、混淆和差错发生的机会；是否按书面规程对设备进行检查、维护和保养；是否按要求记录设备的使用、清洁、维护保养和润滑情况；发现异常情况是否报告主管。

拓展知识

药品生产企业是指从事药品生产、流通和服务活动，为社会提供医疗用商品，为盈利而从事自主经营的具有法人资格的经济组织。药品生产企业的申报介绍如下。

一、药品生产企业的认可和审批

1. 药品生产企业的审批

开办药品生产企业须经企业所在地省、自治区、直辖市人民政府的药品监督管理部门批准并发给《药品生产许可证》（图1-1）。无《药品生产许可证》的，不能生产药品。《药品生产许可证》应标明有效期和生产范围，到期重新审查发证。药品监督管理部门批准开办药品生产企业，应符合国家制定的药品行业发展规划和产业政策，防止重复建设。

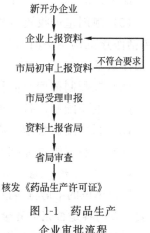

图1-1 药品生产企业审批流程

申办人在完成筹建后，应当向省食品药品监督管理局申请验收，并提交以下资料。

（1）工商行政管理部门出具的拟办企业名称预先核准通知书，生产及注册地址，企业类型，法定代表人。

（2）拟办企业的组织结构图（注明各部门的职责及相互关系，部门负责人）。

（3）拟办企业的部门负责人简历、学历和职称证书；依法经过资格认定的药学及相关专业技术人员、工程技术人员、技术工人登记表。并标明所在部门及岗位；高、中、初级技术人员的比例情况表。

（4）拟办企业的周边环境图，总平面布置图，仓储平面布置图，质量检验场所平面布置图。

（5）拟办企业生产工艺布局平面图（包括更衣室、盥洗间、人流和物流通道、气闸等，并标明人、物流向和空气洁净度等级），空气净化系统的送风、回风、排风平面布置图，工艺设备平面布置图。

（6）拟生产产品的范围、剂型、品种、质量标准及依据。

（7）拟生产剂型或品种的工艺流程图，并标明主要质量控制点与项目。

（8）空气净化系统、制水系统、主要设备验证概况；生产、检验仪器、仪表、衡器校验情况。

（9）主要生产设备及检验仪器目录。

（10）拟办企业生产管理，质量管理文件目录。

省食品药品监督管理局在收到申请验收的完整资料之日起15个工作日内，组织现场检查验收。经现场检查验收合格的，省食品药品监督管理局应在 5 个工作日内作出是否批准的决定，并向申办人核发《药品生产许可证》。验收不合格或不予批准的，应当书面通知申办人，并说明理由。

申办人凭已取得的《药品生产许可证》到当地工商行政管理部门依法办理登记注册手续。

2. 医疗机构制剂室审批程序

医疗机构需要设立制剂室的，申请者应向省食品药品监督管理局提交以下资料。

（1）《申请表》一式三份。

（2）医疗机构的基本情况，法人资格证书和《医疗机构执业许可证》正、副本复印件。

（3）卫生行政部门的审核意见。

（4）制剂室负责人、制剂质量管理机构负责人的简历（包括姓名、年龄、性别、学历、职务、职称、工作简历等）。

（5）制剂室的投资规模、占地面积、周围环境、房屋与设施、配制能力等情况说明（包括医疗机构总平面布局图、制剂室平面布局图、制剂工艺流程图、并按工艺要求标明洁净级别）。

（6）拟配制剂型、品种目录。

（7）主要配制设备、检测仪器目录。

（8）制剂配制管理、质量管理文件目录。

（9）按照《验收标准实施细则》进行的自查报告。

（10）所在州、地、市药品监督管理局意见。

医疗单位的申请材料报送省级食品药品监督管理局后，省局应认真审查申请材料内容，主要审查内容是否完整齐全、是否规范、是否符合申报要求，并根据下列情况分别作出处理。申请材料存在可以当场更正错误的，应当允许办人当场更正；申请材料不齐全或不符合要求的，应当场或者在 5 日内书面通知申办人，并一次告知申办人需要补正的全部内容，逾期不告知的，自收到申请材料之日起即为受理；材料齐全、符合要求的，或者申办人按照要求提交全部补正申请的，发给申请人加盖本部门专用印章和注明日期的《受理通知单》，并自开出《受理通知单》之日起在 10 个工作日内作出现场检查的决定。

现场检查验收应按照《医疗机构制剂许可证》验收标准对申请单位制剂室进行检查验收。验收合格者，按照规定程序核发《医疗机构制剂许可证》；验收不合格者，检查组应提出限期整改意见，医疗机构应在整改限期内完成整改，并提出重新验收申请。

验收组应在现场检查报告或《申请表》上填写验收意见后，报省食品药品监督管理局，做出准予或不予发证的决定。对准予发证的单位，省食品药品监督管理局应在 10 个工作日内核发《医疗机构制剂许可证》。

3. 医疗器械生产企业审批

第一类医疗器械生产企业，向省食品药品监督管理局申请备案，填写《医疗器械生产企业备案表》。第二类、第三类医疗器械生产企业的申办人应向省食品药品监督管理局提出开办申请，填写《医疗器械生产企业开办申请表》（一式三份）并提交以下资料：法定代表人的基本情况及资质证明；工商行政管理部门出具的企业名称预先核准通知书或营业执照；生产场所证明文件（产权证件或租赁合同协议文件）；企业负责人、生产质量技术负责人的学历、技术职称等证明文件及简历；相关专业技术人员、技术工人登记表，并标明所在部门及岗位；高、中、初级技术人员的比例情况表；拟生产的产品范围或品种及相关产品简介说明；主要生产设备及检验仪器目录；生产、质量管理规范文件目录；拟生产产品的工艺流程图，并注明主要控制点与项目；生产无菌医疗器械产品的生产环境检测报告；所提交材料真实性的自我保证声明（企业法人设分支机构或非法人单位由法人企业提交，并由法人企业提交承担法律责任的声明）。

省食品药品监督管理局在收到申报资料起5个工作日内，对申报资料进行审查，对材料齐全、符合要求的，予以受理并出具《医疗器械生产企业申请受理单》。对不符合要求的，应当根据下列情况分别作出处理：申报材料存在可以当场更正的错误，应当允许申办人当场更正；申报材料不齐全或不符合要求的，应当场或者在5日内书面通知申办人，并一次告知申办人需要补正的全部内容，逾期不告知的，自收到申请材料之日起即为受理；按照要求提交全部补正申请材料的，受理部门可出具加盖本部门专用印章和注明日期的《医疗器械生产企业申请受理单》。

省食品药品监督管理局对受理申请并符合开办条件和申报要求的企业应当在10个工作日内，按照《医疗器械监督管理条例》第十九条的规定及有关要求组织现场检查验收。

对第二类、第三类医疗器械生产企业，省食品药品监督管理局根据现场检查报告和评定情况在10个工作日内作出是否批准的决定。同意开办的发给《医疗器械生产企业许可证》（第三类医疗器械生产企业同时上报国家食品药品监督管理局备案）；不予发证的，应当书面说明理由。

二、开办药品生产企业必备的条件

1. 药品生产企业开办条件

开办药品生产企业应当符合国家发布的药品行业发展规划和产业政策，并具备以下条件。

（1）具有依法经过资格认定的药学技术人员、工程技术人员及相应的技术工人。

一个符合要求的厂房、车间、设备，如果没有足够数量的技术人员，很难保证所生产药品的质量。因此制药企业产品质量如何，技术人员的数量、技术力量的强弱十分重要。一个符合要求的制药企业，不仅要有一定数量的技术力量，还要形成一个技术管理网络，形成一个完整体系，才能不断生产出新的、质量好的合格药品。

（2）具有与其药品生产相适应的厂房、设施和卫生环境。

药品生产企业厂区环境和厂房布局是保证药品质量的重要物质基础。

企业设备的先进性、性能的可靠性直接关系到产品的稳定性和质量的保证。

在药品生产的全过程，不允许有任何微生物或其他杂质的污染。因此对企业的环境卫生、操作工艺卫生和个人卫生均有严格的规定。

（3）具有能对所生产药品进行质量管理和质量检验的机构、人员以及必要的仪器设备。

药品生产企业最终产品是否合格，必须经过药厂的质量管理部门的监控和验证。

（4）具有保证药品质量的规章制度。

2. 医疗机构制剂室开办条件

医疗机构设立制剂室应当具备以下条件。

（1）应具有相应的药（医）学专业技术人员，并应占相应比例，并具有从事药品制剂或一定的实践经验。

（2）配制和质量负责人应具有中专以上药（医）学学历或具有主管药（医）师以上技术职称，熟悉药品管理法规，具有制剂和质量管理能力并对制剂质量负责。

（3）具有符合制剂工艺要求及与所配制品种、剂型、规模相适应的场所（包括配制、质检、仓储等）。

（4）具有能够保证制剂质量的设施设备、检验仪器、管理制度和卫生条件。

3. 医疗器械生产企业开办条件

开办医疗器械生产企业应符合国家发布的医疗器械行业发展规划和产业政策，并具备以下条件。

（1）企业负责人应当遵守国家有关医疗器械监督管理的法规、规章。

（2）企业的质量、技术负责人应具有与所生产产品相适应的专业能力，并熟悉国家有关医疗器械监督管理的法规、规章和相关产品质量、技术的规定及要求；质量负责人不得同时兼任生产负责人。

（3）企业内初级以上职称或中专以上学历的技术人员应占有职工总数相应比例。

（4）具有与所生产产品及生产规模相配套的生产设备和生产、仓储场地及环境。

（5）企业应设立质检机构，应具备与所生产产品、生产规模相适应的质量检验能力和条件。

（6）应收集并保存与企业生产、经营有关的法律、法规、规章及有关技术标准。

（7）应建立相应的规章制度或质量管理体系，符合《医疗器械生产质量规范》的相关规定。

（8）生产对环境、设备有特殊要求的医疗器械产品的申办企业，还须符合国家标准、行业标准及国家有关规定。

对于第三类医疗器械生产企业，还须同时具备以下条件：应配备符合质量体系资格要求的人员；相关专业中级以上职称或大专以上学历的专职技术人员不少于 2 名。

对于第一类医疗器械生产企业，应向省食品药品监督管理局提交企业现有生产条件及质量管理能力的说明。

实践项目

任务一　参观药厂 GMP 车间

【实训目的】

1. 了解药厂 GMP 车间的基本布局和设计要求。

2. 了解药品生产设备管理制度及现场执行情况。

3. 熟悉空气净化和工艺制水设备。

【实训内容】

1. 能较好地理解 GMP 车间的设计原则与要求。

2. 参观制剂车间，了解设施管理的各项制度。

3. 参观空气净化系统和工艺制水系统，充分认识两者在药品生产中的作用。

【实训步骤】

1. 听取企业负责人和车间负责人的介绍。

2. 参观制剂车间。

3. 记录分组讨论。

4. 写报告。

【实训思考题】

1. 空气净化系统如何保证不同的洁净度要求？

2. 对不同用途的工艺用水，对制水设备系统有何不同的要求？

【复习思考题】

1. 什么是 GMP，为什么要实施 GMP？

2. 开办药品生产企业必须要符合哪些条件？

3. 开办药品生产企业的审批手续如何？

4. GMP 的基本原则有哪些？

5. 2010 年版 GMP 有何特点？

项目二　GMP 与 cGMP

【知识目标】

1. 掌握 cGMP 的基本概念和特点。
2. 熟悉我国现行的 GMP 和 cGMP 的区别。
3. 了解 cGMP 的发展和在我国的应用现状。

【能力目标】

1. 知道我国目前 cGMP 的现状。
2. 知道 cGMP 的基本要求。

必备知识

一、GMP 与 cGMP 的区别

1. 基本概念

cGMP 是英文 Current Good Manufacture Practice 的简称，即动态药品生产管理规范，也称为现行药品生产管理规范，它要求在产品生产和物流的全过程都必须验证。它的重心在生产软件方面，比如操作人员的动作和如何处理生产流程中的突发事件。cGMP 是目前美欧日等国执行的 GMP 规范，也被称作"国际 GMP 规范"。

2. GMP 和 cGMP 的区别

我国引进和实施 GMP 已有 30 年历史，目前最新版的 GMP 是 2011 年 2 月卫生部颁布的 2010 年版《药品生产质量管理规范》，此规范自 2011 年 3 月 1 日开始全面的、强制性的实施。

我国目前执行的 GMP，是结合 WHO 制定的 GMP 和中国的具体国情制定的规范。而美国、欧洲和日本等国家执行的 GMP（即 cGMP），也叫动态药品生产管理规范，它的重心在生产软件方面。

从美国 cGMP 与我国 GMP 的目录比较，就能看出两者的区别及要求、侧重点的不同（表 2-1）。

从表 2-1 的比较可以看出，对药品生产过程中的三要素——硬件系统、软件系统和人员，美国 GMP 要比中国 GMP 简单、章节少。尽管国内 GMP 和美国 cGMP 法规涉及的内容大体上一致，都是针对药品生产过程中的三要素——硬件系统、软件系统及人员管理规范，但两者侧重点不同，主要区别如下。

（1）硬件系统　美国cGMP对硬件（厂房设施、设备）要求少，但要求具体、详细，并对自动化设备、机械化设备、电子设备和过滤器作出要求；我国GMP对硬件（厂房设施、设备）要求多，具体要求偏少。

（2）软件系统　美国cGMP重软件管理，对生产过程中实质性内容及人员要求较多；我国GMP轻软件管理，对生产过程中的实质性内容及人员要求较少。新版标准在软件、生产工艺管理等方面增加了关键项目，要求更为具体严格，可操作性也增强，强调原料药和制剂必须按注册批准的工艺生产等。

（3）组织、人员要求　美国cGMP对部门职责、人员资格、人员职责、顾问做出了明确规定，要求员工要经过持续的专业培训从而保持对cGMP规范要求的熟悉程度；我国GMP对部门职责、人员资格、人员职责做了明确的规定，对相关负责人的学历作出硬性规定，但是对顾问无任何要求。

表2-1　美国cGMP和中国GMP的目录比较

美国GMP的目录	中国GMP的目录
A. 总则	第一章　总则
B. 组织与人员	第二章　质量管理
C. 厂房和设施	第三章　机构与人员
D. 设备	第四章　厂房与设施
E. 成分、药品容器和密封件的控制	第五章　设备
F. 生产和加工控制	第六章　物料与产品
G. 包装和标签控制	第七章　确认与验证
H. 贮存和销售	第八章　文件管理
I. 实验室控制	第九章　生产管理
J. 记录和报告	第十章　质量控制与质量保证
K. 退回的药品和回收处理	第十一章　委托生产与委托检验
	第十二章　产品发运与召回
	第十三章　自检
	第十四章　附则

（4）样品的收集和检验，特别是检验　中国GMP只规定必要的检验程序，而美国GMP对所有的检验步骤和方法都规定得非常详尽，最大限度地避免了药品在各个阶段，特别是在原料药阶段的混淆和污染，从源头上为提高药品质量提供保障。

从根本上讲，cGMP就是侧重在生产软件上进行高标准的要求。因此，与其说实施cGMP是提高生产管理水平，倒不如说是改变生产管理观念更为准确。

（5）检查方式的差异　我国GMP中要求检查范围广、全面细致；但其关键环节不突出，对影响产品质量的关键工艺没有制定详细的操作规范，往往会造成检查员忽略对这些重点的检查。而且对生产管理检查的脱节情形时有发生。目前突出重点检查项，主要增加了对人员资质、生产过程、质量控制、验证文件等软件管理方面的技术要求，以进一步加强对药品生产企业质量管理薄弱环节的监管，确保药品质量。而美国GMP中规定的检查方式内容较全面细致，而且关键环节重点突出，对生产工艺过程中的一些关键环节的具体操作条件、方法及生产验证的结果非常重视，且更加注重动态控制检查，将监督、检验和抽样有机地结合起来，为打造监检结合平台提供了重要载体。

美国cGMP在结构和内容上都是依照药品生产流程进行安排的，逻辑清晰；与药品生产结合紧密，便于指导企业的生产管理，这是值得我国 GMP 借鉴的。

由于国情不同，美国 cGMP 有一些内容是我国 GMP 中所没有的，例如关于顾问、废弃物排放、电子设备控制等要求。这是我国药品生产企业在申请 cGMP 认证的过程中需注意的。

我国现行的 GMP 要求还处于"初级阶段"，还仅是从形式上要求。而中国企业要让自己的产品打入国际市场，就必须从生产管理上与国际接轨，才能获得市场的认可。GMP 认证不是"过关"，不是搞一个两个改造项目，也不是生产硬件搞得奢华，而是要看药品生产的每个环节、每道工序是否都按照认证要求去做了。从根本上讲，cGMP 就是侧重在生产软件上进行高标准的要求。因此，与其说是提高生产管理水平，倒不如说是改变生产管理观念更为准确，把钱花到提高生产质量和管理质量上是值得的。

二、cGMP 的发展和现状

1. cGMP 的发展

美国、欧盟、日本等发达国家推行 GMP 的时间较早。美国现在推行的 cGMP 是目前美、欧、日等发达国家执行的 GMP 规范，也被称作"国际 GMP 规范"。1999 年，日本和欧盟开始实行 cGMP；2001 年，美国 FDA 也开始实行，并与欧盟签订相关协议，承诺从 2002 年开始，用 3 年时间对欧盟 cGMP 认证检查官进行培训；2004 年年底，欧盟和美国实现 cGMP 认证双边互认。

美国 FDA 的 cGMP 在美国国内的实施和发展一直居于世界领先地位。美国 FDA 严格执行 GMP 管理，在 20 世纪 80 年代后期加强关注、扩大监督和检查原料生产的 GMP 要求。FDA 很重视验证，同样也注意到原料药的质量对制剂生产起重要作用。并将 GMP 应用于包括研究开发、生产和销售的多个环节，其特点包括：着重记录管理工作；注重验证工作的发展和趋势，加强对原料药厂的检查，加强药品广告工作和标签的改进；加快新药的审批工作，采用计算机辅助新药审批；制定原料药和实验室的 cGMP 准则，加强 QC 的培训工作，提出电子鉴定签字，不断改进、更新质量管理制度，加强药品生产中间过程的产品检查，由用户参与鉴定产品质量，考虑将统计学应用于工艺管理等。

英国卫生部于 1983 年制定了英国 GMP，内容丰富齐全，共 20 章，有许多内容已经成为以后其他国家制定 GMP 的依据，其中第九章的实验室质量管理是今日 GLP 的创始，第十九章的药品销售管理是今日 GSP 的先例等。当前英国国内 GMP 实施中的员工培训，包括管理人员和操作人员培训尚属空白问题，而质量管理制度不完善造成的重大危害性已引起药厂的确认和重视。英国对验证工作不像美国 FDA 做得那么深入，认为这是一种独立工作，应由专业人员间接地从生产方面进行。

日本于 1994 年开始推行国际 GMP，日本的 GMP 和 WHO 的 GMP 被认为是等效的。日本对进口药品要求严格遵守日本药事法，日本和其他国家认为进口商和经销处有所不同，是作为药厂看待的。日本卫生福利部对进口药品要求为必须符合日本的 GMP。并于 1994 年 4 月实施进口药品和医疗器械的 GMP，包括三方面：实施目的、进口药品、医疗器械。第二部分和第三部分包括：阐明药品进口管理人员和医疗器械进口负责技术人员的职务种类，掌握对进口药品和医疗器械生产厂的质量管理情况，在进口时要进行适当的质量检验，产品应遵循有正确的日语说明，制定有申诉管理。

1994年日本药事法进行了深度的修改，最大的改动是：对于取得药厂装置批准的前提和取得药厂或进口销售机构其许可期可延长3～5年。

2. cGMP现状

在过去的20多年中，制药工业和药事法规领域都发生了很大的变化，FDA随之对药品质量的管理方法做出了相应的调整。美国FDA检查药品质量的方法包括两个方面。一方面是审查申请过程中呈交的材料和信息，另一方面是检查生产场地是否符合cGMP（Current Good Manufacture Practice）的要求。

在美国，GMP的发展和更新在很大程度上是由FDA来决定，FDA具有最终决定权，其修改有较规范的程序，并且具有很高的透明度。FDA当前的工作目标介绍如下。

（1）在继续保证药品质量的同时，引入两个前沿概念——风险管理和质量系统。

（2）鼓励药品生产过程中的最新科技进展。

（3）以平等的、相互促进的方式进行呈交材料的审查与生产场地的检查。

（4）使法规与生产标准的应用保持一致，使各项管理能够促进生产部门的创新。

（5）最有效地将FDA的人力、物力、财力用于处理最主要的健康风险。

目前随着制药业的全球化趋势，合同外包业务发展迅猛，美国FDA正面临严峻挑战——美国市场上越来越多的产品是来自于美国本土以外的地区。在2001年～2007年，美国以外药品生产地的数量已经增加了一倍；特别是印度和中国出口到美国的医药产品和原料药数量越来越多。美国有超过80％的原料药依赖进口，大多数药品的生产设施也都不在美国。生产与上下游供应链更加复杂化，产品来源地的市场监管水平不高等因素，使得FDA的监管难度加大，技术要求也更高。FDA将修订cGMP指南，以进一步加强市场监管。

在生产质量管理方面，FDA将加大对供应链的了解，主要是对原制造商以及后续处理程序要有充分的了解，加强对原制造商的审计，此外还要检查每次运输的每一个包装容器；严格执行受污染的货物向FDA通报制度，以及使用唯一成分识别来作为预期使用或列入批准申请中的安全要求等。

cGMP要改进的内容会包含一些新的要求：如建立"管理责任制"，以确保与cGMP的一致性，包括资源提供和定期审计制度；要求具备自查和回复能力；增加对现有法规中缺陷或问题的回复，这中间有对缺陷的调查和后续工作及对所检查问题的数据评估；要求变更控制过程；对文件的培训和有效性的提高；建立成分使用的纯水以及饮用水测试；撤销非处方药（OTC）过期的豁免等。

另一个值得关注的问题是有关外包和合同生产。近年来，由于合同或委托生产发生的问题逐年增加，为此FDA发出的警告信也大幅提高。合同生产的主要问题是责任划分问题，合同生产的制造商有责任生产符合cGMP的产品。受雇的制造商要承担相关法律规定中的特定责任，私人贴牌分销商也需按照法律规定负责。在双方所签订的质量协议中，一个重要部分是制药厂商已不再是只监督他们自己的那部分过程，还需要涉及以下重要内容：提供合同生产地址、厂房，以及设备/生产线和服务/原料的证明；合同生产的药物及其用途说明，包括所有的规格；需提供定期的cGMP审计报告以及合同的详细信息；需承诺共享监管的检查结果，变更控制程序，新设备、设施的修改，主要人员的变化，SOP 和试验方法的变化；全面披露所有错误、偏差、更改、缺货情况、调查以及可能会影响药物的不良事件。FDA 将继续顺应制药工业外包业务越来越多和外购原料的发展趋势。对于来自没有适当的 GMP 监管国家的外包产品和原料采购，需要监管机构特别注意。

制药工业的全球化趋势日益增强，加强对国外药品监督管理进展状况的了解，借鉴各国先进的经验将有助于提高我国药品生产质量，早日与国际 GMP 接轨。我国在原来的 GMP 标准基础上，参考欧美执行的 cGMP 标准，对药品生产企业推行更严格的操作规范。国内很大一部分原料药生产企业已通过了 cGMP 认证。

我国从 1982 年实施 GMP 开始，至今已有 30 多个年头，但在国内，较少提及 cGMP，即现行的 GMP。cGMP 并不限定于某一已经发布的 GMP 文本，更多的是强调 GMP 条款的修订和发展。随着科学技术的发展以及人们对 GMP 认识的提高，对某些条款会作出修改，一般来说是提出更高的要求。

2004 年 12 月 31 日中国药品 GMP 认证结束后，国家食品药品监督管理局就开始在检查专家和国内大型企业里面征求意见，开始着手制定我国的 cGMP。对于中国制药企业来说，有两大问题需要面对：一是供应链安全问题。这个问题已经是全世界药政关注的一个重要问题，不仅仅美国 FDA 在关注，WHO、EMA（Enterprise Management Association，企业管理协会）等都很关注。在我国，制药企业对于供应链安全问题更是深有体会，"齐二药"事件就是最典型的例子。二是外包问题。在 ICH-Q10 中引入了 ISO 9001 的理念，并对此进行了规范。我国制药企业目前已经越来越多地接受 OEM（Original Equipment Manufature，原始设备生产商，指一种"化工生产"方式），这就需要我们的企业深入研究国际上对 OEM 的要求。

此外需要注意的是，现在国际上已经将制药的质量保证上升到质量体系管理层面上，我国制药工业应当关注这种趋势，因为可能不仅仅是美国 FDA 会如此实施，未来更有可能在全球范围内实施。

【复习思考题】
1. cGMP 的概念是什么？
2. cGMP 和我国现行的 GMP 有何区别？

模块二

GMP 管理

项目一　质量管理

必备知识

质量管理体系（quality management system，QMS）ISO 9001：2005 标准定义为通常包括制定质量方针、目标以及质量策划、质量控制、质量保证和质量改进的活动。实现质量管理的方针目标，有效地开展各项质量管理活动，必须建立相应的质量管理体系。质量管理体系应适用于整个产品生命周期，包括产品开发、技术转移、商业生产、产品终止四个阶段。产品生命周期的不同阶段具有相应的目标，企业应根据各产品阶段的具体目标，建立适合自身特点的质量管理体系。

药品生产企业的质量目标就是企业的所有活动包括药品形成的所有行为最终必须符合预订的用途和注册要求。质量管理职责不仅由企业内部所有人员承担，还应包括企业的供应商、承包商、经销商等相关方。质量目标的制定、实施和完成通过下列措施体现：①高层领导者应确保制定和实施与质量方针相符和质量目标；②质量目标应和业务目标相结合，并符合质量方针的规定；③企业各级相关部门和员工应确保质量目标的实现；④为了实现质量目标，质量管理体系的各级部门应提供必要的资源和培训；⑤应建立衡量质量目标完成情况的工作指标，并对其进行监督、定期检查完成情况、对结果进行评估并根据情况采取相应的措施。

为了确保质量管理体系的实施，并持续改进其有效性，企业应确定并提供充足、合适的资源，包括人力资源和基础设施。

人力资源是指质量管理体系中承担任何任务的人员都有可能直接或间接影响产品质量，企业应确保配备足够的、能胜任的人员。合理的人力资源是质量机构建设的基础。优秀的人才是保证药物质量的重要条件。药品生产企业人对才资源的具体要求是：①确定所需人员应具备的资质和能力；②提供培训以获得所需的能力；③基于教育背景、培训、技能和经验评估人员的胜任；④确保企业的相关人员具有质量意识，既认识到所从事活动的相关性和重要性，以及如何实现质量目标作贡献；⑤相关记录形成文件。

此外，企业应提供为达到质量要求所需的基础设施，并确认其功能符合要求、维护其正常运行。具体包括：建筑物、工作场所和相关的设施；过程设施（硬件和软件）；支持性服务（如运输、通讯或信息系统）；工作环境，为达到质量要求所需的工作条件，例如洁净度、温度、湿度、照明、噪声等。设施和设备除了要满足现实要求外，还要给药品质量管理机构留下一定的发展空间。

一、质量管理系统

药品生产企业的质量管理系统（QA）主要包括质量保证、质量控制、质量风险管理，其中的质量风险管理是新版 GMP 提出的新理念。

1. 质量保证

质量保证是药品生产企业质量管理体系的一部分，涵盖了影响产品质量的所有因素，是为了确保药品符合其预定用途，并达到规定的质量要求，所采取的所有措施的总和。

企业应以完整的文件形式明确规定质量保证系统的组成及运行，应按照适用的药品法规和《药品生产质量管理规范》（GMP）的要求，涵盖验证、物料、生产、检验、放行和发放销售等所有环节，并定期审计评估质量保证系统的有效性和适用性。

作为企业的质量保证系统必须保证做到如下几个方面。

（1）药品的设计与研发体现 GMP 的要求。

（2）生产管理和质量控制活动符合 GMP 的要求。

（3）管理职责明确。

（4）采购和使用的原辅料和包装材料正确无误。

（5）中间产品得到有效控制。

（6）确认、验证的实施。

（7）严格按照规程进行生产、检查、检验和复核。

（8）每批产品经质量受权人批准后方可放行。

（9）在贮存、发运和随后的各种操作过程中有保证药品质量的适当措施。

（10）按照自检操作规程，定期检查评估质量保证系统的有效性和适用性。

2. 质量控制

质量控制（QC）即实验室控制系统，具体是指按照规定的方法和规程对原辅料、包装材料、中间产品和成品进行取样、检验和复核，以保证这些物料和产品的成分、含量、纯度和其他性状符合已经确定的质量标准。

质量控制是药品生产质量管理规范的重要组成部分，是质量管理的主要职能和活动。企业应建立有效的质量控制以保证药品的安全有效。企业应该制定适当的程序，以确保药品检验测试结果的精确性，如发生检验结果无效时，需进一步调查，提供必要的科学合理的证据。质量控制系统应包括必要的人员、检测设备、方法控制流程。

质量控制的基本要求列举如下。

（1）应当配备适当的设施、设备、仪器和经过培训的人员，有效、可靠地完成所有质量控制的相关活动。

（2）应当有批准的操作规程，用于原辅料、包装材料、中间产品、待包装产品和成品的取样、检查、检验以及产品的稳定性考察，必要时进行环境监测，以确保符合GMP的要求。

（3）由经授权的人员按照规定的方法对原辅料、包装材料、中间产品、待包装产品和成品取样。

（4）检验方法应当经过验证或确认。

（5）取样、检查、检验应当有记录，偏差应当经过调查并记录。

（6）物料、中间产品、待包装产品和成品必须按照质量标准进行检查和检验，并有记录。

（7）物料和最终包装的成品应当有足够的留样，以备必要的检查或检验；除最终包装容器过大的成品外，成品的留样包装应当与最终包装相同。

3. 质量风险管理

质量风险管理是新版GMP新增的新管理概念，与ICH-Q9相适应。所谓的风险是指危害发生的可能性及其严重程度的综合体。质量风险管理是在整个产品生命周期中采用前瞻或回顾的方式，对质量风险进行评估、控制、沟通、审核的系统过程。

在药品生产过程中应该根据科学知识及经验对质量风险进行评估，并建立相应的一系列新制度，从原辅料采购、生产工艺变更、操作中的偏差处理、发现问题的调查和纠正、上市后药品质量的持续监控等方面，对各环节可能出现的风险进行管理和控制，促使生产企业建立全链条的、相应的制度，及时发现影响药物质量的不安全因素，主动防范质量事故的发生，以最大限度保证药品的质量。

质量风险管理过程所采用的方法、措施、形式及形成的文件应当与存在风险的级别相适应。

企业质量风险管理的应用范围包括确定和评估产品或流程的偏差，或产品投诉对质量和药政法规造成的潜在的影响，包括对不同市场的影响；评估和确定内部的和外部的质量审计的范围；厂房设施、建筑材料、通用工程及预防性维护项目或计算机系统的新建或改造的评估；确定确认、验证活动的范围和深度；评估质量体系，如材料产品发放标签或批审核的结果或变化等。

二、质量控制和质量保证

1. 质量控制实验室

质量控制实验室是药品生产企业有效实施GMP的关键部门，是质量管理部门的重要组成部分，通常由理化分析实验室和微生物实验室两个检验单元组成。主要以取样、质量检验、稳定性考察及质量评价等内容为主，同时还有管理制度、检验操作规程的制定等内容。质量控制实验室的核心目的在于获取反映样品乃至样品代表的批产品（物料）质量的真实客观的检验数据，为质量评估提供依据。

理化分析实验室是企业对其原料、辅料、包装材料及其生产的中间体和成品进行理化鉴别、含量测定和其他检验，以保证其符合国家法定标准和企业的内控质量标准要求。微生物实验室是通过一系列试验检查原料、辅料、包装材料及其生产的中间体和成品的微生物污染情况。

药品实验室控制系统作为质量控制活动的主要载体，通过规范的取样、科学的标准、明确的检验结果，是质量控制决策制定有力、直观的依据，是质量控制的核心。因此，实验室管理水平是企业实施 GMP，建立有效的药品质量保证体系，及时发现潜在的药品质量问题，阻止不合格药品流入市场，保证药品安全有效的关键因素。

（1）实验室设计和要求　实验室是药品检验的重要场所，应与生产区完全分开，并能满足下列要求。

① 分析实验室应有足够的场所满足各项实验的需要。每一类分析均应有独立适宜的区域，并能防潮、防震、防尘或恒温。最好能具有物理分割的区域：送检样品的接受和贮存区，试剂、标准品的接受与贮存区，清洁洗涤区，特殊作业区，一般分析试验区，数据处理、资料贮存区，办公室，人员用房等。②实验室周围无明显的污染源。③实验室应备有与实验操作相适应的设施，如足够的照明、良好的通风，仪器室应有能避免干扰仪器的正常功能的设施等。④实验室应能提供良好的工作环境，并执行书面的清洁、保养、维修规程，以保持实验室的清洁、整洁。⑤应设置事故照明和报警装置，并考虑合理的避灾线路，应在方便的地方设置供事故用冲眼器和事故淋浴。

（2）实验室的人员管理　质量控制负责人应当具有足够的管理实验室的资质和经验，可以管理同一企业的一个或多个实验室。中心实验室主任应该具有药学、药学分析等相关专业的大专以上学历，主管药师或工程师以上技术职务，有药品生产质量管理和药品分析、检验的实践经验，能按规定正确处理药品生产质量管理和药品检验方面的专业技术问题，并对企业药品质量负责。

质量控制实验室的检验人员至少应当具有药学、药物分析等相关专业中专或高中以上学历，并经过与所从事的检验操作相关的实践培训且通过考核，取得相关合格证。

为了能清晰了解实验室人员的能力，企业应保存每一个实验室人员的书面人事档案，其内容包括姓名、学历和学位、培训情况（课程名称、地点、日期）、工作经历（工作地点、内容和时间）、发表的出版物和出版时间、受到的奖励、所任的职务以及能胜任的分析项目。

实验室应该保持足够数量的人员，以使他们能够在规定的时间内不过于匆忙地完成实验，有利于保证数据的准确、可靠。

（3）实验室软件系统　质量控制实验室应配备药典、标准图谱等必要的工具书，以供工作人员参考。

实验室的软件系统包括管理性与技术性两部分：①管理性软件能使实验室处于良好的组织管理中，包括质量管理部门的组织机构、实验室操作的通用规程、有关法规、安全规程、仪器管理系统、资料和资料存档系统、培训大纲等；②技术性软件包括质量标准、取样操作规程和记录、检验操作规程和记录、检验报告或证书、检验方法的验证报告和记录、环境监测操作规程、记录和报告、仪器校准以及设备使用、清洁、维护的操作规程和记录等。

所有的软件档案必须妥善保管。作为基准的档案应当由经过培训、有经验、能胜任此工作的人员负责管理，并能及时准确地予以更改、增加或删减。无关人员不得进入保存这些档案的贮存室。

一般药品的检验记录应当至少包括以下内容：

① 产品或物料的名称、剂型、规格、批号或供货批号，必要时注明供应商和生产商（如不同）的名称或来源；

② 依据的质量标准和检验操作规程；

③ 检验所用的仪器或设备的型号和编号；

④ 检验所用的试液和培养基的配制批号、对照品或标准品的来源和批号；

⑤ 检验所用动物的相关信息；

⑥ 检验过程，包括对照品溶液的配制、各项具体的检验操作、必要的环境温湿度；

⑦ 检验结果，包括观察情况、计算和图谱或曲线图，以及依据的检验报告编号；

⑧ 检验日期；

⑨ 检验人员的签名和日期；

⑩ 检验、计算复核人员的签名和日期。

［例1］　检验记录的填写标准操作规程

标　题	检验记录的填写标准操作规程						
编　号	SOP-QQ-×××-××		版　本	I		页　数	共×页
起草人	签名		审核人	签名		批准人	签名
	日期			日期			日期
起草部门		颁发部门			生效日期		年　月　日
送达部门						份数	

目的：规范各检验记录的填写与修改。

适用范围：化验室所有的原始记录单、报告单、台账的填写。

责任者：填写人。

1. 原始记录由检验人员填写并签字，班组长或技术人员核对并签字。

2. 检验记录由各班组填写签字后上交中心化验室，打印检验报告书，质量检验主管审核盖章，再送质量监督主管审批归档。

3. 填写原始记录应注意：

（1）内容真实、记录及时。

（2）字迹清晰，不得用铅笔填写，保持记录单完整整洁。

（3）不得撕毁或任意涂改，需更改时不得用涂改液，应划去后在旁边或上面重写并签章，一张记录单上不得超过三个涂改处。

（4）按表格内容填写齐全，内容与上行相同时应重复抄写，不得用".."或"同上"表示。

（5）品名不得简写，应写全称，且按2010年版《中华人民共和国药典》（下文简称《中国药典》）或其他现行标准规定的品名书写。

（6）检验者、复核者均应填全名，不得只写姓或名。

（7）填写日期一律横写，并不得简写。

4. 复核检验记录应注意：

（1）必须复核每张原始记录及报告单。

（2）必须将检验的内容与对应的检验标准对照复核，看是否有漏检或错检。

（3）必须复核记录中的数据计算是否正确。

（4）必须复核记录完整性，批号、数量等是否与请验单一致。

（5）对不符合要求的填写方法，必须由填写人更正并签章。

[例 2]　车间质检员管理制度

文件名称		车间质检员管理制度		编码	SOP-QA-×××-××	
				页数		实施日期
制订人		审核人		批准人		
制订日期		审核日期		批准日期		
制订部门	质保部	分发部门		生产部（生产车间）、质保部		

目的：建立车间质检员管理制度，严格控制各生产工序中间产品的质量，以确保产品质量。

适用范围：各工序生产过程。

职责：车间质检员严格执行本制度，QA 质监员实施监督。

内容：

1. 生产各工序设立车间质检员，车间质检员业务上接受质保部指导，并且负责协调车间与质保部的关系，以保证及时发现问题及时解决。

2. 车间质检员在做好本职工作的前提下，掌握各岗位标准操作规程，并严格执行所在生产工序工艺规程和产品质量标准。

3. 车间质检员负责验收上工序交接的中间产品，手续应齐全、符合质量要求；一旦发现质量问题和其他疑问，应立即通知上工序负责人及 QA 质监员共同解决；必要时报告质保部负责人、生产部负责人，并有权拒收上工序产品、停止本工序的生产。

4. 严格监督本工序操作人员执行工艺规程和岗位操作规程，保证本工序产品符合质量要求；车间质检员履行检验本工序产品、工艺单上签名的职责。

5. 车间质检员应做好本工序产品、工艺单接转工作，本工序产品经检验合格，办理交接手续，将产品转入下工序。

6. 干燥工序车间质检员负责烘制过程中水分监测，以保证产品水分控制在标准要求范围内。检测完毕后填写《半成品检验记录》。

7. 车间质检员参与产品质量分析、质量培训等会议，协助 QA 质监员做好生产现场监管工作。

8. 管理记录：《半成品检验记录》REC-QC-×××-××。

[例3]　物料、中间产品、成品检验的管理规程

名称：	物料、中间产品、成品检验的管理规程			编号:QM-×××-××	
起草/日期	年　月　日	审核/日期	年　月　日	印刷份数:3 份	
批准/日期	年　月　日	生效日期	年　月　日	制定部门:质量部	
分发部门(份数)	中心化验室(1)、质量部(1)、档案室(1)			第　×　页 共　×　页	

目的： 建立物料、中间产品、成品检验的管理规程，规范各品种检验工作，从而保证产品质量。

适用范围： 适用物料、中间产品、成品的检验。

责任人： 仓库保管员、质量保证室人员，中心化验室检验员。

程序：

1. 质量保证室人员按《取样管理规程》对所有进厂的原辅料、包装材料、在产的中间产品及成品进行取样、送样。

2. 中心化验室依据《质量标准》，按照《检验标准操作规程》进行检验。

3. 中心化验室各室主管在接到样品时，应核对品名、规格、批号、数量、送验日期等，核对无误，将样品分发给相关检验人员进行检验。

4. 原辅料、包装材料

(1) 凡生产用的各种原辅料、包装材料进库前均应经过仓库保管员初验，不符合规定不得进库，初检合格方可进库，由仓库保管员填写请验单交给质量保证室取样。

(2) 质量保证室接到请验单和供方全检合格的报告单后，应在 24 小时内取样并送达中心化验室。

(3) 由质量保证室将中心化验室出具的合格检验报告连同物料放行单一并送交仓库保管员。

5. 中间产品

(1) 中间产品指按工艺规程生产的在产产品。

(2) 中间产品应由车间主管根据生产工艺要求及时填写请验单，由 QA 检查员取样并送至中心化验室。

(3) 由中心化验室对中间产品进行检验，检验项目全部符合企业内控标准，质量保证室将"中间产品检验报告、放行审核单"一并交车间。

(4) 此时车间方可进行下一步工序的生产，中间产品未经检验或检验不合格，不得进入下步工序。

6. 成品

(1) 接到车间请验单后由质量保证室 QA 检查员按《取样和送样管理规程》在生产的前、中、后三个阶段分别取样，同时取好留样观察所用的样品并转交中心化验室。

(2) 成品检验报告复核无误后交质量保证室。

（3）质量保证室审核批文件无误后，签发成品终审放行单。

7. 物料、中间产品、成品的检验报告均需在检验周期内报出，并填写检验台账。

8. 所有检验工作必须及时真实填写检验记录，并有复核。

9. 检验报告必须有中心化验室主任审核签字并加盖质检公章，确保无误方可发出。

10. 若检出不合格品，必须及时调查、报告，执行《检验结果异常的调查管理规程》，查明原因，以杜绝不合格原辅料进厂、不合格中间产品进入下步工序和不合格成品出厂。

11. 检验工作流程

（1）原辅料、包装材料检验流程

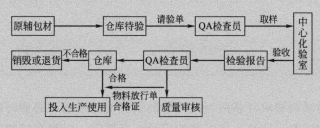

（2）中间产品检验流程

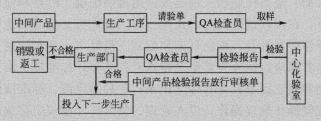

（3）成品检验流程

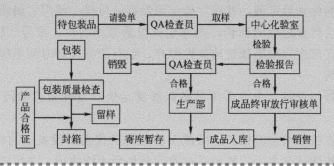

（4）试剂和标准品　标准品或对照品应当按照规定贮存和使用，并有适当的标识，其内容至少包括名称、批号、制备日期、有效期、首次开启日期、含量或效价、贮存条件；企业如需自制工作标准品或对照品，应当建立工作标准品或对照品的质量标准以及制备、鉴别、检验、批准和贮存的操作规程，每批工作标准品或对照品应当用法定标准品或对照品进行标化，并确定有效期，还应当通过定期标化证明工作标准品或对照品的效价或含量在有效期内保持稳定。标化的过程和结果应当有相应的记录。

[例4] 半成品（中间体）检验记录

半成品（中间体）检验记录

编码：REC-QC-×××-××

品名			取样日期	年 月 日
批号			检验日期	年 月 日
规格		来源	报告日期	年 月 日
数量		取样人	检验报告单号	
检验记录号		检验依据		
检验项目				
结论				
复核人：		检验人：		

实验室所用的试剂和培养基应当从可靠的供应商处采购，必要时应当对供应商进行评估；应当有接收试剂、试液、培养基的记录，必要时，应当在试剂、试液、培养基的容器上标注接收日期；应当按照相关规定或使用说明配制、贮存和使用试剂、试液和培养基；特殊情况下，在接收或使用前，还应当对试剂进行鉴别或其他检验；试液和已配制的培养基应当标注配制批号、配制日期和配制人员姓名，并有配制灭菌记录；不稳定的试剂、试液和培养基应当标注有效期及特殊贮存条件，标准液、滴定液还应当标注最后一次标化的日期和校正因子，并有标化记录；各种滴定液、标准液配制、标定、复标应该按照各自的配制操作规程操作，专人管理、发放，并按规定存放，超过规定期限不得使用。配制的培养基应当进行适用性检查，并有相关记录。应当有培养基使用记录；应当有检验所需的各种检定菌，并建立检定菌保存、传代、使用、销毁的操作规程和相应记录；检定菌应当有适当的标识，内容至少包括菌种名称、编号、代次、传代日期、传代操作人；检定菌应当按照规定的条件贮存，贮存的方式和时间不应当对检定菌的生长特性有不利影响。

（5）分析仪器与设备 企业必须具备能够满足生产品种检验的需要的常用仪器和设备。

仪器的质量直接影响检验结果，因此实验室用的仪器、设备应与检验工作相适应。所有仪器设备安装调试结束后，需要经过验证合格后才能使用，并应定期进行校验，及时维修，保证仪器、设备处于理想的工作状态。操作人员应该按照操作规程正确使用，用后登记并签字。各种检验仪器应建立定期验证、维护、保养等管理制度。

所有的检验仪器均应造册登记，精密仪器还应建立档案，内容包括编号、品名、规格、型号、生产厂家、购进日期、零部件清单、使用说明书、使用范围、调试时间、启用时间、鉴定周期、鉴定情况记录、技术资料和合格证、历次维修时间记录等。

（6）取样与留样 取样是质量检验的首要程序，要建立原料、辅料、内包装材料、成品、待包装品、中间产品取样的标准操作规程，确保取样及时，样品具有代表性，以保证检验结果的准确、可靠。

取样的标准操作规程应包括：①经授权的取样人；②取样方法；③所用器具；④样品量；⑤分样的方法；⑥存放样品容器的类型和状态；⑦取样后剩余部分及样品的处置和标识；⑧取样注意事项，包括为降低取样过程产生的各种风险所采取的预防措施，尤其是无菌或有害物料的取样以及防止取样过程中污染和交叉污染的注意事项；⑨贮存条件；⑩取样器具的清洁方法和贮存要求。

取样的方法应该科学合理，每份样品均应带有标签，标明含量、批号、取样日期和取样人等。取样的数量应当合理，具有一定的代表性。同时必须填写详细的取样记录。药品的取样工具和盛样器具的要求如下。

① 应不与药品发生化学作用，使用前应洗净并干燥。

② 使用后，应及时洗净，不残留抽样物质，并贮于洁净场所备用。

③ 用于无菌药品、微生物检查或热原检查的样品的取样工具和盛样器具，需经灭菌或除原处理。

④ 不同类型药物取样工具的要求不同。

a. 原料药　粉末状固体或半固体原料药一般使用一侧开槽、前端尖锐不锈钢抽样棒取样，也可使用瓷质或不锈钢质的药匙取样；低黏度液体原料药可用烧杯、勺子、漏斗等取样；腐蚀性或毒性液体原料药需使用吸管辅助器；高黏度液体原料药可用玻璃棒蘸取。

b. 制剂　制剂一般以完整最小包装单位为取样对象，所以不需特殊取样工具。如需拆开最小包装取样的，应使用适合于所抽样品剂型的抽样工具，并不对药品产生污染。

⑤ 盛样器具　原料药应使用可密封的玻璃瓶等适宜器具盛样，所使用的盛装容器不得对药品产生污染。

留样是企业按规定保存的、用于药品质量追溯或调查的物料、产品样品。不包括用于产品稳定性考察的样品。留样是指每个品种、每个批次，都必须抽取一定数量的产品，按规定的贮存条件，留样至药品有效期后一年的留样观察法、留样应当至少符合以下要求：应当按照操作规程对留样进行管理、留样应当能够代表被取样批次的物料或产品、不同的样品留样要求和方法不同。

① 成品的留样

a. 每批药品均应当有留样；如果一批药品分成数次进行包装，则每次包装至少应当保留一件最小市售包装的成品。

b. 留样的包装形式应当与药品市售包装形式相同，原料药的留样如无法采用市售包装形式的，可采用模拟包装。

c. 每批药品的留样数量一般至少应当能够确保按照注册批准的质量标准完成两次全检（无菌检查和热原检查等除外）。

d. 如果不影响留样的包装完整性，保存期间内至少应当每年对留样进行一次目检观察，如有异常，应当进行彻底调查并采取相应的处理措施。

e. 留样观察应当有记录。

f. 留样应当按照注册批准的贮存条件至少保存至药品有效期后一年。

g. 如企业终止药品生产或关闭的，应当将留样转交受权单位保存，并告知当地药品监督管理部门，以便在必要时可随时取得留样。

② 物料的留样

a. 制剂生产用每批原辅料和与药品直接接触的包装材料均应当有留样。与药品直接接触的包装材料（如输液瓶），如成品已有留样，可不必单独留样。

b. 物料的留样量应当至少满足鉴别的需要。

c. 除稳定性较差的原辅料外，用于制剂生产的原辅料（不包括生产过程中使用的溶剂、气体或制药用水）和与药品直接接触的包装材料的留样应当至少保存至产品放行后两年。如果物料的有效期较短，则留样时间可相应缩短；

d. 物料的留样应当按照规定的条件贮存，必要时还应当适当包装密封。

除了要符合以上要求，对于任何留样品都必须要专人保管，并按品种、规格、生产时间、批号等排列整齐，以便于定期进行检查。

超过留样期限的样品，每半年集中销毁一次，有留样管理员填写销毁单，注明品名、批号、剩余量、销毁原因、销毁办法等，报质量保证部门负责人审核并批准。销毁按照规定的销毁程序进行，有两人以上现场监督，并有销毁记录。

2. 物料和产品放行

药品生产企业应当分别建立物料和产品批准放行的操作规程，明确批准放行的标准、职责，并有相应的记录。

物料的验收结果和检验结果是放行的主要依据，包括生产商的检验报告、物料包装完整性和密封性的检查情况和检验结果，且物料的质量评价应当有明确的结论，如批准放行、不合格或其他决定。负责物料放行的人员应是质量管理部门的人员。

产品放行的基本要求和必要条件是保证药品质量及其生产过程符合注册要求和GMP 的要求，并确认以下各项内容。

（1）主要生产工艺和检验方法经过验证。

（2）已完成所有必需的检查、检验，并综合考虑实际生产条件和生产记录。

（3）所有必需的生产和质量控制均已完成并经相关主管人员签名。

（4）变更已按照相关规程处理完毕。

（5）对变更或偏差已完成所有必要的取样、检查、检验和审核。

（6）所有与该批产品有关的偏差均已有明确的解释或说明，或者已经过彻底调查和适当处理；如偏差还涉及其他批次产品，应当一并处理。

每批药品均应当由质量受权人签名批准放行；疫苗类制品、血液制品、用于血源筛查的体外诊断试剂以及国家食品药品监督管理局规定的其他生物制品放行前还应当取得批签发合格证明。

[例 5]　批产品的质量评价和入库放行制度

文件名称	批产品的质量评价和入库放行制度		编　码	SOP-QA-×××-××	
			页　数	×	实施日期
制订人		审核人		批准人	
制订日期		审核日期		批准日期	
制订部门	质保部	分发部门		质保部、生产部	

目的： 建立批产品质量评价、入库放行制度，严格执行检查程序，确保合格产品的入库、放行。

适用范围： 产品的质量评价、入库放行的管理。

职责： 现场质量评价员、质保部部长执行，总经理负责监督。

内容：

1. 批产品的质量评价：对产品批记录检查，包括配料、称重、各生产工序检查记录、检验记录、交接记录、清场记录、偏差处理、成品检验结果等。

（1）质保部指定专人负责质量评价，质量评价员应熟悉 GMP，并且具有相当的药学专业知识和中药饮片生产实践经验。

（2）现场评价员对与该产品相关的生产、包装记录进行审核，确认与生产实际过程吻合。审核内容包括：

① 原辅料、包装材料有合格的检验报告书；

② 领发料程序正确，称量前经发料人、领料人双方对领料单复核无误并签字；称量过程双方复核、监督，所用原辅料质量合格，数量准确无误；

③ 生产过程符合 GMP 要求，符合工艺要求，岗位操作过程执行标准操作规程。批生产记录、批包装记录填写正确、完整无误；

④ 物料平衡符合规定限度。如发生偏差，执行偏差处理程序，处理措施正确、无误。手续齐全，符合要求；

⑤ 半成品监测记录完整，准确无误；

⑥ 批生产记录、批包装记录名称、批号相一致，准确无误；

⑦ 清场合格，有质检员签名发放的《清场合格证》；

⑧ 内外包装必须与产品要求相吻合，整个包装过程应准确无误；

⑨ 审核各工序记录，品名应正确规范，与批号一致无错漏。

2. 入库放行前的审核：质量评价员对批生产记录审核无误后，对成品检验报告书进行审核。成品检验标准执行批准的质量标准和检验操作规程，检验记录完整准确，检验报告结论明确，复核无误后，准予入库。

3. 入库程序

（1）资料齐全后，质量评价员填写《成品入库放行审核单》，并签名，连同成品检验报告书一并交质保部部长。

（2）质保部部长对成品入库放行证与成品检验报告书进一步审核无误后，签名放行。

（3）上述项目中，一项有误，评价员不得签名，产品不得放行。

（4）合格产品开具《成品入库放行审核单》。一式 3 联，质保部存档、生产技术部（附于批档案资料中）、仓储部各一份。

4. 偏差评价：在生产和检验过程中，对于出现偏差应进行综合分析，按如下等级分类处理。

（1）Ⅰ级为轻微偏差：不影响质量可以迅速纠正的偏差，如漏了签名、书写不规范等；Ⅰ级偏差经差错责任人改正、签名。

（2）Ⅱ级为偏差：不影响质量但已难以纠正的偏差，如投料次序错误、控制参数接近边缘等；Ⅱ级偏差责令差错责任人填写偏差报告，责任部门负责人复核签字。

（3）Ⅲ级为严重偏差：影响质量，造成产品不合格的偏差；Ⅲ级严重偏差判为不合格产品，报告质量管理部作不合格评审和相应的处理。

（4）偏差责任：评价过程中发现的偏差，分清责任部门、责任人，及时对生产、仓库及实验室操作情况进行调查，督促填写偏差报告。

5. 管理记录：《成品入库放行审核单》、《质量偏差报告》、《清场合格证》。

[例6] 《成品入库放行审核单》的编写

成品入库放行审核单
编码：REC-QA-×××-××

产品名称			规格	
批号			数量	

项目		审核内容和标准	结果
生产过程的审核	工人着装	整洁,符合各工序的要求	
	环境卫生	清洁,生产用具,容器,器具定置存放	
	状态表示	各种状态表示清晰、准确,符合现场要求	
	计量器具	计量准确,有合格标志	
	使用物料	符合计量标准要求,并附有合格证,配料称重已复核	
	物料平衡	各工序的物料平衡控制在规定的范围内	
	偏差处理	执行偏差处理程序,手续齐全,符合要求	
	批生产记录	按工艺规程生产,各工序记录清晰、正确,各工序清场合格	
车间负责人意见： 车间负责人：　　　　　　年　月　日			
检验审核	中间产品检验	中间产品的检验及时,无漏检,签章完备	
	成品检验	执行检验规程,检验记录完整,报告按时发放,无漏检,签章完备	
质保部审核意见： 审审核人：　　　　年　月　日			
备注：			

注：达到要求用"√"表示,未达到要求用"×"表示。

3. 持续稳定性考察

药物的稳定性是指药物的化学、物理及生物学特性发生变化的程度。稳定性研究是评价药品质量的主要内容之一，是药品质量检验管理工作的一部分。稳定性研究具有阶段性的特点，不同的阶段有不同的目的，贯穿于药品的整个生命周期。一般药品生产企业稳定性研究的对象有：原辅料、半成品、成品、包装材料。

产品研发阶段获取的药品稳定性数据有其局限性，商业化生产后需要继续证明产品有效期内的质量。而持续稳定性考察的目的就是在有效期内监控已上市药品的质量，以发现药品与生产相关的稳定性问题（如杂质含量或溶出度特性的变化），并确定药品能够在标示的贮存条件下，符合质量标准的各项要求。主要针对市售包装药品，但也需兼顾待包装产品。例如，当待包装产品在完成包装前，或从生产厂运输到包装厂，还需要长期贮存时，应当在相应的环境条件下，评估其对包装后产品稳定性的影响。此外，还应当考虑对贮存时间较长的中间产品进行考察。

通过持续稳定性考察以及时了解产品的质量，降低使用者的风险。持续稳定性考察样品和留样的目的是不同的。持续稳定性考察应当有考察方案，结果应当有报告。用于稳定性考察使用的恒温恒湿箱、房间等设备或设施应进行设备确认、验证并维护。

时间应当涵盖药品有效期，考察方案应当至少包括以下内容：

（1）每种规格、每个生产批量药品的考察批次数。通常情况下，每种规格、每种内包装形式的药品，至少每年应当考察一个批次，除非当年没有生产。重大变更、生产和包装有重大偏差的药品重新加工、返工或回收的批次应当列入稳定性考察；检验频次：参考《中国药典》，能满足趋势分析的需要。

（2）检验方法：应采用专属性强、准确、灵敏、精密的检验方法，并对方法进行可行性验证。

（3）检验方法依据。

（4）合格标准。

（5）容器密封系统的描述。

（6）试验间隔时间：基于对药品理化性质的认识、稳定性的变化趋势而设置相应的取样时间。

（7）贮存条件：应当采用与药品标示贮存条件相对应的《中国药典》规定的长期稳定性试验标准条件。

（8）检验项目：一般以质量标准及《中国药典》制剂通则中与稳定性相关的指标为考察项目，如检验项目少于成品质量标准所包含的项目，应当说明理由。

稳定性考察结果包括稳定性考察报告、稳定性考察失败检测信息等内容。关键人员，尤其是质量受权人，应当了解持续稳定性考察的结果。当持续稳定性考察不在待包装产品和成品的生产企业进行时，则相关各方之间应当有书面协议，且均应保存持续稳定性考察的结果以供药品监督管理部门审查。对任何已确认的不符合质量标准的结果或重大不良趋势，企业都应当考虑是否可能对已上市药品造成影响，必要时应当实施召回，调查结果以及采取的措施应当报告当地药品监督管理部门。

应当根据所获得的全部数据资料，包括考察的阶段性结论，撰写总结报告并保存，并应定期审核总结报告。

4. 变更和偏差控制

（1）变更控制　变更控制的目的是为了防止变更对产品质量产生不利影响，保持产品质量的持续稳定。企业应当建立变更控制系统，对所有影响产品质量的变更进行评估和管理。其目的是防止质量管理体系实际运行过程中的随意变更，确保持续改进得到及时有效的执行，保证变更不会引发不期望的后果，也强调QA的质量参与力度，便于质量追溯。需要经药品监督管理部门批准的变更应当在得到批准后方可实施。

变更范围和需要控制的流程应当建立操作规程，规定原辅料、包装材料、质量标准、检验方法、操作规程、厂房、设施、设备、仪器、生产工艺和计算机软件变更的申请、评估、审核、批准和实施。质量管理部门应指定专人负责变更控制。

变更评估的目的是能评估变更对产品质量的潜在影响，企业可以根据变更的性质、范围、对产品质量潜在影响的程度将变更分类（如主要、次要变更）。判断变更所需的验证、额外的检验以及稳定性考察应当有科学依据。

与产品质量有关的变更由申请部门提出后，应当经评估、制定实施计划并明确实施职责，计划内容一般包括变更措施、完成日期和责任人等信息。最终由质量管理部门审核批准。变更实施应当有相应的完整记录。

改变原辅料、与药品直接接触的包装材料、生产工艺、主要生产设备以及其他影响药品质量的主要因素时，还应当对变更实施后最初至少三个批次的药品质量进行评估。如果变更可能影响药品的有效期，则质量评估还应当包括对变更实施后生产的药品进行稳定性考察，以确保产品质量持续稳定，在有效期内的质量不因变更而产生不利影响。

变更实施时，应当确保与变更相关的文件均已修订；确保文件内容的一致和相互匹配，使质量管理体系能正常有效运行。同时质量管理部门应当保存所有变更的文件和记录。

（2）偏差控制　偏差是在生产经营工作中不论什么原因所发生的偏差标准（包括物料标准、质量标准、工作标准等），违反各项规程、规定的一切不正常现象均为偏差。

任何偏差都应当评估其对产品质量的潜在影响，并根据偏差的性质、范围、对产品质量潜在影响的程度将偏差分类。对重大偏差的评估还应当考虑是否需要对产品进行额外的检验及其对产品有效期的影响，必要时，应当对涉及重大偏差的产品进行稳定性考察。

在生产工作中的偏差一般可以分为：①物品管理工作中的偏差，如物料的采购、验收、贮存保管、领用发放等；②仪器、设备、公用系统使用，操作运行中的偏差，如空调制水系统的运行、环境的洁净度、温湿度控制等；③产品生产、检验中的偏差，如工艺规程、工艺参数、检验规程的制定和执行等；④业务工作中的偏差，如工作失误、差错等。

偏差处理的原则是：确保所有人员正确执行生产工艺、质量标准、检验方法和操作规程，防止偏差的产生；在确认不影响最终产品质量的前提下，偏差允许在一定范围内。各部门负责人对防止偏差起主要负责作用。

应当建立偏差处理的操作规程，规定偏差的报告、记录、调查、处理以及所采取的纠正措施，并有相应的记录。

对于一般的偏差，发现偏差后，发现人应该按操作规程填写通知单，写明品名、批号、规格、批量、工序、偏差内容、发生过程及原因、地点、填表人签字、日期等，立即报告车间主管人员，车间主管人员会同相关人员调查后，提出处理意见。车间技术人员将处理意见的书面报告，经车间主任签字后会同偏差通知单报质量管理部门，经负责人审核、批准、签字后一份送质量管理部门，一份送回车间。

重大偏差应当由质量管理部门会同其他部门进行彻底调查，书写相关调查报告。偏差调查报告应当由质量管理部门的指定人员审核并签字。采取预防措施有效防止类似偏差的再次发生。

纠正和预防措施：企业应当建立纠正措施和预防措施系统，对投诉、产品缺陷、召回、偏差、自检或外部检查结果、工艺性能和质量监测趋势等进行调查并采取充分和完整的纠正和预防措施，以保证产品的质量。

[例7]　质量偏差报告

质量偏差报告

记录编号		产品名称	
产品批号		规　格	
数　量		kg/　件	
偏差性质		偏差日期	
责任部门（人）		处理人	
偏差经过			
偏差原因			
处理意见及改进措施			
责任部门负责人意见	责任部门负责人　　　　　年　　月　　日		
填表说明	1. 此表由偏差责任部门责任人填写偏差经过、偏差原因，处理人与责任人协商后，填写改进措施。 2. 处理部门提出事故处理意见后，上报企业负责人审核。 3. 本表一式二联，偏差部门和质保部门各一联。		

5. 产品质量回顾

药品生产企业必须对上一年度所生产的药品按品种进行产品质量回顾分析，详细说明所有生产批次的质量情况、不合格产品的批次及其调查、变更和偏差情况、稳定性考察情况、生产厂房、设施或设备确认情况等内容，以确认工艺稳定可靠，以及原辅料、成品现行质量标准的适用性，及时发现不良趋势，确定产品及工艺改进的方向。同时结合以往回顾分析的历史数据，对产品质量回顾分析的有效性进行自检。

通过产品的质量回顾，促进企业重视产品质量，关注每一种产品的质量和变更情况，并定期进行汇总和评估，以确保产品的质量符合注册批准的质量标准。

企业至少应当对下列情形进行回顾分析：①产品所用原辅料的所有变更，尤其是来自新供应商的原辅料；②关键中间控制点及成品的检验结果；③所有不符合质量标准的批次及其调查；④所有重大偏差及相关的调查、所采取的整改措施和预防措施的有效性；⑤生产工艺或检验方法等的变更；⑥已批准或备案的药品注册的变更；⑦稳定性考察的结果及任何不良趋势；⑧所有因质量原因造成的退货、投诉、召回及调查；⑨与产品工艺或设备相关的纠正措施的执行情况和效果；⑩新获批准和有变更的药品，按照注册要求上市后应当完成的工作情况；⑪相关设备和设施，如空调净化系统、水系统、压缩空气等的确认状态。

三、质量管理文件

良好的文件和记录是质量保证系统的基本要素。文件可以避免语言上的差错或误解而造成事故，使每一个行动都只有一个标准，而且行动后均有文字记录可查，做到"查有据，行有迹，追有踪"。建立完备的文件系统可以明确质量管理系统的保证作用，提供各种标准规定，追踪有缺陷的产品，可以使管理走向程序化、规范化，使产品质量和服务质量切实有保障。因此，企业必须有内容正确的书面质量标准、生产处方和工艺规程、操作规程以及记录等文件。

1. 质量标准

药品的质量标准是指为保证药品质量而对各种检查项目、指标、限度、范围等所做的规定，是药品纯度、成分含量、组分、生物有效性、疗效、毒副作用、热原、无菌度、理化性质以及杂质的综合表现。

药品的质量标准分为国家标准和企业标准两类，国家标准为《中国药典》和国家食品药品监督管理局颁布的《国家食品药品监督管理局标准》，为强制性标准。企业标准是生产企业在国家标准的基础上制定的企业内控质量标准，其目的是要确保药品各项指标在有效期内符合国家标准。

药品生产企业一般应该有物料、成品以及中间产品和带包装产品的质量标准。物料的质量标准一般应包括：物料的基本信息（企业统一制定的物料名称和内部使用的物料代码；质量标准的依据；经批准的供应商；印刷包装材料的实样或样稿等）；取样、检验方法或相关操作规程编号；定性和定量的限度要求；贮存条件和注意事项；有效期或复验期。各项编写要求详见《国家药品标准工作手册》。

中药材的质量标准按名称、拉丁名、来源、性状、鉴别、检查、浸出物、含量测定、炮制、性味与归经、功能与主治、用法与用量、规格、贮藏等相关项编写。化学原料药按照名称、拼音名、英文名、结构式、分子式、分子量、性状、鉴别、检查、含量测定、类别、贮藏、制剂等相关项编写。

成品的质量标准应包括：产品名称及产品代码；性状、检查、鉴别；对应的产品处方编号、组成；生产批文和批准文号、产品规格和包装规格；取样、检验方法及依据标准名称、页码或相关操作规程编号；定性和定量的限度要求；贮存条件和注意事项；有效期。

如法定标准中有量化指标，内控质量标准应根据工艺技术可达到的要求，适当提高标准，确保产品在贮存期内能达到法定标准的要求。在内控标准中，检查项下应增加微生物限度项，并适当高于法定标准的要求。

2. 质量管理操作规程和记录

质量管理规程是在质量标准的基础上制定的标准操作规程（SOP），包括取样操作规程和记录、检验操作规程和记录、留样操作规程、质量检验结果评价方法、环境监测操作规程、记录和报告、检验方法验证报告和记录、仪器校准和设备使用、清洁、维护的操作规程及记录等，以确保质量标准的实施。

［例8］　模具管理规程

部门:保障分公司	题目:模具管理规程		
起草:	文件编码:SMP-××-××		执行日期: 年　月　日
部门 审核:	QA 审核:	批准:	批准日期: 年　月　日
变更记载: 修订号　　批准日期　　执行日期			变更原因及目的: 完善管理规程

1. 目的：建立模具管理规程，使模具管理规范化。

2. 范围：各生产车间所需模具。

3. 责任者：保障分公司负责人、生产技术部负责人、车间机修工、操作人员。

4. 内容：

（1）模具的选型设计应根据设备的特点，及新生产产品的形状、尺寸、美观程度等方面加以考虑，并从生产适用性、经济合理性方面进行综合性分析，对模具的可行性、配套性、维修性进行市场调查和综合分析比较，确保其造型的正确性。

（2）由模具使用部门提供设备生产能力及设备对模具的要求，与保障分公司、生产技术部共同进行选型分析，再由模具使用部门负责填写设备购置申请单，各相关部门填写意见后，交财务部核算，总经理批准，由保障分公司负责办理。

（3）模具到公司后，由保障分公司组织人员进行上机调试，调试合格后记入台账。

（4）模具安装调试后，由分厂人进行现场验收，调试人填写安装调试验收单交保障分公司归档。

（5）入库后的模具由专人保管和发放，使用部门根据生产需要填写领料单领取。

（6）模具使用部门应指定专人管理、维护模具，并做好模具发放、领用、保管记录。

（7）模具在使用过程中，要经常检查模具的磨损情况，并做好模具使用记录。

（8）当模具不使用时应将其从设备上拆卸下，并按规定对其进行清洁、消毒，然后在指定的模具柜内放置。

（9）压片机模具应在生产结束后拆下，清洗后放入防锈油中，以防生锈，便于以后使用。

（10）对使用已久已变形且直接影响产品质量的模具，由模具使用部门提出申请，写明报废原因等具体情况，保障分公司核实签署意见后方可实行报废。

3. 制定文件的程序和要求

药品生产企业应该建立一个有生产负责人、质量负责人、QA负责人及其他负责人负责文件起草的组织机构，此机构要从企业实际出发，确定文件制定的运作程序，挑选合格的文件起草人员，提出编制文件的相关规定和要求。

文件的起草人员往往是各部门的负责人或他们的授权人员。文件的起草主要是由文件的使用部门负责，以保证文件的全面性和准确性。标准类文件应该有统一的文头表格形式。文件的草稿交质量保证部门初审后，分发至与文件有关部门审核并签发意见，再交起草人修改，最后由 QA 负责人定稿。

文件的废除由有关部门提出书面意见，交 QA 部门审核，经质量负责人批准后，由 QA 部门书面通知有关部门，同时回收被废除的文件，使其不得在现场出现。

文件制定的要求如下。

（1）文件的标题、类型、目的、原则应有清楚的陈述，以与其他文件区别。

（2）文件内容确定，使用的文字应确切、易懂、简练，不可模棱两可。

（3）条理清楚，易理解，可操作性强。

（4）各类文件应有便于识别其文本、类别的系统编码和日期，该文件的使用方法、使用人等，便于查找、识别、控制及追踪。数据的记录同时可以避免使用或发放过时的文件。文件编码具有以下特性：①系统性，统一分类、编码，并指定专人负责编码，同时记录；②准确性，文件与编码一一对应；③可追踪性；④稳定性；⑤相关一致性。文件编号最重要，具有唯一性。作废的文件，编号需要保留，不能用于其他文件。

（5）如需填写数据或记录，应该留有足够的空间，便于填写，每项标题内容应准确。

（6）文件的制定、审查、批准负责人应签字，文件不得使用手抄本。

（7）文件的管理和使用：文件的管理是指文件的设计、制定、审核、批准、分发、执行、归档以及文件变更等一系列过程的管理活动。

（8）文件的发放：文件批准后，在执行之日前发放至相关部门或人员，并做好记录，同时收回旧文件。发放的应为正式复印件，并盖上红印章。

（9）文件的执行与检查：在文件起始执行阶段，有关管理人员应检查文件的执行情况，同时文件管理部门应定期向使用和收阅者提供现行的文件清单，所有的文件应定期复核。

（10）文件的归档：文件的归档包括现行文件和各种结果记录的归档。文件管理部门应保留一份现行的文件或样本，并根据文件变更情况随时更新记录在案。各种记录完成后，整理分类归档，保留至规定期限。

拓展知识

药品投诉和不良反应报告

投诉是用户或其他人员提供口头或书面方式所报告的制药企业所售药品可能或事实上存在的质量缺陷或药物不良反应。通过投诉处理可以了解企业产品质量信息或产品潜在的质量问题；进行产品质量改进；同时可以反映出公司管理水平，保护消费者的利益。

按照规定，药品生产企业应建立药品不良反应报告和监测管理制度，设立专门机构和配备专职人员负责，主动收集药品不良反应，详细记录、评价、调查和处理，并及时采取措施来控制可能存在的风险，并及时向药品监督管理部门报告。同时，药品生产企业应当建立标准操作规程，规定投诉登记、评价、调查和处理的程序，并规定由于产品缺陷发生投诉时所采的措施，包括是否有必要从市场召回药品等。

所有投诉、调查的信息应向质量受权人通报，并进行登记与审核。而与产品质量缺陷有关的投诉，需详细记录投诉的各个细节，并进行调查。投诉调查和处理应当有记录，并注明所查相关批次产品的信息。

【复习思考题】

1. 质量管理体系的机构有哪些？
2. GMP 对标准品和对照品有什么要求？

项目二　人员、机构管理

【知识目标】
1. 掌握组织机构设计，人员培训的原则，了解 GMP 关于人员与机构的相关规定。
2. 熟悉人员配备的专业素质要求，人员培训的内容。
3. 了解国外 GMP 关于人员的要求。

【能力目标】
1. 知道 QA、QC 的职责。
2. 能制订企业人员培训的计划和内容。

必备知识

一、机构设置

组织机构和职责管理是制药企业开展药品生产管理的工作基础，也是药品 GMP 存在及运行的基础。企业应当建立与药品生产相适应的管理机构，并有组织机构图，如图 2-1。

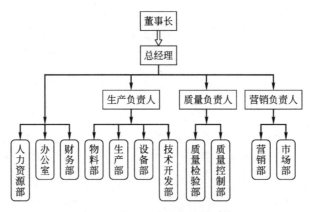

图 2-1　药品生产企业组织机构

1. 组织机构的设置原则与要求

（1）药品生产企业组织机构的设置　应考虑企业经营机制、药品生产特点、企业规模等因素，使其有利于药品生产和质量管理。

（2）设置组织机构的要求　建立与质量管理体系相适应的组织机构，应包括：各级质量职能机构的设置；明确各机构的职责范围；明确机构的隶属关系；各机构工作的衔接与相互关系；形成各级质量管理网络。以药品生产全过程的质量活动为主要依据，按职能分工以一定格局设置各职能部门，包括已有的和将建的质量活动组织和网络。对各岗位进行设岗定编，使机构设置能做到各部门配合适当，运转自如，高效有序，充分体现出组织机构系统的严密性和协调性。确保所分配的职权和职责能够生产出符合要求的产品。

2. 药品生产企业的关键部门职能

（1）领导层　负责组织质量方针的制定和实施；建立健全企业的质量管理体系，使其有效运行；组织并全面落实 GMP 的实施和认证。

（2）质量管理部　负责企业质量管理体系运行过程中的质量协调、监督、审核和评价工作；负责药品生产全过程的质量检验和质量监督工作；开展质量审核工作，向企业内部提供质量保证。

质量管理部门的设置和质量管理职责的明确是开展药品质量管理工作的基础。企业应当设置独立的质量管理部门，履行质量保证和质量控制的职责。质量管理部门的人员不得将职责委托给其他部门的人员。

质量管理部门可以分别设立质量保证部门（QA）和质量控制部门（QC）。

QA 的职责：

① 在确保 QA 相关原则的基础上进行生产设计与研发；

② 撰写供应、生产计划中各个质量要素计划；

③ 明确组织架构图和人员工作职责，尤其是关键人员的职责；

④ 控制管理有关原材料、包材的购进单据、取样和检验方法；

⑤ 监测药物中间体；

⑥ 控制管理；

⑦ 控制管理贮存与分销；

⑧ 质量相关要素自检。

QC 的职责：

① 关注实验室建设、人员培训等与质量管理相关的软硬件要求；

② 确定取样的方法与人员，与 QA 的部分职能重叠，因此非 QC 的必要职能；

③ 确认改进检验方法；

④ 保存记录相关原材料、中间体、包材和最终产品的取样、检验和抽检记录；

⑤ 确认最终产品有效成分与标示成分含量；

⑥ 确保检验依照有关规定进行检验，并对相关结果进行评估；

⑦ 向质量受权人提供批次放行的完整的检验记录；

⑧ 保存最终产品样品一年或者有效期之内。

2010 年版的 GMP 首次引入质量受权人制度，质量受权人制度是发达国家和相关国际组织在组织实施 GMP 过程中，进一步探索和研究确立的药品质量管理制度。1975年，欧盟是全球范围内最早在制药企业中推行质量受权人制度的地区，并使质量受权人制度具备了法律基础。2001 年，欧盟完善了质量受权人的制度，对质量受权人的资质以及专业范围和实习时间都做了具体规定，还规定了必须完成的课程种类。质量受权人的职责就是要确保产品生产能够遵从与最终产品质量有关的技术和法规要求，并负责最终产品的批次放行，每一批产品的生产制造符合生产许可的各项规定。

（3）生产部　按照 GMP 组织生产，编制生产规程等文件；防止药品污染、混淆及差错，使生产过程始终处于受控状态，组织工艺验证，保证生产相互合格的药品。

（4）设备部　负责设备的选型、安装符合 GMP 要求；负责企业设备（包括生产设备、公用工程设备、检测设备、辅助用设备）、设施的维修、保养及管理；组织好有关设备、设施的验证工作；保证计量器具的完好程度和量值传递的准确性；保证提供符合生产工艺要求的水、电、气、风等。

（5）物料部　配合质量管理部门对主要物料供应商质量体系进行评估；严格按物料的质量标准要求购货；对供应商进行管理，保证供应渠道畅通；按 GMP 要求做好物料的收、贮、发等工作。

（6）技术开发部　负责制定原辅料的质量规格与检验方法；设计剂型；通过临床试验确定药品的适应性；确定中间控制项目、方法和标准；确定生产过程；选择合适的包装形式并制定包装材料的质量规格；制定成品的质量规格和检验方法；确定药品稳定性等。

（7）市场部　切实做好销售记录，确保每一批产品售后的可追踪性；负责把产品质量问题和用户的投诉信息及时反馈给质量管理部门和生产部门。

二、人员素质要求与培训

1. 人员素质的要求

为了确保产品的质量，制药企业必须有数量足够、训练有素并具有适当资质（含学历、培训和实践经验）的管理和操作人员。从事制药生产与质量管理的人员应具有相应权限和职责，明确管理的责任；有书面的程序文件加以说明；岗位职责不得遗漏，交叉的职责应有明确规定。每个人所承担的职责不应过多。

对于不同岗位不同职责的人员，GMP 有着不同的专业要求。比如对于企业的关键人员，要求必须是全职人员，至少应该包括企业负责人、生产管理负责人、质量管理负责人和质量受权人。质量管理负责人和生产管理负责人不得互相兼任，质量管理负责人和质量受权人可以兼任。

企业负责人是药品质量的主要负责人，全面负责企业日常管理。为确保企业实现质量目标并按照本规范要求生产药品，企业负责人应当负责提供必要的资源，合理计划、组织，保证质量管理部门独立履行职责。

生产管理负责人应当至少具有药学或相关专业本科学历（或中级专业技术职称或职业药师资格），具有至少三年从事药品生产和质量管理的实践经验，其中至少有一年的药品生产管理经验，接受过与所生产产品相关的专业知识培训。

质量管理负责人应当至少具有药学或相关专业本科学历（或中级专业技术职称或职业药师资格），具有至少五年从事药品生产和质量管理的实践经验，其中至少有一年的药品质量管理经验，接受过与所生产产品相关的专业知识培训。

质量受权人应当至少具有药学或相关专业本科学历（或中级专业技术职称或执业药师资格），具有至少五年从事药品生产和质量管理的实践经验，从事过药品生产过程控制和质量检验工作。质量受权人应当具有必要的专业理论知识，并经过与产品放行有关的培训，方能独立履行其职责。应当制定操作规程确保质量受权人独立履行职责，不受企业负责人和其他人员的干扰。

从 GMP 的实施要求来看，对人员的要求主要有如下三个方面。

① 能力　不只是要求受过一定的教育，而且要求经过培训，富有经验。因为实施 GMP 是一项实践性很强的工作，高学历并不代表能出色地胜任 GMP 的有关工作，人员素质应注重能力的养成。

② 明确职责　在实际药品生产过程中的质量问题不能推诿，我国 2010 年版 GMP 中指出企业的管理和操作人员应当明确规定每个部门和每个岗位的职责，岗位职责不得遗漏，交叉职责应当明确规定。每个人所承担的职责不应过多，且不能委托他人。并且明确规定了企业关键人员的职责。

③ 加强培训　人员是药品生产各项活动的管理者和执行者，是实施 GMP 的核心要素。为确保员工保持其业务能力以及对 GMP 规范理解，定期培训，采取上岗前培训、在岗继续培训，外派培训等多种培训方式提高员工的意识、经验和能力，以保证药品的生产，有效降低风险。

2. 人员的培训

（1）培训的原则

① 药品生产企业应该对与物料、药品生产、质量有关的所有人员包括维修、清洁、储运、服务等，都要进行相关的培训和教育；同时根据不同的对象选择不同的培训内容和方式，既考虑个体素质的提高，也考虑群体功能优化。

② 培训工作要制度化、规范化，应当建立技术档案，并归档保存，并定期进行考核和考评工作。

③ 企业要具有战略眼光从长远发展考虑 GMP 的实施，在培训方面投入足够的人力、物力和财力，为企业的长远发展注入活力。

（2）培训机构　企业应有主管培训教育工作的职能部门，编制合理的教育培训规划和计划，并配备良好稳定的专职或兼职的师资队伍，师资应有相当的业务基础，经过较高一级的培训，有一定的教学经验，要善于在实践中发现问题，解决问题，并要求任教人员知识不断更新，以不断提高培训的质量。

制药企业设置的培训机构其主要职责是：

① 负责制定有效的培训政策和制度；

② 在各项职能部门的协助下编写和实施年度培训计划；

③ 组织、安排和协调培训，确保其顺利进行；

④ 为培训师资提供培训服务，使其掌握必要的理论、方法与技巧，不断提高自身素质；

⑤ 负责企业员工培训文档的管理。

所有的培训计划和方案的制定与实施必须由生产管理负责人及质量管理负责人审核或批准，同时所有的培训记录需要保存。

（3）培训的内容　培训教育的基本内容包括上岗前培训和相关职业的继续培训，其中的上岗前培训至少应该包括两个内容：①GMP 重要性和相关培训；②岗位的相关要求，明确不同岗位的风险和重要性。

相关职业培训包括药品管理法、药品生产质量管理规范、药品流通监督管理办法及 GSP 有关内容、职业道德、计量法、产品质量法、消防法、药品注册方法；专业知识如药学、微生物学等；有关技能如岗位 SOP、设备 SOP、清洁规程、操作技能、标准管理规程、产品及原料、中间体的质量检验规程等，产品知识如产品类别、理化性质、用途等。

对于从事高生物活性、高毒性、高污染性、高致敏性以及有特殊要求的药品生产操作和质量检验人员还应当经过相关的专业技术培训。

（4）培训考核　企业可采用全脱产、半脱产及现场培训方式，或选派有关人员参加企业外的各类学习班、培训班和研讨班；同时还可以到有关制药厂参观、学习、实习等多种方式。

培训教育应建立考核制度，并对各级受训人员进行定期的考核。凡是新职工上岗应经岗前的专业知识技能和法规的教育培训。未经培训或培训不合格的人员一律禁止上岗。考核不合格的应由其部门负责人对其进行再培训考核，补考合格方可恢复工作，仍不合格的，调离原岗位。

药品生产企业要建立 GMP 培训卡和培训档案，每次培训考核成绩记录《个人培训记录》，考核试题、记录和相关培训的合格证均要归档保存。GMP 培训内容如表 2-1 所示。

表 2-1　《药品生产质量管理规范》培训内容参考实例

培训课题	主要培训内容
有关法规、规定、制度	药品法、药品生产质量管理规范、企业规章制度、无菌操作有关制度、规定、工艺规程及岗位操作法
无菌基本概念	无菌产品定义、污染物及污染源（微粒、微生物、热原等）
无菌控制方法要点	环境控制及监测方法，空气净化技术，水的净化，物料进入无菌区的要求和程序，人员进入无菌区的要求和程序，消毒剂及消毒方法等
岗位标准操作程序（SOP）训练	各种岗位标准操作程序的训练，如洗瓶机的操作，洗胶塞机的操作设备清洗方法，场地清洗方法，无菌灌装岗位的操作（包括洗手方法，无菌工作服穿着要求，无菌操作程序及技巧，天平使用规则，称量复核程序，灌装量的计算、调整及复核等）
组长岗位职责	人员管理，无菌操作的准备程序，组织清场、换批、复核计量，生产记录检查等
机修人员无菌概念的培训	主产工艺和设备的无菌要求，生产流水线的准备及故障排除、试车保养及维修等
无菌操作岗位的文件管理	物料清单，无菌记录，清洁记录，设备运行维修记录，生产指令单，各岗位（洗瓶、洗塞、称量、灌装等）操作记录，批生产记录等

拓展知识

一、生产管理负责人的主要职责

（1）确保药品按照批准的工艺规程生产、贮存，以保证药品质量。

（2）确保严格执行与生产操作相关的各种操作规程。

（3）确保批生产记录和批包装记录经过指定人员审核并送交质量管理部门。

（4）确保厂房和设备的维护保养，以保持其良好的运行状态。

（5）确保完成各种必要的验证工作。

（6）确保生产相关人员经过必要的上岗前培训和继续培训，并根据实际需要调整培训内容。

二、质量管理负责人的主要职责

（1）确保原辅料、包装材料、中间产品、待包装产品和成品符合经注册批准的要求和质量标准。

（2）确保在产品放行前完成对批记录的审核。

（3）确保完成所有必要的检验。

（4）批准质量标准、取样方法、检验方法和其他质量管理的操作规程。

（5）审核和批准所有与质量有关的变更。

（6）确保所有重大偏差和检验结果超标已经过调查并得到及时处理。

（7）批准并监督委托检验。

（8）监督厂房和设备的维护，以保持其良好的运行状态。

（9）确保完成各种必要的确认或验证工作，审核和批准确认或验证方案和报告。

（10）确保完成自检。

（11）评估和批准物料供应商。

（12）确保所有与产品质量有关的投诉已经过调查，并得到及时、正确的处理。

（13）确保完成产品的持续稳定性考察计划，提供稳定性考察的数据。

（14）确保完成产品质量回顾分析。

（15）确保质量控制和质量保证人员都已经过必要的上岗前培训和继续培训，并根据实际需要调整培训内容。

三、生产质量管理负责人的共同职责

（1）审核和批准产品的工艺规程、操作规程等文件。

（2）监督厂区卫生状况。

（3）确保关键设备经过确认。

（4）确保完成生产工艺验证。

（5）确保企业所有相关人员都已经过必要的上岗前培训和继续培训，并根据实际需要调整培训内容。

（6）批准并监督委托生产。

（7）确定和监控物料和产品的贮存条件。

（8）保存记录。

（9）监督本规范执行状况。

（10）监控影响产品质量的因素。

四、质量授权人的主要职责

（1）参与企业质量体系建立、内部自检、外部质量审计、验证以及药品不良反应报告、产品召回等质量管理活动。

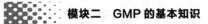

（2）承担产品放行的职责，确保每批已放行产品的生产、检验均符合相关法规、药品注册要求和质量标准。

（3）在产品放行前，质量受权人必须按照上述第 2 项的要求出具产品放行审核记录，并纳入批记录。

【复习思考题】

　　1. 企业关键人员包括哪些，各有什么职责？

　　2. 药品企业员工培训的主要内容有哪些？

　　3. 培训效果是如何来评价？

项目三 厂房设施与设备管理

【知识目标】
1. 掌握空间净化设施、要求和制药用水制备的原理及相应流程。
2. 熟悉与设备系统相关的文件的制定。
3. 了解厂址的选择、厂区布局和厂房设施的设计。

【能力目标】
1. 会根据要求进行简单的厂房布局。
2. 能根据生产要求选择合适的洁净设备和洁净级别。
3. 学会与设备有关的 SMP、SOP 的制定。

必备知识

一、厂房设施管理

厂房是药品生产等一系列活动的基础，是一个药品生产企业实施 GMP 的先决条件。厂房设计必须按照 GMP 等法规标准从药厂、总体布局、分区分布、内部工艺流程、空气净化级别等方面进行设计，重点防止药品生产中污染、混药和差错，便于清洁、操作和维护。

1. 厂房布局的基本要求

（1）**厂房的选址** 应当根据厂房及生产防护措施综合考虑选址，厂房所处的环境应当能够最大限度地降低物料或产品遭受污染的风险。

药厂应选择大气条件良好、空气污染少、无水土污染的地区，最好选在气候适宜，空气清新、绿化多的城市郊区，避开热闹市区、化工区、风沙区、铁路和公路等污染较多的区域，特别是避开大气中二氧化硫、飘尘和降尘浓度大的化工区。

水源要充足而清洁，周围几公里以内无污染排放源，能保证制出的纯水或注射用水的质量符合药典规定的标准。

供电充足、通讯方便、交通运输便利。排污、物资供应和公用服务条件较好或所存在的问题在目前和今后发展时能有效、妥善地解决。

从药厂总体布局看，也应有发展的余地；从综合方面考虑，应注意到地理位置、地质状况、常年主导风向、少占耕地等因素。

（2）**厂房总体布局** 药品生产企业应该将厂区按照建筑物的使用性质进行全厂性的

归类分区布置。厂区按生产、行政、生活和辅助区划区布局，每一区域又有若干小区域所组成。要有适用的足够面积的厂房进行生产和质量检定工作，保持水、电、汽供应良好。同时各区之间要做到比例适当，间隔清晰，衔接合理等。如占地面积、建筑面积、生产用房面积、辅助用房面积、仓储用房面积、绿化面积和道路面积等。

厂房应处于主导风向的上风侧以减少来自环境的污染，尤其是洁净厂房，严重空气污染源应处于主导风向的下风侧。例如，某地常年东南风，则锅炉房烟囱最好布置在厂区西北方向，避免这种高空污染排放源对生产车间的污染。

厂房、设施的设计和安装应当能够有效防止昆虫或其他动物进入。应当采取必要的措施，避免所使用的灭鼠药、杀虫剂、烟熏剂等对设备、物料、产品造成污染。

洁净厂房周围应绿化，尽量减少厂区内的露土面积。宜铺植草坪，种植对大气不产生有害影响的树木。绿化有利于保护生态环境，改善小气候，净化空气，起滞尘、灭菌、吸收有害气体和提供氧气的作用。GMP 要求生产区内及周围应无露土面积。制剂药厂绿化，用大片草坪有显著作用。种植的树木以常青树为主，不宜种花，因为花开时有花粉飞扬，会造成污染。绿化面积最好在 50％以上，建筑面积为厂区面积的 15％～30％。不能绿化的道路应铺成不起尘的地面，暂时不能绿化的空地也应采取措施，杜绝尘土飞扬。厂区内道路必须人流、物流分开，两旁植上行道树。

厂区道路应选用整体性好，发尘少的覆面材料，比较常用的是沥青路面或水泥路面。主要道路要规则宽敞，要做到人流、物流通道分开，径直短捷，洁净厂房周围 50m 道路宽敞，能通过消防车辆。在总体布局上应注意各部分的比例适当。

应当保存厂房、公用设施、固定管道建造或改造后的竣工图纸。

2. 厂房设计要求

(1) 厂房设计的常规要求　对厂房设计要求的基本目的是保证工艺合理布局，使人为的差错控制到最低限度，有效地防止药品受到污染和质量下降。在可能条件下应积极采用先进技术，既满足当前产品工艺要求，也适当考虑今后发展需要。

厂房设计要满足工艺流程布局，有利于生产操作，既协调又不互相妨碍，既可控又有较高的效率。厂房的设计要符合洁净级别协调的原则，生产工艺流程的每一环节、人流物流的每一步骤都应处在与其相对应的、满足生产质量要求的空气洁净级别与该级别的环境（场所）中。生产厂房应有和规模、流程、操作、洁净、质控等内容相适应的面积和空间，有利于生产过程中人员、物料、设备、操作的流动、识别、衔接和控制。生产厂房应设立物料的配称、中转场所，并有和生产规模、要求相适应的面积和空间，有利于预防差错。

常见的厂房组成形式分为单体式和集中式两种，单体式是指某一工艺过程的一部分或几部分互相分离，并分散在几个厂房中，这种布置适用于生产规模大、各工段生产特点差异显著的药品生产企业，多见于原料药的生产企业。集中式厂房是指生产区、辅助生产区、生活用室安排在同一厂房内，这种布置适合于生产规模小、工段联系紧密、车间生产能力小的药品生产，多见于小批量制剂或原料药生产。应当对厂房进行适当维护，并确保维修活动不影响药品的质量。应当按照详细的书面操作规程对厂房进行清洁或必要的消毒。

生产区的高度依工艺、安全性、检修方便、通风和采光等而定。车间底层不论是多

层或单层，应高出室外地坪 0.5～1.5m，层高为 2.8～3.5m，技术夹层净高 1.2～
2.2m，目前标准厂房的层高为 4.8m。库房屋高 4.5～6m。一般来说，楼层的地面承重
生产车间≥1000kg/m²，库房≥1500kg/m²，实验室≥800kg/m²。各部分建筑面积的分
配比例厂房占厂区总面积 15%，生产车间占总建筑面积 30%，库房占总建筑面积
30%，管理及服务部门占总建筑面积 15%，其他占总建筑面积 10%。

生产特殊性质的药品，如高致敏性药品（如青霉素类）或生物制品（如卡介苗或其他
用活性微生物制备而成的药品），必须采用专用和独立的厂房、生产设施和设备。生产 β-
内酰胺结构类药品、性激素类避孕药品必须使用专用设施（如独立的空调净化系统）和设
备，并与其他药品生产区严格分开。某些激素类、细胞毒性类、高活性化学药品（如抗肿
瘤类化学药品）应当使用专用设施（如独立的空调净化系统）和设备，厂房应装有防尘及
捕尘设施，空调系统的排气应经净化处理。生产用菌毒种与非生产用菌毒种、生产用细胞
与非生产用细胞、强毒与弱毒、死毒与活毒、脱毒前与脱毒后的制品和活疫苗与灭活疫
苗、人血液制品、预防制品等的加工或灌装不得同时在同一厂房内进行，其贮存要严格分
开。药材的前处理、提取、浓缩（蒸发）以及动物脏器、组织的洗涤或处理等生产操作，
不得与其制剂生产使用同一厂房。

洁净厂房宜布置在厂区内环境清洁，人流物流不穿越或少穿越的地段，与市政交通
干道的间距宜大于 50m。洁净级别相同的房间尽可能结合在一起，相互之间要有防污染
措施，如设置必要的气闸、风淋室、缓冲间及传递窗等。在布置上要有与洁净级别相适
应的净化设施，如换鞋、更衣、缓冲等人员净化设施；有与洁净级别相适应的卫生通道
和生活设施，如雨具存放间、管理室、更衣室、休息室、风淋室、清洁工具存放室、沐
浴室和厕所等。卫生通道的洁净度应由外至内逐步提高。一般应将洁净级别高的房间布
置在内侧或中心部位，若在布置时需要将无菌室安排在外侧，最好有一封闭式缓冲走
廊。物料入口应单独设置，传递路线应尽量短，物料进入洁净区之前必须进行清洁处
理，物料入口处要设置清除外包装的房间；无菌生产所需的物料，经无菌处理后再从传
递窗或缓冲室中传递；有与洁净级别要求相适应的中间产品、待包装产品的贮存间；应
有无菌服装（特别是生产或分装青霉素类药物）的洗涤、干燥室和设备及容器具洗涤
区，并符合相应的空气洁净度要求。

各种管道、照明设施、风口和其他公用的设计和安装要避免出现不易清洁的部位，
尽可能在生产区外部对其进行维护。排水设施大小适宜，并安装防止倒灌的装置。尽可
能避免明沟排水；不可避免时，明沟应浅，以方便清洁和消毒。

原辅料、半成品和成品以及包装材料的存贮区域要明显，待验品、合格和不合格品
要有足够区域存放并严格分开，存放区与生产区的距离要尽量缩短，以减少途中污染。
仓储区的设计和建造应当确保良好仓储条件，并有通风和照明设施。仓储区应当能够满
足物料或产品的贮存条件（如温湿度、避光）和安全贮存的要求，并进行检查和监控。

质量控制实验室通常应当与生产区分开。实验室的设计应能确保其适用于预定的用
途，并能够避免混淆和交叉污染，有足够的区域用于样品处置、留样和稳定性考察样品
的存放以及记录的保存。生物检定、微生物和放射性同位素的实验室要彼此分开。高灵
敏度的仪器设置专门的仪器室，免受静电、震动、潮湿或其他外界因素的干扰。

实验动物房应与其他区域严格分开，并设有独立的空气处理设施以及动物的专用

通道。

常见制药企业厂区分布见图 2-2。

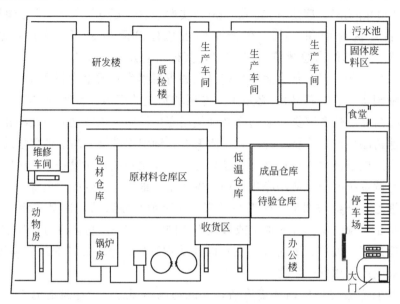

图 2-2 制药企业厂区分布

（2）厂房内的装修要求 洁净厂房的主体应在温度变化和震动情况下，不易产生裂纹和缝隙。所用的材料发尘量少、不易黏附尘粒、隔热性能好、吸湿性小。洁净厂房建筑的围护结构和室内，也需选气密性良好，在温湿度变化下变形小的材料。墙壁和顶棚表面应光洁、平整、不起尘、不落灰、耐腐蚀、耐冲击、易清洗，并便于识别污染物。在洁净厂房的装修的选材上最好选用彩钢板吊顶，墙壁选用仿瓷釉油漆。墙与墙、地面、顶棚相接处应有一定弧度，宜做成半径适宜的弧形。洁净区的内表面应光滑、平整、无缝隙、耐磨、耐腐蚀、耐冲击，不积聚静电，易除尘清洗，必要时应进行消毒。技术夹层的墙面、顶棚应抹灰。若要在技术夹层内更换高效过滤器的，墙面及顶棚也应刷涂料饰面，以减少灰尘。进入无菌室的全部进口要与墙面齐平，与自动启闭器紧密配合在一起。门两端的气塞采用电子联锁控制。洁净室（区）窗户必须是固定窗，严密性好并与室内墙齐平。必要时，窗台应陡峭向下端，窗台应内高外低，且外窗台应有不低于 30°的角度向下倾斜，以便清洗和减少积水，并且避免向内渗水。窗户尽量采用大玻璃窗，既为操作工人提供敞亮愉快的环境，又便于管理人员通过窗户观察操作情况，目前常用钢窗和铝合金窗。

3. 空气净化系统的原理

空气净化系统是指能对空气滤尘净化，并进行加热或冷却、加湿或去湿等各种处理的系统。生产环境的维护主要依靠诸如空气净化处理设施、电气与安全设施、洗涤消毒与卫生设施、通风除尘设施等来完成，其中空气净化系统在保证药品质量方面起到非常重要的作用。

（1）洁净室（区） 洁净室（区）是从事药品生产活动的非常重要的场所，各国 GMP 都对洁净室（区）的管理、应用作了明确的规定要求。我国 2010 年版的 GMP 将洁净室（区）的空气洁净度分为 A 级、B 级、C 级、D 级。不同生产区域的空气洁净度要求不同。具体见表 2-2 和表 2-3。

表 2-2　最终灭菌药品各生产操作环境对空气洁净度的要求

洁净度级别	最终灭菌产品生产操作
C 级背景下的局部 A 级	高污染风险产品灌装
C 级	产品灌装（或灌封）；高污染风险产品的配制和过滤；眼用制剂、无菌软膏剂、无菌混悬液等的配制、灌装（或灌封）；直接接触药品的包装材料和器具的最终清洗后处理
D 级	轧盖；灌装前物料的准备；产品的配制（浓配或采用密闭容器配制）；过滤直接接触药品的材料或器具的清洗

表 2-3　洁净室（区）空气洁净度等级

洁净度级别	悬浮粒子最大允许数/m³			
	静　态		动　态	
	$\geqslant 0.5\mu m$	$\geqslant 5.0\mu m$	$\geqslant 0.5\mu m$	$\geqslant 5.0\mu m$
A 级	3520	20	3520	20
B 级	3520	29	352 000	2900
C 级	352 000	2900	3 520 000	29 000
D 级	35 200 000	29 000	不作规定	不作规定

注：1. A 级——高风险操作区，如灌装区、放置胶塞、与无菌制剂直接接触的敞口包装容器的区域及无菌装配或连接操作的区域，应当用单向流操作台（罩）维持该区的环境状态。单向流系统在其工作区域必须均匀送风，风速为 0.36～0.54m/s（指导值），应有数据证明单向流的状态并经过验证。在密闭的隔离操作器或手套箱内，可使用较低的风速。2. B 级——无菌制剂和灌装等高风险操作 A 级洁净室（区）所处的背景区域。3. C 级和 D 级——指无菌药品生产过程中重要程度较低的操作步骤的洁净区。4. 动态级别——指空气洁净度级别用操作时间内空气的计数含尘浓度来表示。相对动态而言，静态的洁净度级别系指非操作状态下测定的计数含尘浓度。

洁净室（区）按气流形式分为层流（气流流线平行、流向单一）洁净室（区）、乱流（或称紊流）洁净室（区）。层流按其气流方向又可分为垂直层流与水平层流两种。垂直层流多用于灌封点的局部保护和层流工作台，水平层流多用于洁净室（区）的全面洁净控制。

洁净室（区）与非洁净室（区）之间、不同级别洁净室（区）之间的压差应当不低于 10Pa。必要时，相同洁净度级别的不同功能区域（操作间）之间也应当保持适当的压差梯度。这是为防止周围空气进入造成污染，主要通过使空调系通的送风量大于回风量和排风量来达到目标。由于门窗的启闭、室内排风系统的开断运行等原因，室内正压还可能会不能保持恒定值，可通过安装压差式自动风量调节阀，达到控制压差恒定的目的。某些特殊药品的生产操作区域应保持负压，如青霉素类等高致敏性药品、强毒微生物及芽孢菌制品的生产区域、非无菌药品生产中产尘量大的房间等。同样，相邻两个不同空气洁净度等级的房间之间，为保证各自的洁净度，也必须控制一定的正压值。要实现室内正压，必须使送风量大于室内风量、排风量、漏风量的总和。其正压值可通过调节送风量、回风量和排风量来加以控制。

（2）空气净化设施和设备　空气净化设施与设备可分为以下几类。

① 空气过滤器　空气过滤器又称空气净化滤器，可以实现洁净室（区）内的洁净程度的控制。空气过滤器一般分为初效、中效、高效等类别，主要有三级。

初效空气过滤器：初效过滤器可滤除 5μm 以上的尘粒和异物。一般采用多孔泡沫塑料、涤纶无纺布、化纤组合滤料等滤材，滤材可以水洗再生，重复使用，可分为平板型、抽屉型和自动卷绕人字型等。初效过滤器主要靠尘粒的惯性沉积，故风速可稍大，滤速可在 0.4～1.2m/s，过滤效率在 20%～30%。

中效空气过滤器：中效过滤器用于滤除 1～5μm 的悬浮尘粒。一般采用中、细孔泡沫塑料、无纺布及玻璃纤维等滤材，可分为抽屉式及袋式等。滤速可在 0.2～0.4m/s，过滤效率在 20%～30%。

高效空气过滤器：高效过滤器用于滤除 0.3μm 粒子，用于控制送风系统的含尘量，并能滤除细菌，可将通过高效过滤器的空气视为无菌。高效过滤器主要采用超细玻璃纤维滤纸或超细石棉纤维滤纸为滤材，过滤效率在 ≥99.9% 以上，气流阻力在 245Pa 以上。因此，初、中、高效过滤器组合使用，可提高高效过滤器的使用寿命。

② 气闸室　即缓冲室，是人、物进出洁净室（区）时，避免污染空气进入的隔离室。一般采用无空气幕的气闸室，当洁净度要求高时，亦可采用有洁净空气幕的气闸室。空气幕是在洁净室（区）入口处的顶板设置有中、高效过滤器，并通过条缝向下喷射气流，形成遮挡污染的气幕。

③ 空气吹淋室　空气吹淋室属于人身净化设备，并能防止污染空气进入洁净室（区）。吹淋室可分三部分：风机、电加热器及过滤器等；静压箱、喷嘴和配电盘间；吹淋间，底部为站人转盘，使人在吹淋过程中受到均匀的射流作用，且工作服产生抖动，除掉灰尘，示意如图 2-3 所示。吹淋室的门有联锁和自动控制装置。

④ 洁净工作台　又称超净工作台，属于局部净化设备，是在特定的局部空间造成洁净空气环境的装置，洁净工作台由静压箱体、粗效过滤器、风机、高效过滤器和洁净操作台等组成，见图 2-4。

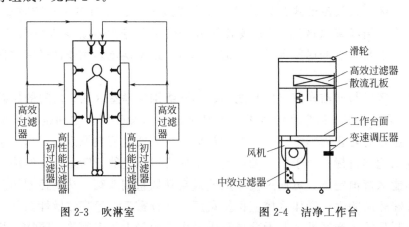

图 2-3　吹淋室　　　　　　图 2-4　洁净工作台

⑤ 净化空调系统　净化空调系统是指能对空气滤尘净化，并进行加热或冷却、加湿或去湿等各种处理的系统。药厂洁净室（区）使用的空调系统中包括空气的过滤和热湿处理，空气处理各功能段的组成应根据洁净室（区）的不同要求而定。

净化空调系统通常按送风方式或空气来源分类。按送风方式分类主要有集中式和分散式两种净化空气系统；按使用的空气来源分类有直流式、封闭式、回风式三种。

洁净室（区）的温度和相对湿度应与药品生产工艺要求相适应。无特殊要求的，温度应控制在 18～26℃，相对湿度控制在 45%～65%。有特殊要求的药品，温度和湿度则要根据具体情况而定。例如血液制品的生产过程要求低温；各种易吸湿药品或包装材料有临界湿度要求时，相对湿度要低于45％。

温湿度的控制是通过冷却器、加热器、增湿器和去湿器等来实现的。这些设施一般放置在初效过滤器、风机之后，中效过滤器之前。

4. 制药用水制备及其设备

水在药品生产中是影响药品质量的重要因素，是药品生产企业的灵魂。制药用水通常是指药品生产工艺中使用并且符合相应标准的水，一般分成三大类：饮用水、纯化水和注射用水。

饮用水通常用作纯化水的原料和洗涤直接与药品接触的设备、容器的初级用水，饮用水并不直接与药品接触，也不作为工艺用水参加药品直接制造过程，只起辅助作用。纯化水系指水中的电解质几乎已完全去除，水中不溶解的胶体物质与微生物微粒、溶解气体、有机物等已降至很低限度，并在使用前于终端进行精制处理的高纯度水。注射用水系指在纯化水的基础上，经过进一步处理，不含微生物和热原物质的水。

制药用水应当根据其用途，并按照《中国药典》的质量标准及相关要求制得。工艺用水系统流程见图2-5。

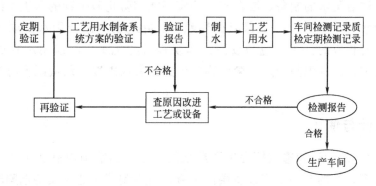

图 2-5 工艺用水系统流程

（1）饮用水的预处理 自来水中的杂质相当多，所以还必须进行过滤，如炭滤并根据需要加入凝结剂、软化剂、氧化剂、杀菌剂等处理，直至达到或超过我国饮用水的卫生标准。

（2）纯化水的制备 纯化水的制备是以饮用水为原料，逐级处理而完成的。纯化水的具体制备工艺流程见图2-6，其制备可以有以下几种方法。

① 离子交换法 是使用带电荷的树脂，利用正负电荷相互吸引的原理，除去水中的金属离子。其流程为原水—预处理—阳离子交换—阴离子交换—混合床—纯化水。

② 电渗析法 是仅用静电及选择性渗透膜进行分离浓缩，并将金属离子除去。

③ 反渗透法 是用一个半透膜并用高压使水通过半透膜来改善水的化学、微生物、内毒素方面的质量指标。

④ 过滤法 是利用透过膜的超滤或利用其他过滤介质来除去有机物、固态杂质、细菌、内毒素等。

纯化水应严格控制离子含量 Cl^-、SiO_3^{2-}，NO_2^-、重金属离子。目前采用控制纯化水电阻率的方法控制离子含量。纯化水的电阻率应大于等于 $0.5 M\Omega \cdot cm/25℃$。注射

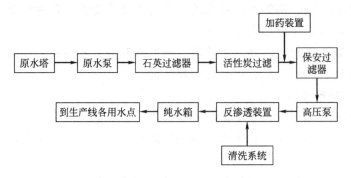

图 2-6　纯化水制备工艺流程

剂、滴眼剂容器冲洗用纯化水电阻率宜大于等于 1MΩ·cm/25℃。需定期检测纯化水水质，定期清洗设备管道，更换膜材或再生离子活性。

（3）注射用水的制备　纯化水通过蒸馏等方法而获得符合质量要求的注射用水。通过加热蒸发、汽液分离和冷凝等过程，达到水中化学物质与微生物的进一步净化而控制内毒素的限度并符合质量要求。其流程为：纯化水——蒸馏水机——注射用水贮存。

纯化水、注射用水的制备、贮存和分配应当能够防止微生物的滋生。纯化水可采用循环，注射用水可采用 70℃以上保温循环贮存。并应当对制药用水及原水的水质进行定期监测，并有相应的记录。应当按照操作规程对纯化水、注射用水管道进行清洗消毒，并有相关记录。发现制药用水微生物污染达到警戒限度、纠偏限度时应当按照操作规程处理。

二、设备设计与使用

GMP 对设备的设计和选型等提出了严格的要求。当前国内制药工业飞速发展，制药设备种类繁多，新的药品生产设备层出不穷，所以制药企业在设备选购时首先要结合实际，考虑设备的适用性，能达到药品生产质量的预期要求。在每台新设备正式使用前，必须要做适用性分析（论证）和设备验证工作。应当建立并保存设备采购、安装、确认的文件和记录。

1. 设备的设计和选用

制药设备的优劣也主要反映在能否满足使用要求和无环境污染上，一般应符合以下几个方面要求。

（1）功能的设计及要求　功能是指制药设备在指定的使用和环境条件下，完成基本工艺过程的机电运动功能和操作中使药物及工作室区不被污染等辅助功能。能对所生产的药品提供对质量均一性和最佳纯度的保证；尽量减少或消除加工时药品的暴露；尽量减少加工的流转环节，增加联动作用等。

（2）结构设计及要求　操作简便、安全且又容易识别。与药品直接接触的生产设备表面应当平整、光洁、易清洗或消毒。保养快捷而又不产生污染，维修方便而又安全，问题或状态易于识别，便于检查和判断，具有防止维修差错的设施等。

（3）材料选用的要求　药品生产设备的设计要能够从制作的材料上去考虑如何预防材料自身对药品或物料可能造成的污染。比如不得与所加工的药品发生反应；不得释放可能影响药品生产质量的物质；设备所用的润滑剂、冷却剂等不得对药品或容器造成污染，应当尽可能使用食用级或级别相当的润滑剂等。

（4）设备接口问题 接口应该光滑，易于清洗，不易滋生细菌和微生物等。

2. 使用和清洁

药品生产企业必须配备专职设备管理人员，负责设备的基础管理工作，建立相应的设备管理制度。主要生产和检验设备都应当有明确的操作规程及安全注意事项，操作人员必须经培训、考核合格后才可允许上岗操作。使用时应严格实行定人、定机，并要有状态标志，明确标明内容物，做好设备运行过程的记录和交接班记录。

用于药品生产或检验的设备和仪器，应当有使用日志，记录内容包括使用、清洁、维护和维修情况以及日期、时间、所生产及检验的药品名称、规格和批号等。生产模具的采购、验收、保管、维护、发放及报废应当制定相应操作规程，设专人专柜保管，并有相应的记录。

清洁生产设备应当按详细规定的操作规程进行。生产设备清洁的操作规程应当规定：①经过验证的具体而完整的清洁方法、清洁用设备或工具、清洁剂的名称和配制方法、清洁周期；②明确关键设备的清洁验证方法；③去除前一批次标识的方法；④保护清洁设备受污染的方法；已清洁设备最长的保存时限；⑤使用前检查设备清洁状况的方法，使操作者能以可重现的、有效的方式对各类设备进行清洁。如需拆装设备，还应当规定设备拆装的顺序和方法；如需对设备消毒或灭菌，还应当规定消毒或灭菌的具体方法、消毒剂的名称和配制方法。

[例9] 生产设备器具清洁的标准规程

标 题		一般区生产用工具、容器具清洁标准操作规程					
编 号		SOP-WW-××		版 本	I	页 数	共1页
起草人	签名		审核人	签名		批准人	签名
	日期			日期			日期
起草部门			颁发部门			生效日期	年 月 日
送达部门						份数	

目的：保证工具、容器具清洁卫生。

适用范围：车间一般区生产工具、容器具的清洁。

责任者：操作员。

1. 清洁工具、清洁剂选用。

（1）使用的工具：抹布、水桶。

（2）使用的清洁剂：洗洁精、0.2%氢氧化钠、饮用水、纯化水。

2. 桶的清洗。

（1）生产结束后，先用饮用水冲洗内外壁一遍，去除表面浮污。

（2）有发现难去除污垢时可用抹布蘸0.2%氢氧化钠擦洗，再用饮用水冲洗两遍至手不滑。

3. 其他工具、容器具按以下程序清洗。

（1）生产结束后，先用饮用水冲洗一遍，去除表面浮污。

（2）如发现有难去除污垢时，用专用抹布蘸取洗洁精，仔细擦洗内外壁。

（3）再用饮用水冲洗两遍。

4. 清洁周期：使用后或岗位工作结束时，由操作员在岗位按相应的清洁规程清洁。

5. 清洁工作完成后，将清洁工具送到一般区洁具室。

6. 记好清洁记录。

3. 维护、维修和校准

制药企业应制订设备保养、检修规程（包括维修保养职责、检查内容、保养方法、计划、记录等），定期检查，清洁、保养与维修设备。对大多数设备均应制订出预防性维护计划和保养计划，要求定期对设备进行检查、校正、维修及更换，防止事故的发生。

设备的维护和维修应当有相应的记录。经改造或重大维修的设备应当进行再确认，符合要求后方可用于生产。

对生产和检验用衡器、量具、仪表、记录和控制设备以及仪器进行校准和检查，并保存相关记录。校准的量程范围应当涵盖实际生产和检验的使用范围。校准记录应当标明所用计量标准器的名称、编号、校准有效期和计量合格证明编号，确保记录的可追溯性。

拓展知识

一、制药设备的分类

依据国家、行业标准，按产品基本属性，制药设备分为 8 大类：

（1）原料药机械及设备　实现生物、化学物质转化，利用动物、植物、矿物质取医药原料的工艺设备及机械。

（2）制剂机械　将药物制成各种剂型的机械与设备。

（3）药用粉碎机械　用于药物粉碎（含研磨）并符合药品生产要求的机械。

（4）饮片机械　对天然药用动物、植物、矿物进行选、洗、润、切、烘、炒等方法制取中药饮片的机械。

（5）制药用水设备　采用各种方法制取制药用水的设备。

（6）药品包装机械　完成药品包装过程以及与包装过程相关的机械与设备。

（7）药用检测设备　检测各种药物制品或半成品质量的仪器与设备。

（8）其他制药机械及设备　执行非主要制药工序的有关机械与设备。

二、药品生产中的仪表标签

在生产中会选用不同颜色标记的标签来表明仪表的状态，这可以防止误用一些不符合规定的仪表。一般要求将校验标签贴在设备附近控制单元比较显眼的位置，以方便观察。设备操作人员和使用者有责任在每次使用前检查仪表标签的状态。

（1）绿色准用标签　表示本次校准结果符合规定，可在下次校准日期前使用。

（2）红色禁止使用标签　表示校准结果有一项以上参数不符合规定或因故暂时停用。

（3）红绿限用标签　表示仪表经确认虽有个别量程超出范围，但不影响使用，按规定可在限定的范围内使用。

（4）准予使用标签　表示该仪表只进行安装前的一次性校准，可以使用；在故障或损坏时予以更换，更换前执行校准检查。

【复习思考题】

1. 药品生产企业的选址有何要求？

2. 制药设备的设计有何基本要求？

3. 洁净室（区）的分类方法和基本结构是什么？

4. 设备的清洁操作规程有何要求？

项目四 生产管理

> **【知识目标】**
>
>   1. 掌握药品生产企业物料管理的基本流程及采购环节的关键控制点。
>
>   2. 掌握生产工艺流程图的内容及作用；生产工艺、生产批次、设备与生产阶段标识和生产偏差管理等。
>
>   3. 掌握现行 GMP 对个人的卫生管理规定。
>
>   4. 熟悉药品生产企业物料和物料质量标准及分类。
>
>   5. 熟悉药品生产企业物料管理岗位职责和典型 SMP，SOP 文件的设计。
>
>   6. 熟悉物料仓库和生产部门的管理要点。
>
>   7. 熟悉生产管理系统的组织机构，相关岗位群、人员配备与岗位职责。
>
>   8. 熟悉药品生产企业的卫生监督范围及方法，生产企业的卫生设施，卫生系统岗位 SMP、SOP 及记录的编制体例，物料卫生管理、设备的卫生管理、工艺卫生管理、环境卫生管理。
>
>   9. 了解相关生产工艺流程及其关键的质量控制点；了解卫生岗位。
>
> **【能力目标】**
>
>   1. 知道目前的药品标准。
>
>   2. 能编写和填写与物料管理和生产管理有关的 SOP、SMP。
>
>   3. 知道药品生产企业卫生管理的基本规范。
>
>   4. 能制定相关的生产流程。

必备知识

一、物料和产品管理

物料是指用于药品生产的原料（起始原料、试剂、溶剂）、辅料、工艺助剂、中间体、原料药和包装、标签材料的总称。GMP 要求应当建立物料和产品的操作规程，确保物料和产品的正确接收、贮存、发放、使用和发运，防止污染、交叉污染、混淆和差错。物料和产品的处理应当按照操作规程或工艺规程执行，并有记录。

1. 物料的管理

（1）药品生产企业物料质量标准　原料、辅料和包装材料供应广泛，品种规格繁多。所以 GMP 规定药品生产所用的原辅料、与药品直接接触的包装材料应当符合相应的质量标准。药品上直接印字所用油墨应当符合食用标准要求。进口原辅料应当符合国家相关的进口管理规定。

原辅料及包装材料采用的质量标准有药品标准、包装材料标准、生物制品规程或其他有关标准，进口原料药应符合国际通用的药典或进口注册标准并具有口岸检验所的药品检验报告。

药品标准是国家颁布的对药品质量的最基本要求，是药品生产中必须要达到的质量标准，包括《中国药典》和国家食品药品监督管理局《注册标准》。

进口药品原料必须经口岸药品检验所检验，检验标准为现行版《中国药典》、《注册标准》或国际上通用的药典。国际通用药典包括《美国药典》、《英国药典》、《欧洲药典》、《日本药局方》。对上述药典或标准未收载的，应采用国家药品监督管理局核发《进口药品注册证》时核准的质量标准。

药品包材国家标准或行业标准由国家食品药品监督管理局组织制订和修订，没有制定国家标准、行业标准的药品包材，由申请产品注册企业制定企业标准。首次进口的药包（国外企业、中外合资境外企业生产），必须取得国家食品药品监督管理局核发的《进口药包材注册证书》，并由国家食品药品监督管理局授权的药品包材检测机构检验合格后，方可在国内销售使用。

企业标准是企业根据法定标准、行业标准和企业的生产技术水平、用户要求等制订的高于法定标准、行业标准的内控标准，目的是保证药品出厂后，确保其在规定的期限内的质量，并对无法定标准的物料进行质量控制。

食用标准包括《中华人民共和国药典》、食品添加剂国家标准、《中华人民共和国食品安全法》。

一般情况下，为了保证药品的质量，采购部门都会按照企业标准进行采购。

（2）物料的管理

① 采购及其管理　企业的销售部门定期制定销售预测表，生产计划部门以销售预测表为基础，作成品生产计划，计算原辅材料、包装材料的需求量，制订原辅材料需求表，该表包括原辅材料编号、名称、单位、生产需求量、库存量、安全库存量、市场预测量及需求时间等，同时应考虑生产与检验周期。采购部门按原辅材料需求表制订采购计划表。内容有原辅材料编号、名称、供货单位、订购单号、订购数量、包装规格、件数、到货日期等。还应考虑运输和报关时间。

药品质量与生产中所选用的原料质量有着极为密切的关系。因此2010年版的GMP对物料供应商的评估和批准做了详细明确的规定。在采购物料之前，质量管理部门应当对所有生产用原料的供应商进行质量评估，对主要物料的供应商（尤其是生产商）进行现场质量审计，并对质量评估不符合要求的供应商行使否决权。质量管理部门对物料供应商的评估包括：供应商的资质证明文件、质量标准、检验报告、企业对物料样品的检验数据和报告，还应当对其人员机构、厂房设施和设备、物料管理、生产工艺流程和生产管理、质量控制实验室的设备、仪器、文件管理等进行检查。原辅料定点供应商的确认流程如图2-7所示。

主要物料的确定应当综合考虑企业所生产的药品质量风险、物料用量以及物料对药品质量的影响程度等因素。并建立物料供应商评估和批准的操作规程，明确供应商的资质、选择的原则、质量评估方式、评估标准、物料供应商批准的程序。

质量管理部门应当指定专人负责物料供应商质量评估和现场质量审计，被指定的人

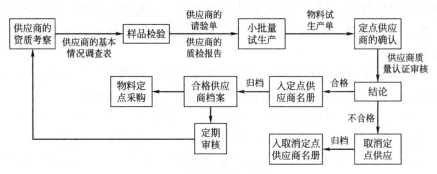

图 2-7　定点供应商确认流程

员应当具有相关的法规和专业知识，具有足够的质量评估和现场质量审计的实践经验。现场质量审计应当有报告。企业法定代表人、企业负责人及其他部门的人员不得干扰或妨碍质量管理部门对物料供应商独立作出质量评估。

确定了供货商后，质量管理部门应当向物料管理部门分发经批准的合格供应商名单，该名单包括物料名称、规格、质量标准、生产商名称和地址、经销商名称等。并与主要物料供应商签订质量协议，在协议中应当明确双方所承担的质量责任。应当定期对物料供应商进行评估或现场质量审计，回顾分析物料质量检验结果、质量投诉和不合格处理记录。如物料出现质量问题或生产条件、工艺、质量标准和检验方法等可能影响质量的关键因素发生重大改变时，还应当尽快进行相关的现场质量审计。对每家物料供应商建立质量档案，档案内容应当包括供应商的资质证明文件、质量协议、质量标准、样品检验数据和报告、供应商的检验报告、现场质量审计报告、产品稳定性考察报告、定期的质量回顾分析报告等。

如需要更改供货商，应当对新的供应商进行质量评估；改变主要物料供应商的，还需要对产品进行相关的验证及稳定性考察。

质量管理部门应当与主要物料供应商签订质量协议，在协议中应当明确双方所承担的质量责任。

与供货商签订的供货合同应包括物料的质量标准、规格、包装规格、批号、有效期、供货时间和不合格拒收等内容。

② 验收和检验的管理　原料进厂后，由仓库专人按规定验收，验收的内容包括：a. 书面凭证，如合同、订单、发票、产品合格证等；b. 进行外观目检，如品名、批号、厂家、商标、包装、破损、污染等情况，并与书面凭证逐项核对；c. 填写到货记录，记录到货原料的一般情况（如品名、内部代码、规格等）、收料情况（如收料日期、接受数量、包装容器数量及收料人等）、供货方情况（供应商和生产商的名称和标识批号等）、外观情况（如包装容器、封闭、破损等）等。

物料接受后，按编号填写进货记录。对外包装进行清洁除尘，按照待验管理（挂黄色标记）。填写待验单，交质量管理部门。如果一次接受数个批次的物料，要求按批取样、检验、放行。

质检部门接到请验单后，派经授权的取样人按规定的抽样办法取样。取样后，贴取样证（白色），并填写取样记录。制剂原辅料的取样宜在取样室（取样环境的级别与配料室相同）操作，有些不需要在取样室取样的物料，应有防止污染和交叉污染的措施。取样员将三份样品、请验单与供方检验报告单交质量检验部门，分别做原辅料留样、化学分析和微生物检验，质检部门将检验结果报质量管理部门审核，质量管理部门将审核结果通知仓储部门，并发放与货物件数相等的合格证（绿色）或不合格证（红色），并按规定进行留样。

③ 入库与贮存　仓库保管员根据检验报告对物料进行处理，除去原来的标志和标签，物料贮存区管理功能分区明确，状态标志清晰，账、物、卡相符。仓储区内的物料应当有适当的标识，并至少标明下述内容：a. 指定的物料名称和企业内部的物料代码；b. 物料的批号；中间产品和待包装产品的数量和重量，以及生产工序；c. 物料质量状态（如待验、合格、不合格、已取样）；d. 有效期或复验期。

物料存放区应保持清洁，根据需要设置温度、湿度调节设施，防止药物风化、吸湿、冰冻等，物料存放有序。贮存过程中要注意以下事项：

a. 填写库存货位卡（编号、品名、收料日期、供货单位、批号、数量、本厂检验单号）和分类账，记录收发存情况；b. 待验、合格、不合格原料货位要严格分开，按批次存放；c. 原料按分类分开贮存，如固体、液体、挥发性原料等，以避免相互污染；d. 加工炮制后的净药材应使用洁净容器包装，以免再污染；并不得与未加工的药材同放；e. 特殊管理药品、易燃、易爆物品、菌毒种的管理要严格执行有关规定。

④ 发放　制药企业物料发放流程见图2-8。

图 2-8　物料发放流程

a. 发料原则：仓库按生产指令或生产部门领料单计量发放。所发物料必须是合格产品，车间按生产需要填领料单送仓库备料。仓库所发物料包装要完好，附有合格证、检验报告单，用于盛放原料的容器应易于清洗或一次性使用，并加盖密封。运输过程中，外面加保护罩，容器须贴有配料的标志。

b. 物料发放要求先进先出和近效期先出，按规定要求称重计量，并填写称量记录。发料人、送料人、领料人均应在领发料单上签字，以示负责。

c. 发料后，库存货位卡和台账上应填清货料去向，结存情况。

d. 为避免发料、配料特别是需要打开包装多次使用的情况下造成的污染，要求药品生产企业设置备料室，配料应在备料室中进行。备料室的洁净级别应与取样室、生产车间要求一致。

⑤ 包装材料的特殊管理　2010年版的GMP中对包装材料加强了管理，以保证药品的质量。新条款鉴于药品直接接触的包装材料和印刷包装材料的特殊性，也考虑包装材料管理是国内制药管理薄弱环节之一，增加对包装材料从采购、管理和控制的原则性要求，规定包装材料发放时的控制目的和基本要求，强化制药企业对包装材料加强控制的意识。

内包装材料的采购、验收、检验、入库、贮存、发放等管理除可按原料管理执行以外，还应注意以下几点：a. 直接接触药品的内包装材料、容器（包括黏合剂、衬垫、填充物等）必须无毒，与药品不发生化学反应，不发生组分脱落或迁移到药品当中，以保证患者安全用药；b. 凡直接接触药品的包装材料、容器（包括盖、塞、内衬物等）除抗生素原料药用的周转包装容器外，均不准重复使用；c. 订购内包装材料和容器，必须在订购合同中明确包装材料的卫生要求；d. 随着对内包装材料无菌化和洁净化程度要求的提高，应积极开展测定内包装材料上附着的微生物；e. 选用的药品包装必须适合药品质量的要求，方便贮存、运输和医疗使用。避免因包装选用不当，造成药品渗出、泄漏、潮解、风化，甚至与药品发生化学反应致变质。

药品生产中使用的印刷性包装材料种类较多，包括：说明书，标签，直接印刷的包装材料（眼药水瓶），内包装容器说明、封签，装箱单、合格证，外包装容器说明物、箱贴，其他如放在药品包装中的广告材料等。

印刷性包装材料直接给用户和患者提供了使用药品所需要的信息，因错误信息引起的用药事故亦较为常见。因此为了避免和减少此类时间的发生，必须对印刷包装材料必须严格处理。印刷性包装材料的使用大致可分成如下几个阶段：设计印刷→接收→取样→检查→批准→发放。首先应当建立印刷包装材料设计、审核、批准的操作规程，确保印刷包装材料印制的内容与药品监督管理部门核准的一致，并建立专门的文档，保存经签名批准的印刷包装材料原版实样。印刷性包装材料，特别是标签、说明书等在批量印制之前及入库验收时，都必须进行仔细的校对和验收。对于印刷性包装材料来说，即使出现像漏掉一个逗号那样的微小错误，也可能产生严重的后果。所以印制印刷性包装材料，必须强调核对和审核工作。印刷包装材料的版本变更时，应当采取措施，确保产品所用印刷包装材料的版本正确无误。宜收回作废的旧版印刷模板并予以销毁。

印刷性包装材料的接收、取样、检验、保管、发放的管理，可参照原料管理执行。2010 年版 GMP 规定印刷包装材料应当设置专门区域妥善存放，未经批准人员不得进入。切割式标签或其他散装印刷包装材料可能在转运时散落，为避免差错的发生，应采取密闭包装方式进行转运。并应在密闭包装容器外做好标识。

包装材料应当由专人按照操作规程发放，并采取措施避免混淆和差错，确保用于药品生产的包装材料正确无误。有缺陷的标签（如污斑、印刷不完全、文字错误、尺寸不规则、印刷不清、颜色不符等）、过期标签、加印批号后未用完或印错批号的标签等应做退库处理工作，并予以销毁和记录。

2. 成品的管理

（1）验收、入库

① 仓库按质管部门的成品检验报告单和生产部门填写的成品入库单验收成品。

② 同意验收的合格成品，填写成品入库总账。

③ 正在检验的成品，应在指定位置上贴上待验标志。检验后按检验结果入库或办退回手续。暂时不能取走的不合格品，必须放在指定的位置，逐件贴上不合格品证。

（2）贮存

① 成品按品种分类，分批码放。成品放行前应当待验贮存。

② 成品码放时，离墙、离地、货行间必须留一定距离。

③ 合格的成品放置应设置成品库存货位卡，内容有成品代号、品名、批号、批数、有效期、检验单号、入库总量、发货日期、客户名称、贮存温度、送货人、验收人、发

货指令号、发货量、库存量、发货员签名。成品的贮存条件应当符合药品注册批准的要求。

④ 因销售原因而退回的产品，如仍在有效期内，经检查、检验和调查，有证据证明退货质量未受影响，且经质量管理部门根据操作规程评价后，方可准予入库。

二、生产管理

在药品生产中，采取各种有效措施防止污染、混淆和人为差错，是药品 GMP 的核心所在。生产过程中某一工序出现波动（机器、方法、材料、操作人、环境等），必然要引起生产过程及成品的质量波动。因此，不仅药品（成品）要符合质量标准，而且药品的生产全过程也必须符合 GMP 的要求。因此，生产管理是药品生产过程中保证药品质量的关键环节。

1. 生产管理系统

生产管理即投入一定的资源、行为、方法、操作等，经过一系列的转换，最终以某种形式提供产出的过程。对生产运行过程所进行的规划、设计、组织和控制的活动，就是生产管理。

GMP 强调了企业应配备一定数量的与药品生产相适应的具有相应的专业知识、生产经验及工作能力，应能正确履行其职责的管理人员和技术人员。生产管理部门负责人应具有一定的资质，这在项目人员和机构管理中已经提到了，各级员工应具有专业技术、岗位操作与洁净作业知识、GMP、安全知识、卫生和微生物学基础知识，有能力完成本岗位的具体工作。

（1）生产管理部门的职责

① 负责编写、修订、实施生产管理文件，负责或参与相关质量文件的编写、修行、实施。

② 制订生产计划及日生产所需物料的计划审批，下达生产指令。

③ 保证公司的一切生产行为完全按照生产管理文件规定进行，确保生产质量符合标准。保证生产操作指令能严格执行，按时保质全面完成下达的生产任务。

④ 监督管理生产制造、工艺纪律、卫生规范等执行情况，确保及时有效地解决生产中出现的各种问题。

⑤ 进行产品制造的工艺革新，保证设备运行和产品质量稳定与不断改进。

⑥ 做好技术经济指标的统计和管理工作，达到最小成本，最大效益。

⑦ 会同质量管理部门进行生产工艺等的验证。

⑧ 负责监督和控制生产区的环境及工艺卫生。

⑨ 负责对生产部门各级人员的管理、考核和培训。

⑩ 负责建立自查制度，对生产全过程进行监控，保证整个生产过程符合 GMP 的规定。

（2）生产管理系统员工的职责

① 按照各类有关生产的书面文件的规定及生产计划的要求，遵照《药品管理法》和 GMP 组织生产，在生产过程中防止一切可能发生的差错、混淆和交叉污染。

② 制定本车间可用于控制生产的文件，包括生产工艺原始记录及用于生产记录的各类表式，经生产部门负责人复核、质管部审核后，由总经理批准实施。

③ 按照制定的各种标准操作程序（SOP）进行操作，使设备及生产正常运转，保证产品的质量。

④ 生产过程中应实施下列管理：工艺管理、记录管理、物料平衡管理、生产秩序管理、批号管理、清洁与清场管理、包装和贴签管理、状态和标示管理、验证与再验证管理、安全生产管理和其他必要的管理。

⑤ 生产过程中应进行有效的自查，并有相应的书面记录。

⑥ 生产中出现不能按 GMP 要求进行且本车间无法克服的异常现象应停止生产，报告生产部门负责人，并通知质管部或其他部门共同处理，不做任何不符合书面规定的行动。

⑦ 一个批号生产完毕，整理本车间有关记录文件，复核后作为批记录的主要组成，送质管部备案。如片剂的批生产记录目录如表 2-4 所示。

表 2-4 片剂批生产记录目录

□1. 批生产指令单	□28. 包衣材料领料单、退料单
□2. 原辅料领料单、退料单	□29. 上批包衣岗位清场合格证（副本）
制粒岗位	□30. 包衣岗位生产记录
□3. 上批称量、配料岗位清场合格证（副本）	□31. 包衣岗位清场记录
□4. 称量、配料岗位生产记录	□32. 本批包衣岗位清场合格证（正本）
□5. 称量、配料岗位清场记录	□33. 包衣岗位质量监控记录
□6. 本批称量、配料岗位清场合格证（正本）	**内包装岗位**
□7. 上批物料混合岗位清场合格证（副本）	□34. 批内包装指令单
□8. 物料混合岗位生产记录	□35. 内包材领料单、退料单
□9. 物料混合岗位清场记录	□36. 上批内包装岗位清场合格证（副本）
□10. 本批物料混合岗位清场合格证（正本）	□37. 内包装岗位生产记录
□11. 上批制料岗位清场合格证（副本）	□38. 内包装岗位清场记录
□12. 制粒岗位生产记录	□39. 本批内包装岗位清场合格证（正本）
□13. 制料岗位清场记录	□40. 内包装岗位质量监控记录
□14. 本批制粒岗位清场合格证（正本）	**外包岗位**
□15. 配料制粒岗位质量监控记录	□41. 批外包装指令单
□16. 干燥质量监控记录	□42. 外包材领料单、退料单
□17. 上批整粒总混岗位清场合格证（副本）	□43. 上批外包装岗位清场合格证（副本）
□18. 整粒总混岗位生产记录	□44. 打码岗位生产记录
□19. 整粒总混岗位清场记录	□45. 外包装岗位生产记录
□20. 本批整粒总混岗位清场合格证（正本）	□46. 本批次包装盒、标签、说明
□21. 整粒总混质量监控记录	**书样稿**
□22. 半成品检验报告单	□47. 外包装岗位清场记录
压片岗位	□48. 本批外包装岗位清场合格证（正本）
□23. 上批压片岗位清场合格证（副本）	□49. 外包装质量监控记录
□24. 压片岗位生产记录	□50. 成品检验报告书
□25. 压片岗位清场记录	□51. 成品验收入库单
□26. 本批压片岗位清场合格证（正本）	□52. 成品审核放行单
□27. 压片岗位质量监控记录	

⑧ 实施良好的劳动组合，提高工时的有效利用率及设备设施的合理使用，降低成本。

⑨ 参与新产品投产前的验证及生产产品的再验证工作。

⑩ 每月应向生产部门负责人汇报本车间工作的重要情况和出现的各种质量问题。

[例10]　部分片剂生产岗位的生产记录

物料混合岗位生产记录

编号：P-R-T-×× 　　　　　　年　月　日　　班次

产品名称		代　码		规　格	
批　号		理论量		生产指令单号	

生产前检查	操作要求	执行情况
	1. 生产相关文件是否齐全。	1. 是□ 否□
	2. 清场合格证是否在有效期内。	2. 是□ 否□
	3. 计量器具校验合格证是否在效期内。	3. 是□ 否□
	4. 按批指令核对物料名称、规格、批号、数量。	4. 是□ 否□
	5. 设备是否完好。	5. 是□ 否□

	操　作　记　录				
	物料名称	代码	批号	检验单号	单位	用量
生产操作						

	次数	时间/min	装载量/kg	混合后重量/kg	备　注
混合操作	①				
	②				
	③				
	④				
	⑤				
	⑥				

设备名称：

设备编号：

操作人：

复核人：

制粒岗位生产记录

编号：P-R-T-×× 　　　　年 月 日 　　班次

产品名称		代 码		规 格	
批 号		理 论 量		生产指令单号	

生产前检查	操作要求		执行情况
	1. 生产相关文件是否齐全。		1. 是□否□
	2. 清场合格证是否在有效期内。		2. 是□否□
	3. 计量器具校验合格证是否在效期内。		3. 是□否□
	4. 按批指令核对物料名称、规格、批号、数量。		4. 是□否□
	5. 设备是否清洁完好。		5. 是□否□
	6. 生产用水是否符合要求。		6. 是□否□

操 作 记 录

混合药粉总量： kg	每份重量： kg	份数： 份		
稠膏重量： kg	每份重量： kg	份数： 份	稠膏含水量 ％	
黏合剂名称		黏合剂浓度/％		用量/kg	
湿润剂名称		湿润剂浓度/％		用量/kg	

生产操作	设备名称：							设备编号：			
	操作人：							复核人：			
	制粒	制粒项目	1槽	2槽	3槽	4槽	5槽	6槽	7槽	8槽	9槽	10槽
		药粉装槽量/kg										
		干混时间/min										
		稠膏用量/kg										
		黏合剂或润湿剂量/kg										
		湿混时间/分										
		筛网目数/目										

设备名称：			设备编号：		
操作人：			复核人：		

箱式干燥	①号箱	摊粒厚度:cm 烘干温度:℃	②号箱	摊粒厚度:cm 烘干温度:℃
		烘干开始：		烘干开始：
		烘干结束：		烘干结束：
		翻料次数： 烘干时间:min		翻料次数： 烘干时间:min
	③号箱	摊粒厚度:cm 烘干温度:℃	④号箱	摊粒厚度:cm 烘干温度:℃
		烘干开始：		烘干开始：
		烘干结束：		烘干结束：
		翻料次数： 烘干时间:min		翻料次数： 烘干时间:min

设备名 称：	
设备编号:①号箱 ②号箱 ③号箱 ④号箱	
操作人： 复核人：	
日 期： 年 月 日 质 监 员：	

备注	

压片岗位生产记录

编号：P-R-T-×× 　　　　年　　月　　日　　班　次

产品名称		代　　码		规　　格	
批　　号		理　论　量		生产指令单号	

<table>
<tr><td rowspan="7">生产前检查</td><td colspan="3">操作要求</td><td colspan="2">执行情况</td></tr>
<tr><td colspan="3">1. 生产相关文件是否齐全。</td><td colspan="2">1. 是□否□</td></tr>
<tr><td colspan="3">2. 清场合格证是否在有效期内。</td><td colspan="2">2. 是□否□</td></tr>
<tr><td colspan="3">3. 计量器具校验合格证是否在效期内。</td><td colspan="2">3. 是□否□</td></tr>
<tr><td colspan="3">4. 按批指令，核对颗粒的品名、规格、重量、批号等。</td><td colspan="2">4. 是□否□</td></tr>
<tr><td colspan="3">5. 按批指令，核对冲头的品名、规格等。</td><td colspan="2">5. 是□否□</td></tr>
<tr><td colspan="3">6. 设备是否完好。</td><td colspan="2">6. 是□否□</td></tr>
<tr><td rowspan="17">生产操作</td><td colspan="2">压片时间</td><td>min</td><td colspan="2">压片开始</td></tr>
<tr><td colspan="2">压片结束</td><td></td><td colspan="2">模具规格</td></tr>
<tr><td colspan="2">理论片重</td><td>g</td><td>理论片重限度</td><td>g± g</td></tr>
<tr><td colspan="2">实际片重</td><td>g</td><td>实际片重限度</td><td>g± g</td></tr>
<tr><td colspan="2">崩解时限</td><td>min</td><td colspan="2">脆碎度</td></tr>
<tr><td colspan="2">平均片重检查频次</td><td>min/次</td><td>设备转速</td><td>r/min</td></tr>
<tr><td colspan="2">左轨压力</td><td>kN</td><td>右轨压力</td><td>kN</td></tr>
<tr><td colspan="2">领颗粒量</td><td>kg</td><td>颗粒余量</td><td>kg</td></tr>
<tr><td colspan="2">细粉量</td><td>kg</td><td>废料量</td><td>kg</td></tr>
<tr><td colspan="2">素片总量</td><td>kg</td><td>取样量</td><td>kg</td></tr>
<tr><td colspan="2">设备名称</td><td></td><td>设备编号</td><td></td></tr>
<tr><td colspan="2">操作人</td><td></td><td>复核人</td><td></td></tr>
<tr><td colspan="5">具体称量操作记录见下页</td></tr>
<tr><td rowspan="4" colspan="5">物料平衡计算：(压片总量＋取样量＋废料量＋颗粒余量＋细粉量)/领颗粒量×100％</td></tr>
</table>

	物料平衡	物料平衡计算：(压片总量＋取样量＋废料量＋颗粒余量＋细粉量)/领颗粒量×100％ 计算：_____×100％＝_____％ 计算人：_____　　　复核人：_____
		≤限度≤　　实际为　　％　　　　符合限度□　　不符合限度□

传递	移交人		交接量		kg	日　期	
	接收人		物料件数		件	质检员	

备注	

包衣岗位生产记录

编号：P-R-T-××　　　　　年　　月　　日　　班　　次

产品名称		代　　码		规格	
批号		理 论 量		生产指令单号	
领素片量	kg	片芯重量	g	最终片重	g
大锅装量	kg/锅	小锅装量	kg/锅	末锅装量		kg
压片人		操作人			

生产前检查	操作要求	执行情况
	1. 生产相关文件是否齐全。 2. 清场合格证是否在有效期内。 3. 计量器具校验合格证是否在效期内。 4. 按批指令，核对名称、批号、数量、规格及片芯质量情况。 5. 设备是否完好。	1. 是□否□ 2. 是□否□ 3. 是□否□ 4. 是□否□ 5. 是□否□

制 浆 操 作 记 录

生产操作		物料名称	批号或检验单号	领用量	使用量	剩余量	制浆量
	糖浆	蔗　糖					
		纯化水					
	胶糖浆	明　胶					
		纯化水					
		糖浆					
	混浆	滑石粉					
		糖　浆					
	辅料	滑石粉					
		色素					
		川腊					

次数	时间	包衣阶段	浆液名称	用量/ml	次数	时间	包衣阶段	浆液名称	用量/ml

铝塑包装岗位生产记录

编号：P-R-T-××　　　　　　　年　　月　　日　　班　次

产品名称		代　码		规　格	
批　号		理　论　量		生产指令单号	

<table>
<tr><td rowspan="6">生产前检查</td><td colspan="4">操作要求</td><td colspan="2">执行情况</td></tr>
<tr><td colspan="4">1. 生产相关文件是否齐全。</td><td colspan="2">1. 是□ 否□</td></tr>
<tr><td colspan="4">2. 清场合格证是否在有效期内。</td><td colspan="2">2. 是□ 否□</td></tr>
<tr><td colspan="4">3. 按包装指令领取待包装品，核对品名、规格、批号、数量。</td><td colspan="2">3. 是□ 否□</td></tr>
<tr><td colspan="4">4. 按包装指令领取内包装材料，核对品名、规格、批号、数量。</td><td colspan="2">4. 是□ 否□</td></tr>
<tr><td colspan="4">5. 设备是否完好。</td><td colspan="2">5. 是□ 否□</td></tr>
</table>

<table>
<tr>
<td rowspan="20">生产操作</td>
<td>时间</td><td>批号清晰正确</td><td>热压花纹清晰均匀</td>
<td>时间</td><td>批号清晰正确</td><td>热压花纹清晰均匀</td>
</tr>
<tr><td></td><td>是□ 否□</td><td>是□ 否□</td><td></td><td>是□ 否□</td><td>是□ 否□</td></tr>
<tr><td></td><td>是□ 否□</td><td>是□ 否□</td><td></td><td>是□ 否□</td><td>是□ 否□</td></tr>
<tr><td></td><td>是□ 否□</td><td>是□ 否□</td><td></td><td>是□ 否□</td><td>是□ 否□</td></tr>
<tr><td></td><td>是□ 否□</td><td>是□ 否□</td><td></td><td>是□ 否□</td><td>是□ 否□</td></tr>
<tr><td></td><td>是□ 否□</td><td>是□ 否□</td><td></td><td>是□ 否□</td><td>是□ 否□</td></tr>
<tr><td></td><td>是□ 否□</td><td>是□ 否□</td><td></td><td>是□ 否□</td><td>是□ 否□</td></tr>
<tr><td></td><td>是□ 否□</td><td>是□ 否□</td><td></td><td>是□ 否□</td><td>是□ 否□</td></tr>
<tr><td></td><td>是□ 否□</td><td>是□ 否□</td><td></td><td>是□ 否□</td><td>是□ 否□</td></tr>
<tr><td></td><td>是□ 否□</td><td>是□ 否□</td><td></td><td>是□ 否□</td><td>是□ 否□</td></tr>
<tr><td></td><td>是□ 否□</td><td>是□ 否□</td><td></td><td>是□ 否□</td><td>是□ 否□</td></tr>
<tr><td>领片量</td><td colspan="2">kg</td><td>剩余量</td><td>kg</td><td>下脚料</td></tr>
<tr><td>领铝箔量</td><td colspan="2">kg</td><td>铝箔余量</td><td>kg</td><td></td></tr>
<tr><td>领 PVC 量</td><td colspan="2">kg</td><td>PVC 余量</td><td>kg</td><td></td></tr>
<tr><td>铝塑板总重</td><td colspan="2">PVC 规格</td><td></td><td>包装规格</td><td></td></tr>
<tr><td>PVC 产地</td><td colspan="2"></td><td>铝箔产地</td><td colspan="2"></td></tr>
<tr><td>设备名称</td><td colspan="2"></td><td>设备编号</td><td>模具型号</td><td></td></tr>
<tr><td>操作人：</td><td colspan="2"></td><td>复核人：</td><td colspan="2"></td></tr>
</table>

物料平衡	公式：(铝塑板总重＋取样量＋下角料及废板重量＋余料量＋铝箔余量＋PVC 余量)/(领料量＋药片量)×100%
	计算：_____×100％＝　　　　％
	计算人：　　　　　　　　　复核人：
	≤限度≤　　　　实际为　　　　％　　符合限度□　　不符合限度□

<table>
<tr><td rowspan="2">传递</td><td>移交人</td><td></td><td>交 接 量</td><td></td><td>板</td><td></td><td>日　期</td><td></td></tr>
<tr><td>接收人</td><td></td><td>监控人</td><td colspan="6"></td></tr>
</table>

备注	

外包装岗位生产记录

编号：P-R-T-××　　　　　　年　　月　　日　　班　次

产品名称		代　码		规　格	
批　号		理论量		生产指令单号	

生产前检查	操作要求					执行情况	
	1. 是否有生产指令。 2. 清场合格证是否在效期内。 3. 设备是否完好。 4. 核对包材名称、规格、数量是否正确，外观质量是否完好。					1. 是□否□ 2. 是□否□ 3. 是□否□ 4. 是□否□	

生产操作	包材领用记录						
	包材名称	领取量	使用量	残损量	剩余量	附记录量	取样量
	包装规格：　　　待包装品数量：　　　残损量：　　　成品量						
	设备名称：　　　　　　　　　设备编号：						
	操作人：　　　　　　　　　　复核人：						

物料平衡	限度：100% 公式：(使用量＋残损量＋剩余量)/领取量×100% 计算： 1. 标签：　　　　　×100%＝　　　% 2. 说明书：　　　　×100%＝　　　% 3. 小盒：　　　　　×100%＝　　　% 4. 合格证：　　　　×100%＝　　　% 　　　　　　　　　　　　计算人：　　　复核人：						

销毁记录	名称	数量	地点	方法	销毁人	监督人

备注	

2. 生产工艺管理

相对于其他产品而言，药品的生产对质量的要求更为严格，而且一旦出现质量问题，通常不能返工，因此，客观上要求药品生产处于"零差错率"状态，因此必须对药品生产全过程进行严格的工艺管理，以保证药品的质量。

(1) 生产前准备　生产过程管理中应做好生产前的准备工作，检查的内容包括：生产场地的清场情况；设备的状态；生产用计量容器、度量衡器及测定、测试仪器、仪表的状况；设备、工具、容器的清洗、灭菌状况；原辅料、半成品或中间产品的种类、重量等；以及生产管理文件，如工艺规程、岗位操作法、SOP等是否齐全。

（2）工艺管理　药品生产过程中出现问题或事故的主要因素有两个，一是没有标准的书面操作规程文件或指令，二是口头传达信息导致的信息传递失真。在生产操作中的主要规程和指令有生产工艺规程、岗位操作法和SOP，其合理性和可行性直接影响所生产药品质量以及生产效率。

生产工艺规程是经过验证，对产品的设计、生产、包装、规格标准及质量控制进行全面描述的基准性技术标准文件，是产品设计，质量标准和生产、技术、质量管理的汇总，是企业组织与指导生产的主要依据和技术管理工作的基础。

制订生产工艺规程的目的，是为药品生产各部门提供必须共同遵守的技术准则，以保证生产的批与批之间，尽可能地与原设计吻合，保证每一药品在整个有效期内保持预定的质量。

生产工艺规程和岗位操作规则之间有着不可割裂的关系，前者体现了标准化，后者反映的则是具体化。

生产工艺规程的内容可以分为三个部分：第一部分是概述：包括封面、首页和目次，封面上应明确本工艺是某一产品的生产工艺规程；首页内容相当于说明或企业通知各下属部门执行的文件，包括批准人签章及批准执行日期等。第二部分是正文：是工艺规程的核心部分，GMP要求生产工艺规程的内容至少应包括：生产处方（品名和产品的代码；剂型、规格和批量，所有的原辅料清单）；生产工艺的操作要求（对生产场所和所用设备的说明、关键设备的准备、详细的生产步骤和工艺参数说明、所有中间控制方法及标准、预期的最终产量限度以及物料平衡的计算方法和限度、待包装产品的贮存要求，包括容器、标签及特殊贮存条件，需说明的注意事项）；包装操作要求（以最终包装容器中产品的数量、重量或体积表示的包装形式，所需全部包装材料的完整清单，印刷包装材料的实样或复制品，并注明产品批号和有效期打印位置，需要说明的注意事项，包装操作步骤的说明，中间控制的详细操作，包括取样方法及标准，待包装产品、印刷包装材料的物料平衡计算方法和限度）。第三部分补充：附录是对正文内容的补充和用以帮助理解标准的内容，以便于正确理解和使用标准；附加说明和附页，附页一般是供修改时的登记批准日期、文号、内容等。

制剂的标准操作规程的内容在GMP中有具体说明。岗位标准操作规程即岗位SOP，是对某项具体操作所作的书面指示情况说明并经批准的文件，它是组成岗位操作法的基础单元。

岗位操作规则内容虽不同于工艺规程，但也可分为三个部分，即概述、正文、补充部分。概述和补充部分可参考前述的工艺规程。正文内容由于岗位操作法和岗位SOP的重点不同，内容的分列和要求也各有侧重。操作规程的内容应当包括：题目、编号、版本号、生效日期、分发部门以及制定人、审核人、批准人的签名并注明日期，标题、正文及变更历史。

生产工艺规程和岗位操作规则的制订和修改应履行起草、审查、批准程序，并不得任意更改。变更工艺操作的一切指令均须按规定进行批准手续。一般的工艺和设备改进项目，由有关部门提出书面报告，经试验在不影响产品质量情况下，经厂技术部门批准，质量控制部门备案，出具修改通知书，注明修改日期、实施日期、审批人签章等。重大的工艺改革项目需组织鉴定。生产工艺规程的修订一般不超过5年，岗位操作规则的修订不超过2年。修订和修改的编写、审查、批准程序与制订时相同。

[例11]　压片标准操作规程

××××制药厂 操作标准——生产管理					
文件名称	压片标准操作规程		编　码	SOP-××-××-××	
			页　数	×	实施日期
制订人		审核人		批准人	
制订日期		审核日期		批准日期	
制订部门	生产部	分发部门		生产车间	

目的：规范压片的标准操作。

适用范围：压片操作。

责任：1. 车间技术员、质管员负责操作过程的监督和检查。

2. 工序负责人负责指导操作工正确实施本规程。

3. 操作工有按本规程正确操作的责任。

程序：

1. 操作名称：压片标准操作规程

2. 编写依据：生产工艺规程

3. 操作步骤

（1）准备过程

① 按生产指令的要求进行上、下冲和冲模的准备，挑选合格的冲和冲模，用干净的抹布将冲及冲模擦拭干净，再用干净的布蘸取75％乙醇擦拭冲及冲模一遍。

② 检查设备零部件和生产用具是否齐全，用干净布蘸取75％乙醇擦拭与药品接触的生产工具，设备零部件一遍。

③ 按《ZP35A 旋转式压片机标准操作规程》（SOP-SB-009-00）的要求，安装好上冲、下冲与冲模和零部件，扳动手轮使机器按顺时针方向空转，直到此机完成一个工作循环，确认机器是否运转正常。

④ 凭生产指令到车间中间仓领取颗粒。

⑤ 按《生产过程状态标志管理规定》（SMP-SJ-009-00）和《设备状态标志管理制度》（SMP-SB-009-00）的规定，分别填写生产场所状态标志牌和设备状态标志卡，标明生产的品名、批号。

（2）操作过程

① 将颗粒加入料斗内，并在生产过程中定时地补加。

② 将压力调节，速度调节、充填调节、片厚调节等调节装置调至零，启动主机速度调至低速运行，进行压力、充填量和片厚调节，调至与生产指令相符的片重，检查崩解时限、片重差异、脆碎度、外观等项目，各项指标均符合内控标准后，调整压片机速度进行压片操作。

③ 中间产品用内衬塑料胶袋的胶箱盛放，每个胶箱内外均附有标签，标签上注明：品名、规格、批号、毛重、皮重、净重、万片数、生产日期、操作人等。

（3）结束过程

① 生产结束，关闭电源，停止机器运行。

②中间产品交车间中间仓存放，并做好中间产品的交接手续。

③按《清场管理制度》（SMP-SJ-011-00）的要求做好清场工作。

④按《ZP35A旋转式压片机清洁标准操作规程》（SOP-WS-035-00）的要求进行设备清洁。

⑤做好生产记录和清场记录。

4. 操作结果的评价

（1）中间产品的片重用电子天平检查，片重差异必须符合内控标准要求。

（2）中间产品的崩解时限用智能崩解仪测定，崩解时限必须符合内控标准要求。

（3）中间产品的脆碎度用片剂脆碎度检查仪检查，脆碎度必须符合内控标准要求。

（4）中间产品的外观质量，应符合质量标准要求。

5. 操作过程复核与控制

（1）从中间仓领用的颗粒，必须有中间产品合格证，并有两人复核品名、批号、数量。

（2）操作过程中，每30min必须检查一次片重，每班必须检查3次以上脆碎度和崩解时限。

（3）复核颗粒重量与素片重量，余料重量是否相符。

6. 操作过程中的安全事项与注意事项

（1）开机前，必须关好外围罩壳。需要打开外围罩壳时，必须先停机，以免发生意外。

（2）对压力调节、速度调节、充项调节、片厚调节等装置进行调节时，必须缓慢地进行，切忌迅速地大幅调节，以免过载造成停机或故障。

（3）当机器出现异常噪音、振动或各调节装置电气失灵时，必须立即停机，检查并排除故障后，方可继续开机生产。

7. 操作过程使用的物品、设备、器具

物品	颗　粒
设备	旋转式压片机、电子天平、智能崩解仪片剂脆碎度检查仪
器具	不锈钢铲、不锈钢漏斗、不锈钢筛、胶袋、胶箱

8. 操作异常情况处理

压片过程中，若出现片外观、片重差异，崩解时限或脆碎度不合格时，必须立即停机检查，检查结果经质管员和车间主任批准后方可继续压片生产，不合格的中间产品按不合格产品处理。

（3）生产操作管理　药品生产过程中，污染和混淆的危险主要来自于生产中所用的原料、设备、生产方法、生产环境、人员操作5个环节（因素）。生产过程中未能控制的灰尘、气体、喷洒物、生物散发出的微粒。设备中的残留物、操作者的错误等都可能造成药品的污染和混淆。为了防止药品的污染和混淆，除对以上5大因素进行控制以外，生产操作中还应采取相应的措施。

①工序衔接合理　包括两个方面：一是生产流程应顺向布置，防止原材料、中间体和中间产品的污染。如缩短生产区与原料、成品存放区的距离，避免因往返运输而污

染；提供适当的原辅料、包装材料处理区，中间体、中间产品贮存区，不同净化级别的清洁区和通道等，减少人流混杂。二是缩短生产时间，减少微生物的污染。因此，不仅要求生产工艺流程布局合理；同时也要求生产过程时间衔接合理，传递迅速，避免物料在某一工序滞留时间过长，以防止物料的混淆，交叉污染和遗漏生产或检验。

② 生产区域专一　在同一生产区域包括相应的辅助生产区域，只能生产同一批号、同一规格的相同产品。在同一生产区域包括相应的辅助生产区域同时生产不同品种、规格或批号的药品是混淆产生的最主要的原因，必须坚决制止，以防止混淆和混批，尤其是生物制品、毒性药材、高致敏药品等生产如果发生混淆，后果将非常严重。

③ 采取防止混淆和交叉污染的措施　GMP 规定防止混淆和交叉污染的措施列举如下。

a. 在分隔的区域内生产不同品种的药品。

b. 采用阶段性生产方式。

c. 设置必要的气锁间和排风；空气洁净度级别不同的区域应当有压差控制。

d. 应当降低未经处理或未经充分处理的空气再次进入生产区导致污染的风险。

e. 在易产生交叉污染的生产区内，操作人员应当穿戴该区域专用的防护服。

f. 采用经过验证或已知有效的清洁和去污染操作规程进行设备清洁；必要时，应当对与物料直接接触的设备表面的残留物进行检测。

g. 采用密闭系统生产。

h. 干燥设备的进风应当有空气过滤器，排风应当有防止空气倒流装置。

i. 生产和清洁过程中应当避免使用易碎、易脱屑、易发霉器具；使用筛网时，应当有防止因筛网断裂而造成污染的措施。

j. 液体制剂的配制、过滤、灌封、灭菌等工序应当在规定时间内完成。

k. 软膏剂、乳膏剂、凝胶剂等半固体制剂以及栓剂的中间产品应当规定贮存期和贮存条件。

3. 生产记录和批次管理

为了确保生产管理的可控性和可追溯性，必须加强生产记录的管理。生产记录由岗位操作记录、批生产记录、批包装记录等组成。

（1）岗位操作记录　岗位操作记录是指执行岗位操作法或 SOP 的记录。

① 药品生产各岗位应有完整的岗位操作记录。记录应根据工艺程序、操作要点和技术参数等内容设计并编写。

② 岗位操作记录由岗位操作人员填写，岗位负责人或岗位工艺员审核并签字。

③ 操作记录应及时填写，字迹清晰、内容真实、数据完整并由操作人及复核人签字。填写有差错时应及时更正，在写错的文字或数据上轻划一道横线以示区别，然后在写错的内容旁边重写，签名并标明改正日期。

④ 复核岗位操作记录的注意事项：必须按岗位操作要求进行复核；必须将记录内容与工艺规程对照复核；上下工序、操作记录中的数量、质量、批号、桶号必须一致、正确；对生产记录中不符合要求的填写方法，必须由填写人更正签字。

（2）生产批次和批生产记录　在规定限度内具有同一性质和质量，并在同一连续生产周期中生产出来的一定数量的药品为一批。生产的每批药品均应指定生产批号。批号是用于识别"批"的一组数字或字母加数字。据此能查明该批药品的生产日期和生产检验、销售等记录。

在药品生产中，由于剂型不同，生产情况不一，为确保生产的每批药品达到均一的要求，GMP、药典规定了批号的划分原则。

生产批号一经下达，本批产品所有包装及记录上都应有本批号标志；QA质量监控、QC检验报告及销售记录等均为相同批号。生产批号下达后不允许改动。在特殊情况下要求更改批号的，必须经生产管理部同意，并采取相应措施后方可更改。

每批药品均应有一份反映各个生产环节实际情况的生产记录。通过记录，可以准确地反映生产中各个工序的任务时间、批次、用料、操作、数量、质量、技术数据、操作人、复核人等的实际情况，同时也能反映出质量管理部门对生产过程的监控情况。批生产记录是一个批次的待包装品或成品的所有生产记录。批生产记录能提供该产品的生产历史以及与质量有关的情况。

批生产记录的编制原则：批生产记录应当依据现行批准的工艺规程的相关内容制定。记录的设计应当避免填写差错。批生产记录的每一页应当标注产品的名称、规格和批号。

批生产记录的内容应包括：产品名称、规格、批号；生产以及中间工序开始、结束的日期和时间；每一生产工序的负责人签名；生产步骤操作人员的签名，必要时，还应有操作（如称量）复核人员的签名；每一原辅料的批号和（或）检验控制号以及实际称量的数量（包括投入的回收或返工处理产品的批号及数量）；相关生产操作或活动、工艺参数及控制范围，以及所用主要生产设备的编号；中间控制结果的记录以及操作人员的签名；不同生产工序所得产量及必要时的物料平衡计算；对特殊问题或异常事件的记录，包括对偏离工艺规程的偏差情况的详细说明或调查报告，并经签字批准。

原版空白的批生产记录应当经生产管理负责人和质量管理负责人审核和批准。批生产记录的复制和发放均应当按照操作规程进行控制并有记录，每批产品的生产只能发放一份原版空白批生产记录的复制件。在生产过程中，进行每项操作时应及时记录，操作结束后，应当由生产操作人员确认并签注姓名和日期。

批生产记录由车间工艺员或专职工程师按批一号整编归档，保存至药品失效期后一年。

[例12]　批生产记录

批生产记录

产品名称：＿＿＿＿＿＿＿＿＿＿＿＿＿＿＿＿＿

规　　格：＿＿＿＿＿＿＿＿＿＿＿＿＿＿＿＿＿

批　　号：＿＿＿＿＿＿＿＿＿＿＿＿＿＿＿＿＿

包装规格：＿＿＿＿＿＿＿＿＿＿＿＿＿＿＿＿＿

理论产量：＿＿＿＿＿＿＿＿＿＿＿＿＿＿＿＿＿

实际产量：＿＿＿＿＿＿＿＿＿＿＿＿＿＿＿＿＿

成品率：＿＿＿＿＿＿＿＿＿＿＿＿＿＿＿＿＿

质量结论：＿＿＿＿＿＿＿＿＿＿＿＿＿＿＿＿＿

生产车间审核人：＿＿＿＿＿＿＿＿＿＿＿＿＿＿＿＿＿＿＿＿年＿＿月＿＿日

生产部审核人：＿＿＿＿＿＿＿＿＿＿＿＿＿＿＿＿＿＿＿＿年＿＿月＿＿日

质量部审核人：＿＿＿＿＿＿＿＿＿＿＿＿＿＿＿＿＿＿＿＿年＿＿月＿＿日

（3）药品的包装和批包装记录　药品的包装是指药品在使用、保管、运输和销售过程中为保持其价值和保护其安全而用包装材料经技术处理的一种状态。

药品包装材料根据是否与药品接触分为内包装材料和外包装材料两类。凡是与药品直接接触的包装称为内包装，作内包装的材料称为内包装材料。例如安瓿、西林瓶、玻璃瓶、塞子、铝箔、泡腾片管、油膏管等。凡是与药品不直接接触的包装称为外包装，构成外包装的材料称为外包装材料。例如，纸盒、铝帽、纸箱等。

GMP 对批包装记录做了明确的规定，每批产品或每批中部分产品的包装都应用批包装记录，以便追溯该批产品包装操作以及与质量有关的情况。

批包装记录应当依据工艺规程中与包装相关的内容制定。记录的设计应当注意避免填写差错。批包装记录的每一页均应当标注所包装产品的名称、规格、包装形式和批号。批包装记录的内容包括如下方面。

① 产品名称、规格、包装形式、批号、生产日期和有效期。

② 包装操作日期和时间。

③ 包装操作负责人签名。

④ 包装工序的操作人员签名。

⑤ 每一包装材料的名称、批号和实际使用的数量。

⑥ 根据工艺规程所进行的检查记录，包括中间控制结果。

⑦ 包装操作的详细情况，包括所用设备及包装生产线的编号。

⑧ 所用印刷包装材料的实样，并印有批号、有效期及其他打印内容；不易随批包装记录归档的印刷包装材料可采用印有上述内容的复制品。

⑨ 对特殊问题或异常事件的记录，包括对偏离工艺规程的偏差情况的详细说明或调查报告，并经签字批准。

⑩ 所有印刷包装材料和待包装产品的名称、代码，以及发放、使用、销毁或退库的数量、实际产量以及物料平衡检查。

在包装过程中，每项操作时都当及时记录，操作结束后，应当由包装操作人员确认并签注姓名和日期。

[例 13]　批包装指令单

批包装指令单

P-R-C-××

指令编号：_____　　产品名称：_____

产品代码：_____　　规　　格：_____

批　　号：_____　　批　　量：_____

生产部签发人：_____　　签发日期：___年__月__日

批 准 人：_____　　执行日期：___年__月__日

发放车间：_____

发放依据：_____

准包装材料领用量：

包装材料名称	规格	数量
备注：		

4. 清场管理

清场的目的是为防止药品混淆、差错事故的发生，防止药品之间的交叉污染。鉴于此目的，清场的时间应安排在生产操作之后进行。

清场范围应包括生产操作的整个区域、空间，包括生产线、地面、辅助用房等。如果生产中清场不彻底，误将原生产的没有任何标记的品种与第二天生产的品种混合印包。混合印包的药品给患者带来了痛苦，同时也给药厂造成了巨大的经济损失，使其信誉下降。

清场时，必须填写清场记录或清场报告。为避免工作失误，方便记录和保存，清场记录可设计成表格式，将需要做的工作内容印刷在表中，操作人只需对号入座即可。清场记录内容应有：工序名称、产品名称、规格、生产批号、清场日期、清场人签名、检查人签名、清场结果、清场内容（包括设备清洁及功能正常与否，文件系统、物料情况、状态标志等）。最后，清场报告应纳入批生产记录保存。

为保证清场工作的规范进行，应制订清场操作规程，对清场的目的、内容、时间、方法、记录、检查等作出专门详细的规定，以便生产操作人员和检查人员共同遵循和执行。

[例 14] 清场合格证

×× 制药有限公司

清场合格证			
清场班组			
生产品名		批号	
续产品名		批号	
签发者		日期	
		时间	

三、生产企业卫生管理

1. 生产卫生监督范围和方法

药品生产过程中是否按卫生规程进行操作，生产过程中污染的各种因素是否得到有效控制，这些都未可知。因此，为了保证整个生产过程严格执行卫生标准，严密监督影响生产卫生的各种因素是非常必要的。

生产卫生监督应包括微生物检测以及可能影响生产工艺的各种因素的检测，如洁净区进气的过滤，空气分布和空气交换频率，洁净区压力比邻近生产区高（青霉素区除外），建筑物的布局以及物流的设计，物料和人员的缓冲室，地板、墙壁、天花板和设备材料的选择，人员的防护设备和工作服，人员的卫生规程，厂房和设备的清洁和消毒规程，安全设施等。

为了保证特定区域能恒定地达到规定的卫生净化要求，每一药品生产企业都必须切切实实地制定专门为书面卫生监督规程，包括采用的方法、仪器、培养基、取样方法、频率、地点、记录及保存，并有通过试验确定的内部报警限和内部行动限。

尘埃粒子：要求在工作状态和非工作状态都进行，一般用光学粒子器检测，检测记录和结果一般应设计为表格。

微生物粒子：主要是空气和表面的微生物粒子，空气中的微生物粒子一般采用专门的空气取样器；表面的微生物计数的取样方法根据表面的平整度来选择，平整表面用琼脂板接触法，不规则表面用棉球擦痕法。

手指菌试验：用琼脂板指尖随机试验法测定所有直接与产品接触的人员的洗手情况。

还有高效过滤器和层流台裂隙试验、工艺用水的卫生监督等。

2. 企业卫生设施和管理

（1）卫生设施　企业卫生设施主要有人员净化设施，物料净化设施和快速排除粉尘、有毒有害物质的设施等。其中人员净化设施在前面的厂房设施和设备中已经提到了。

物料的净化设施主要包括清理室、气闸室或传递窗。传递窗在两侧门上设窗，看得见内部及两侧；两侧门上要联锁，不能同时被打开；窗内尺寸应能适应搬送物品的大小和数量，有气密性和一定强度；连接无菌室的传递窗，在窗内设灭菌措施（如紫外灯），传递物料用的传送带不得从非无菌室直接进入无菌室或从洁净级别低的区域进入洁净级别高的区域，除非对传送带连续灭菌，否则只能在传递窗（柜）两边分段输送。

传递窗最常用的有下列几种类型：①机械式，传递窗内外有两道窗扇，中间使用机械联锁，即一边窗扇打开时，另一边窗扇被关闭而不能打开；②气闸式，这种传递窗体中有风机和高效过滤器，即窗体中间有洁净气流通过，比上一种更为合理；③灭菌式，在窗体内安装有紫外灯，适用于传递可能带菌的物件，开窗放入物件后，关窗并开紫外灯，数分钟后再开窗取物。

对发尘量大的设备，如粉碎、过筛、混合、制粒、干燥、压片、包衣等设备应具备局部防尘、排尘设施，如设置围帘和吸粉捕尘装置。洁净室（区）内应设置排风装置，使生产过程中产生的微粒减少到最低程度。如在片剂湿混机加料口、颗粒出料口侧面安装了吸风口，使室内的粉尘降低，符合洁净度的要求。对于常见的容易发尘的操作，如投料、出料装桶等根据不同的操作可以设计为不同的吸尘、防尘装置，如小屋型、覆盖型、天棚型，效果也比较明显。

（2）卫生管理

① 物料卫生管理　药品生产使用的物料应按卫生标准和程序进行检验，只有合格的才能使用，不合格的物料应及时按规定的程序处理。如果物料外包装受污染的情况比较严重，送入仓库或车间配料前应清除外包装或换包装，以防将污染物带入。原辅材料在配料时应按规定在配料间分发，防止称量和配料过程中产生的粉尘等对周围空气和设备的污染。包装材料的卫生情况直接影响药品质量，因此，选择药品的一些直接包装材料应以易清洁或可以耐受必要的清洁过程为基本条件，对于无菌产品所使用的直接包装容器，还应可以接受灭菌和除热源处理。在包装剂量上应注意，大剂量和多剂量包装在分装过程中容易被污染，小剂量和单剂量的包装则相反。

② 设备卫生管理　设备的卫生应从设备的设计开始，应要求产尘少、脱落粒子少、易清洗、消毒和灭菌。设备与物料的接触面不得与物料反应，不得吸附物料。设备的内表面材质要好，平整、光滑、凹凸不平的区域不仅不易清洗，而且易存留残液等，它将成为细菌繁殖滋生的场所。特别是无菌制剂、输液制剂和生物制剂的设备包括管道最好是采用不锈钢材料。管道的安装是一个要引起重视的问题，管道是为了生产过程中输送物料，为避免批与批之间发生交叉污染，管道要能定期清洗，易消毒。为了保证设备的定期清洁保养，必须提供必要的条件，如单独或专用的清洁室，以便于设备的管理和防止已清洗的设备再污染。主要设备的清洁、消毒或灭菌应建立相应的制度和规程，并应有操作记录及检查、验收或验证记录。灭菌设备在清洗后应标明"已清洁过"或"正在清洁"等状态标志志。灭菌设备的放置时间有规定，如超过放置的时间应重新对设备进行灭菌处理。

③ 生产介质的卫生管理　药品生产过程中使用的介质较多，大部分介质都有一个产生、输送和使用的过程，在每个过程中都隐藏着介质本身受到污染的机会。由于介质本身的卫生和质量情况不稳定，也会造成药品质量上的波动。常见的有空气和水。这在前面已经详细叙述。

[例15]　虫、鼠防范的管理规程

虫、鼠防范的管理规程

目的： 建立虫、鼠防范管理规程，防止昆虫及鼠类进入厂房内，避免污染，以确保药品质量符合 GMP 要求。

范围： 生产车间、仓库的鼠类、昆虫的控制。

责任人： 有关区域清洁工、仓库保管员、QA 检查员。

内容：

1. 措施

采用挂壁电击式灭飞虫器来灭杀飞虫；采用驱鼠器、防鼠板、粘鼠板来预防和捕捉进入仓库的老鼠；采用粘虫板来灭杀爬虫。（注：防爆仓库不采用挂壁电击式灭飞虫器。）

2. 灭飞虫器

（1）分布　仓库各大门上方；制剂和原料药车间、综合车间门厅门上方。成品仓库大门上方、物料仓库。

（2）操作　上班时（特别是夏天、天气不好时）开启灭飞虫器，下班关闭门窗后，关闭灭飞虫器，并清理地面上的飞虫残骸。每一周要将灭飞虫器内飞虫残骸清除干净。

（3）维护　填写灭飞虫器使用记录表，记录开启日期、时间、更换日期。灭飞虫灯一般累计开启 7000h 后需更换。

3. 驱鼠器

（1）分布

① 仓库固体原辅料区、内包材区（1个）。

② 仓库成品区（2个）。

③ 仓库液体原辅料区（1个）。

④ 仓库标签区（1个）。

⑤ 阴凉库（1个）。

（2）操作　接通电源，由"电猫"发出超声波使老鼠不敢进入仓库。

4. 防鼠板

（1）分布

① 仓库固体原辅料区、内包材区（1个）。

② 仓库成品区（2个）。

③ 仓库液体原辅料区（1个）。

④ 仓库标签区（1个）。

⑤ 阴凉库（1个）。

（2）使用　在不影响物料运输的前提下应一直使用。

5. 粘鼠板

（1）放置　每个区域放置两个，对应墙角各放置1个，和粘虫板错开放置。

（2）检查　每天对所有区域进行检查1次，每月做好相应记录，一般每月更换1次，如实际情况（如已有老鼠粘黏或粘鼠板黏性不足）需要应进行更换。

6. 粘虫板

（1）放置　每个区域放置两个，对应墙角各放置1个，和粘鼠板错开放置。放置时粘虫板开口面应离墙角2cm，闭口面应紧靠所放置的墙角。在板上应注明日期。

（2）检查　每天对所有区域进行检查1次，每月做好相应记录，并对不同时间的爬虫进行标识区分。一般 2 周更换 1 次，实际情况（如已有爬虫粘黏或黏性不足）需要应进行更换，所更换的粘虫板应用保鲜膜覆盖保存，以便积累资料。

3. 人员卫生和管理

人是药品生产中最大的污染源和最主要的传播媒介。在药品生产过程中，生产人员总是直接或间接地与药物接触，对药品质量产生影响。人员的身体状况和个人的卫生习惯都可能对药品的质量造成影响，为降低人员对生产造成污染的风险，企业所有人员都应接受卫生要求的培训，建立详细的人员卫生操作规程，进行定期的健康体检，养成良好的卫生习惯。因此加强人员的卫生管理和监督是保证药品质量的重要方面。

GMP 第三章第四节中对从事药品生产人员的健康状况、人员的化妆、佩戴首饰、工作服的选材、式样以及穿着方式有明确的规定。药品生产企业对人员卫生和工艺卫生的管理流程见图2-9。

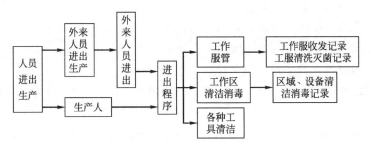

图2-9 人员卫生和工艺卫生流程

（1）个人卫生健康档案的建立 药品生产企业在招收员工时，一定要对他们进行全面的健康检查，确保新员工不患有急慢性传染病。直接从事药品生产的人员应每年至少接受一次体检，体检不合格者，应调离工作岗位。

任何患传染病和传染病的健康带菌者，均不得从事药品生产。任何有外部伤口的人员不得从事处理暴露的原料、中间体和散装成品的工作。如发现职工患皮肤病、传染病或有外伤，应马上调离与药品直接接触的生产岗位，以防污染药品导致药品质量事故的发生。

药品生产企业应对员工建立个人健康档案，以便于检查、了解、追踪个人健康状况。

（2）个人卫生

① 手的卫生 手是员工在工作时所使用的最重要的工具之一，因此手的卫生是影响药品质量的主要因素。只要在接触污染体后，微生物就会在手上生存。另外，员工手上的汗毛、分泌的油脂、皮屑等都可能沾上污垢、细菌、化学物品。因此，在生产操作前要进行手的清洗和消毒工作，在生产过程中一直要保持手的卫生清洁。在无菌生产区，为了达到无菌生产的要求，必须戴无菌手套以确保无菌，防止污染药品。

手的洗涤方法，首先要用流动水进行洗涤。另外必须用洗涤剂或液体皂洗涤，固体肥皂很容易传播污染。生产人员在进入不同级别的洁净区前，使用液体皂洗手，液体皂应放在洗手池上方的专用装置里。人员洗涤手的时间一般控制在10～15min之内为宜。

[例16] 洁净区洗手标准操作规程

标　题			洁净区洗手标准操作规程						
编　号		SOP-WW-×××-××		版　本		I		页　数	共1页
起草人	签名		审核人	签名		批准人	签名		
	日期			日期			日期		
起草部门			颁发部门			生效日期		年　月　日	
送达部门							份数		

目的：保证手的干净。

适用范围：洁净区洗手操作。

责任者：进入洁净区所有人员。

1. 清洁设施、器具、清洁剂的选用

（1）使用的器具：洗手盆、烘干器。

（2）使用的清洁剂：洗洁精、液体肥皂、饮用水。

2. 洗手操作

（1）清：双手翻转并揉搓手心、手掌，用饮用水清洗掉手上及腕部的明显脏物。

（2）洗

① 洗涤剂认真揉搓双手及腕部，特别是指尖、指缝、指关节等部位，整个揉搓时间不应少于 5s。

② 用饮用水冲净，并仔细检查手的各部位，对可能遗留的污渍重新洗涤。

（3）烘干：双手在烘干器下烘干。

3. 注意事项

特别脏时应适当延长清洗时间，以保证手部的清洁。

② 身体其他部位的卫生　人体除了手的卫生之外，可引起污染药品的还有口腔、鼻腔、头发的卫生。人的口腔黏膜和鼻腔黏膜存在大量的细菌。当人们讲话、咳嗽和打喷嚏时均能散发大量细菌和排泄物。为了防止药品生产过程中由于口腔和鼻道散发的污物造成药品细菌污染，所以生产过程中必须戴口罩或防静电的口罩。保持头发的整洁能够减少对药品的污染，留胡子是一种很不卫生的习惯，因为胡子有很强的吸附性，带有灰尘和细菌，能增加污染的危险性。

同时人的体表经常排出很多物质，如身体通过汗孔不断排出的汗中有尿素、尿酸、乳酸、盐等废物，毛囊附近的皮脂腺分泌着油腻状物质，这些废物将先扩散到空气中，再间接地污染其他物品，影响到药品的质量。因此药品生产人员必须定期洗澡、勤理发、不留胡须。

（3）工作服与防护服　工作服与防护服因不同药厂、生产区域而异，它的作用一是防止生产人员对药品的污染；二是保护操作人员不受药物的影响。工作服、防护服可根据不同生产工段而异。一般生产区可选用棉材料；控制区可选用涤纶或尼龙材料；洁净区必须选用防静电织物材料。在式样上和颜色上可采用不同的式样、颜色以示区分不同的生产区域和不同级别的洁净区。药品生产企业对人员的防护服清洗或消毒应根据不同洁净区要求制定相应的标准规程。

（4）卫生培训　实践表明，大量的污染问题都是由于对员工卫生培训不够和员工不遵守有关卫生规程引起的。药品生产企业的卫生培训规划应当强调有效的和全面的培训工作，重点是围绕污染控制展开，使员工对企业的各项卫生规程都非常熟悉并能遵守执行。

（5）人员在洁净区内的自我约束　在洁净区工作的人员必须严格遵守洁净区的规则。从洁净区的微粒测试结果表明：人员数多寡、人员操作动作的幅度及工作服的质量、式样、穿戴等对微粒的含量有明显的影响。因此在洁净区内人员进出次数应尽可能地少，同时在操作过程中应减小动作幅度，尽量避免不必要的走动和移动，以保持洁净区的气流、风量和风压等，保持洁净区的净化级别。也就是说，在洁净区工作的人员，操作和行动等要有自我约束概念。

拓展知识

一、生产工艺规程

生产工艺规程是指为生产一定数量成品所需原始原料和包装材料的数量，以及生产工艺、工艺说明、注意事项，包括生产过程中控制而制定的一个或一套文件。

生产工艺规程是产品设计、质量标准和生产、技术、质量管理的汇总，是企业组织与指导生产的主要依据和生产、技术、质量管理工作的基础。一般情况下，生产工艺规程是由国家食品药品监督管理部门批准，药品生产企业按照品种申报和国家局的批件来制定相应的生产工艺规程。工艺规程的修订应按规定办理审批手续。

工艺规程编制过程中的注意事项包括：①生产工艺规程是产品设计、质量标准和生产、技术、质量管理的汇总，是企业组织与指导生产的主要依据和生产、技术、质量管理工作的基础，也是员工生产质量控制的操作指南，因此，内容必须全面、准确；②如果有较多内容相同或重复时，可将相同的内容汇编成一个或几个文件，工艺规程中只需体现版本号或文件号即可；③工艺规程在编制时，主要以体现生产方法为原则。

二、标准生产操作规程

标准生产操作规程即SOP，药品生产操作均必须严格按照SOP进行。药品生产企业的员工都必须明白SOP的重要性以及各个SOP的基本内容，每个新员工上岗之前必须熟悉相关的SOP。2010年版GMP第三百一十二条中指出，经批准用来指导设备操作、维护与清洁、验证、环境控制、取样和检验等药品生产活动的通用性文件，称为标准操作规程。

实际生产中常见的SOP可以分为：生产操作SOP、检验操作SOP、设备操作SOP、设备维护保养SOP、环境监测和质量监控SOP、清洁SOP。

（1）生产操作SOP：主要是描述产品制造过程中与各工序实际操作有关的详细具体的工作，主要由生产车间起草编写。具体有生产操作规程和清场操作规程。

（2）检验操作SOP：主要是描述原辅料、包装材料、工艺用水、中间产品以及成品检验过程中有关的详细、具体的工作。主要由质量检验部起草编写。

（3）设备操作SOP：主要是描述生产、检验仪器设备的使用方法和步骤、注意事项等具体工作。由设备部起草编写。

（4）设备维护保养SOP：主要是描述生产、检验仪器设备的维护保养方法、步骤，维护保养校验的方法和步骤、所使用的润滑剂等。由设备部起草编写。

（5）环境监测和质量监控SOP：主要是描述洁净室（区）的标准、温湿度、风量风速、空气压力、尘埃粒子、微生物监测方法、监测位置和频次以及质量保证部对于药品生产各个环节的监控方法和程序。由质量保证部负责起草编写。

（6）清洁 SOP：主要是描述各种设备设施、容器具的清洁方法和程序、所需要达到的标准、间隔时间、使用的清洁剂或消毒剂以及清洁工具的清洁方法和存放地点，以保证产品生产和检验过程中不被污染或混淆。主要由管理文件的实施部门起草编写。

三、常见的药品包装材料的质量标准

1. 低硼硅玻璃管制口服液体瓶

低硼硅玻璃管制口服液体瓶适用于盛装口服液。标准对其外观、热膨胀系数、三氧化二硼的含量、121℃颗粒法耐水性、内应力、内表面耐水性、重金属浸出量等均进行了规定。

2. 聚氯乙烯/低密度聚乙烯/聚偏二氯乙烯三层复合硬片

此材料主要是用于固体药品的泡罩包装。国家标准从外观、PVDC、PE 和 PVC 层的红外鉴定、PVDC 的涂布量、水蒸气透过量、氧气透过量、拉伸强度、耐冲力、加热伸缩率、溶剂残余量、聚乙烯单体含量、聚二氯乙烯单体含量、重金属、易氧化物和不挥发物等进行了规定。

3. 低密度聚乙烯药用滴眼剂瓶

低密度聚乙烯药用滴眼剂瓶是以低密度聚乙烯为主要原料，采用注吹成型工艺生产的滴眼剂用塑料瓶。国家标准对瓶的外观、红外光谱、密度、密封性、滴出量、溶出物、正己烷不挥发物、脱色试验、微生物限度、无菌、生物试验的实验方法和限度进行了规定，并规定了抽样程序和检验水平。

【复习思考题】

1. 生产卫生监督的方法有哪些？

2. 正确进行清洗操作需要注意哪些方面？

3. 药品生产企业人员的卫生要注意哪些问题？

项目五 验证的基本内容

必备知识

一、验证的基本概念

1. 概述

（1）验证的由来 同一切事物一样，GMP 的理论与实践必然遵循"形成、发展和不断完善"的规则。世界上第一个 GMP 于 1962 年诞生在先进的工业国——美国。众所周知，验证是美国 FDA 对污染输液所致触目惊心的药难事件调查后采取的重要举措，从而在 GMP 中就有了"验证"。

1970～1976 年，爆发了一系列的败血症病例。1971 年 3 月第一周内，美国发生了150 例败血症病例，一周后，病例激增至 350 人，3 月份病例数达到 405 个病例。根据统计，美国从 1965～1975 年，从市场撤回输液的事件超过 600 起，410 名病人受到伤害，54 人死亡，其中 1973 年间就有 225 起。

频频出现的败血症案例及民众的强烈呼声使美国政府受到了强大压力，以至 FDA成立了特别工作组，对美国的输液生产企业着手进行全面的调查。考虑到输液污染的原因比较复杂，工作组除政府药品监督员外，还特邀了生物专家及工程师参加。调查内容涉及以下各个方面：

① 水系统 包括水源，水的预处理，纯化水（PW）及注射用水（WFI）的生产及蒸汽系统（PS）及灭菌冷却水系统；

② 厂房及空调净化系统（HVAC）；

③ 灭菌柜的设计、结构及运行管理；

④ 产品的最终灭菌；

⑤ 氮气、压缩空气的生产、分配及使用；

⑥ 与产品质量相关的公用设备；

⑦ 仪表、仪器及实验管理室；

⑧ 注射剂生产作业及质量控制的全过程。

调查经历了几年时间，结果表明，与败血症案例相关的批次并不是由于企业没做无菌检查或违反法规的条款将无菌检查不合格的批号投放了市场，而在于无菌检查本身的局限性、设备或系统设计建造的缺陷及生产过程中的偏差及问题，所以药品的生产质量与药品生产中的各种因素有关，而不是依赖于药品的质量检验。因此药品生产全过程需要"验证"，以证明在药品在生产全过程中处于监控状态。

我国 1998 年版 GMP 第一次引入"验证"。2010 年版对此加以完善及补充。第七章"验证和确认"中第一百三十八条提出：企业应当确定需要进行的确认或验证工作，以证明有关操作的关键要素能够得到有效控制。确认或验证的范围和程度应当经过风险评估来确定。第一百三十九条提出：企业的厂房、设施、设备和检验仪器应当经过确认，应当采用经过验证的生产工艺、操作规程和检验方法进行生产、操作和检验，并保持持续的验证状态。其中的关键词"关键要素"和"持续的验证状态"即是对制药企业提出了明确的要求。

（2）验证的基本概念　验证是证明任何操作规程（或方法）、检验方法、生产工艺或系统能达到预期结果的一系列活动。确认是证明任何生产过程、设备、物料活动或系统确实能达到预期结果的有文件证明的一系列活动。

验证和确认本质上是相同的概念。确认通常用于厂房、设施、设备和检验仪器；验证则用于操作规程（或方法）、生产工艺或系统。在此意义上，确认是验证的一部分。

其具体含义即在药品生产中，是指用以证实在药品生产中和质量控制中所用的厂房、设施、设备、原辅材料、生产工艺、质量控制方法以及其他有关的活动或系统，确实能达到预期目的的有文件证明的一系列活动。它是一个涉及药品生产全过程的质量活动。

2. 验证的分类

验证工作是一项技术性很强的工作。从验证的性质方面分类，一般分为四种：前验证、回顾性验证、同步验证和再验证。每种类型的验证活动均有其特定的适用条件。

（1）前验证　通常指投入使用前必须完成并达到设定要求的验证，是正式投产前的质量活动。系指新产品、新处方、新工艺、新设备在正式投入生产使用前，必须完成并达到设定要求的验证。是首选的验证类型，是最具预防性的验证类型。

这一方式通常用于产品要求高，但没有历史资料或缺乏历史资料，靠生产控制及成品检查不足以确保重现性及产品质量的生产工艺或过程。如无菌产品生产中所采用的灭菌工艺，因为药品的无菌不能只靠最终成品检查的结果来判断。新品、新型设备及其生产工艺的引入应采用前验证的方式。

前验证的成功是实现新工艺从开发部门向生产部门转移的必要条件，它是一个新产品开发的终点，也是常规生产的起点。由于前验证的目标主要是考察并确认工艺的重现性及可靠性，而不是优选处方，因此，前验证必须有比较充分和完整的产品和工艺的开发资料。实施前验证的人员应当清楚地了解所需要验证的必要条件，消除盲目性。

（2）回顾性验证 系指以历史数据的统计分析为基础，旨在证实正常生产的工艺条件适用性的验证。通常适用于非无菌产品生产工艺的验证。以积累的生产、检验和其他有关历史资料为依据，回顾、分析工艺控制的全过程、证实其控制条件的有效性。

回顾性验证应具备若干必要的条件，包括：

① 关键质量特性和关键工艺参数已明确的成熟工艺；

② 已建立必要的生产过程控制及可接受的标准；

③ 未发生过非操作人员或设备故障原因引起的重大工艺问题和产品差错；

④ 有 20 个连续批号的数据确保工艺的一致性；

⑤ 必须选用回顾期内所有的批次，包括不合格批。

一般用于回顾性验证的数据包括以下几点：留样检测数据、批生产记录和包装记录、工艺控制图、维修保养工作日志、人员变更记录、工艺能力研究、成品检测数据、产品稳定性数据。

（3）同步验证 系指在工艺常规运行的同时进行的验证，即从工艺运行过程中获得的数据来确立文件的依据，以证明某项工艺达到预计要求的活动。适用于对所验证的产品工艺有一定的经验，其检验方法、取样、监控措施较成熟。可用于非无菌产品生产工艺的验证，可与前验证相结合。

如某非无菌制剂的工艺验证采用同步验证，通常有以下条件：

——有完善的取样计划，对生产及工艺条件有充分的监控；

——有经过验证的检验方法，方法的灵敏度及选择性等比较好；

——对所验证的产品或工艺过程已有相当的经验及把握。

工艺验证的概念实际即是特殊监控条件下的试生产，而在试生产的工艺验证过程中，同时获得两方面的结果：一是合格的产品，二是验证的结果，即"工艺重现性及可靠性"的证据。

同步验证运用范围包括：非常低的生产量的产品（如一年一批）；非常昂贵的产品；生产周期非常长的产品；再验证时采用。

（4）再验证 系指对产品已经验证过的生产工艺、关键设施及设备、系统或物料在生产一定周期后进行的重复验证。如关键工艺、设备、程控设备在预定生产一定周期后；影响产品质量的主要因素如主要原辅料、主要生产设备或生产介质发生改变时采用。如定期再验证的灭菌工艺，一年至少验证一次；培养基分装模拟验证；关键设备、工艺等，结合对历史数据的回顾，采用风险评估的方法来确定再验证的频次和范围。

什么条件下采用何种验证方式，企业须根据自己的实际情况作出适当的选择。重要的问题是在制订验证方案并实施验证时，应当特别注意验证方式的先决条件，分析主客观情况并预计验证结果对保证质量可靠性的风险程度。

3. 验证的基本程序

（1）验证的基本程序 包括建立验证机构，提出验证项目，制订验证方案，验证的实施、验证结果的整理、验证报告的汇总及其审批、验证文件归档。

（2）验证组织的建立 组织机构是管理的主体。应根据不同的验证对象，分别组建由各有关部门人员参加的验证小组。验证小组由企业验证总负责人，即主管验证工作的企业领导人承担，此人应当熟悉工艺和设备的管理人员，并且有相当的实际工作经验。而且组织内的所有成员都有明确的职责。

对于制药企业来讲，验证是一项经常性的工作且对验证人员的专业知识有很高的要求，所以应成立专管部门并且由专人进行管理，通常验证管理部门隶属于质量部，图 2-10 是某企业验证部门的组织结构。

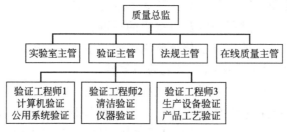

图 2-10　验证部门的组织结构

通常验证部门的职责包括但不限于以下方面：

① 验证管理和操作规程的制订和修订；

② 变更控制的审核；

③ 验证计划、验证方案的制订和监督实施；

④ 参加企业新建和改建项目的验证以及新产品生产工艺的验证；

⑤ 企业验证总计划的制订、修订和执行情况的监督。

（3）验证步骤　包括验证项目的立项、制订验证方案、组织实施、验证结果的整理、验证报告及审批。

① 验证项目的立项　验证项目由各有关部门如技术、质管、工程部门或验证小组提出，验证总负责人批准立项。

② 制订验证方案　验证方案由验证小组专业人员草拟，主要内容有：验证目的、要求、质量标准、实施所需条件、测试方法、职责分配和时间进度表等。验证方案经验证小组审核通过，并经验证总负责人签署批准。

③ 组织实施　验证方案批准后，由验证小组组织力量实施。

④ 验证结果的整理　验证小组负责收集数据和整理数据作综合性分析，起草阶段性和最终结论文件，上报验证总负责人审批。

⑤ 验证报告及审批　验证小组成员分别按各自分工写出验证报告草案，由验证小组汇总，并与验证总负责人分析研究后，再由组长写出正式验证报告，报验证总负责人签署批准生效。

（4）验证文件　GMP 中的文件是指一切涉及药品生产、管理的书面标准和实施中的记录结果。其管理的意义是明确管理和工作职责，是对员工进行培训的教材，是监督检查和管理的基本依据，可真实反映执行情况、便于追踪调查、接受 GMP 检查或认证和质量审计所必备的。

文件管理的目的是减少语言传递可能发生的错误，保证所有执行人员均能获得有关活动的详细指令并遵照执行，对有缺陷或有疑有缺陷产品的历史进行追踪。即一切活动有章可循、照章办事、有法可依、有据可查。在此主要讨论验证工作中所涉及的文件。

验证过程中的数据和分析内容均应以文件形式充满永久保存。通常验证文件的内容包括但不限于以下内容。

① 验证计划　验证计划一般由公司质量保证部门相关人员起草并签字，然后发至车间及各职能部门进行审核，并提出验证立项申请，成立验证实施小组，明确成员职能。各部门负责人审核后签字。

验证计划经验证委员会批准，一般由企业质量负责人签字批准立项并签字。

验证计划中应有起草人、批准人、简介、验证范围、职责、流程（过程）等内容。

② 验证方案　验证方案应能清楚地描述验证程序。它由职能部门制定验证项目及验证标准，验证实施小组起草验证方案，并按计划指定验证实施时间。各职能部门审核验证方案，并组织召开验证委员会，经质量负责人批准后生效，职能部门对所有参与验证人员进行培训后，由实施小组完成验证。

验证方案中至少应包括：

a. 重要的背景信息，验证目的；

b. 负责人员，SOP 的描述；

c. 设备（包括验证前后的校验）；

d. 相关产品和工艺的标准，验证类型和频率；

e. 应该清楚地确定需要验证的工艺和/或参数。

③ 验证报告　验证小组根据验证数据完成验证报告，写出验证分析。

验证报告应包括：

a. 简介概述验证总结的内容和目的；

b. 系统描述　对所验证的系统进行简要描述，包括其组成、功能以及在线的仪器仪表等情况；

c. 相关的验证文件　将相关的验证计划、验证方案、验证报告列一索引，以便必要时进行追溯调查；

d. 人员及职责　说明参加验证的人员及各自的职责，特别是外部资源的使用情况；

e. 验证的实施情况　预计要进行哪些试验，实际实施情况如何；

f. 验证合格的标准　可能的情况下标准应用数据表示。如系法定标准、药典标准或规范的通用标准（如洁净区的级别），应注明标准的出处，以便复核；

g. 验证实施的结果　各种验证试验的主要结果；

h. 偏差及措施　阐述验证实施过程中所发现的偏差情况以及所采取的措施；

i. 验证的结论　明确说明被验证系统是否通过验证并能否交付使用；

j. 附言　在总结报告中，应包括所有的校准、表格、设计文档及支持数据。

④ 相关文件。

⑤ 修订历史。

⑥ 附录。

4. 验证的生命周期

验证生命周期可划分为：计划和需求阶段、设计阶段、开发测试阶段、确认阶段、使用阶段、报废阶段。

其中确认又有：设计确认（DQ）、安装确认（IQ）、运行确认（OQ）、性能确认（PQ）、工艺验证五个阶段。2010 年版 GMP 第一百四十条说明了这五个步骤所需要达到的要求。它们之间的关系见图 2-11。

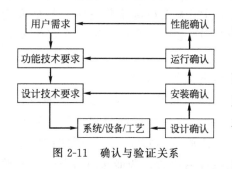

图 2-11　确认与验证关系

二、厂房与设施的验证

药品生产企业的厂房与设施是指制剂、原料药、药用辅料和直接接触药品的药用包装材料生产中所需的建筑物以及与工艺配套的空气调节、水处理等公用工程。

GMP 要求制药企业消除混药和污染，最大限度地减少任何药品生产所包含的、通过检验最终产品不能消除的风险。为达到这一目的，制药企业生产必须具备与其生产相适应的厂房和设施，这包括规范化厂房以及相配套的净化空气处理系统、照明、通风、水、气体、洗涤与卫生设施、安全设施等。

1. 厂房与设施的验证

厂房与设施是药品生产的基本条件，涉及各种建筑物、给排水、空调净化系统（HVAC）、电气、安全消防等公用工程。药品生产企业规范化厂房的设计是一项技术性很强的工作并涉及很多成熟的设计与施工验收技术法规。因此，厂房与设施验证的主要内容就是与药品生产过程有直接联系的 HVAC 系统、水系统以及直接接触药品的工业气体等。

新开办的药品生产企业及新建、改建、扩建的药品生产车间应进行立项审查。其材料包括：①项目的可行性报告；②企业（车间）的地理位置图（应标明企业或车间周围的建筑物及环境状况）；③企业的平面布局图（应标明企业的生产区、行政区、生活区和辅助区的布局，厂区的人流、物流通道等）；④生产车间平面布局图（应标明人、物流向，洁净区洁净级别，洁净厂房内部天花板、墙壁及地面拟采用的建筑材料等）。省级药品监督管理部门收到全部材料后，在一个月内组织药品监督员及有关专家对项目进行论证。论证通过后，可由企业选择设计院进行设计。

厂房设计确认的一般要求在项目三中已详细介绍，此处不再赘述。

厂房及设施在施工及施工结束时必须经过验证，因此在设计厂房及工艺布局时应全面考虑各方面因素。在此以空调净化系统（HVAC）的验证为例进行介绍。

空调净化系统并不是良好的工艺、设施、设备设计和良好的操作工序的代替物，它不能清洁已经污染的表面，不能控制有过量污染物产生的工艺，也不能作为不良设计或不良设备维护的补偿措施。它的功能是：①空调，调整空气的温度和湿度；②空气净化，即是有空气净化能力的空调系统。其功能有加热、冷却、除湿、加湿；对空气进行预过滤、中间过滤、末端过滤；调整送风量与回风量，控制压差；控制气流组织形式。其目的是保证产品质量；让操作者舒适、满意、提高生产效率，同起到环境保护。其功能具体见图 2-12。

HVAC 的验证要点包括如下四个方面。①设计确认（DQ），根据各个企业的生产产品以及 GMP 的空气洁净度等级要求进行设计。②安装确认（IQ），需进行以下步

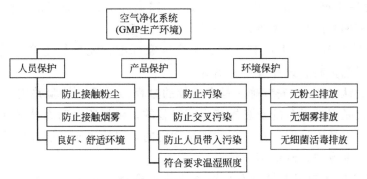

图 2-12 空气净化系统（GMP 生产环境）关系

骤：文件确认；设备安装确认；风管安装确认；关键仪表的校准和确认；高效过滤器的布置和安装确认；偏差报告。③运行确认（OQ），包括：验证用仪器校准确认；高效过滤器完整性检查；房间风量和换气次数；洁净区梯度压差测试；房间温湿度测试；气流流形；自净时间测试；洁净度测试（静态）；人员确认；偏差报告。④性能确认（PQ），包括：验证用仪器校准确认；系统标准操作过程确认；验证取样计划；洁净度测试（动态）；房间温湿度测试；洁净区梯度压差测试；洁净区微生物测试。

2. 设备的选型和确认

设备验证通常由预确认、安装确认、运行确认和性能确认组成。

过去通常是一个新设备到厂后，根据说明书和样本对设备进行安装和调试，能达到使用的目的或完成一份调试报告加以说明就完成。这种做法往往只是重视设备调试最后的结果，而缺少文件来支持结果，使所做的工作无法得到充分的反映和证明。一旦设备经维修或移动，初始数据丢失，而无法很快地重新设置。近年来，随着 GMP 认证的加强，文件的标准化、格式化就显得尤其重要和必要。

（1）设备的设计确认（DQ） 设备的设计确认即预确认，主要是对设备选型和订购设备的技术规格、技术参数和指标适用性的审查，参照机器说明书，考察它是否适合生产工艺、校准、维修保养、清洗等方面的要求，以及对供应商的优选。

对设备的订购要从硬件、软件以及综合评价上进行考察。尽管选择设备供应商的主要因素是技术和经济两项指标，但全面分析每一供应商的各方面能力亦是十分重要的，尤其是制药设备是药品生产企业的专用设备，GMP 对设备有专门的要求，应根据所选设备的生产能力及技术指标，选择最合适的供应商。

设计确认的范围包括：设计选型、性能参数设定、技术文件制定等，要求其技术上有一定先进性，技术指标既要合理又要符合药典及制药工艺的要求。

① 检查设备选型是否符合国家现行政策法规；是否执行了 GMP 要求，并能保证药品生产质量；功能设计上是否考虑到设备的净化功能和清洗功能；操作上是否安全、可靠、便于维修保养；是否运用了机、电、仪一体化和激光、微波、红外线等先进技术；是否具有在线检测、监控功能；对易燃、易爆设备是否考虑了有效的安全防爆装置；对设备在运行中可能发生的非正常情况是否有过载、超压报警、保护措施；设备是否满足上、下道生产工序的接口需求等。

② 检查设备性能参数是否符合国际标准、国家标准、行业标准；性能参数是否先进、合理并具有明显的技术优势；结构设计是否合理。

③ 技术文件制定　是否具有完整、符合国家标准、能指导生产制造的技术文件。如技术图样、工艺资料、设计资格证明等。

（2）安装确认（IQ）　安装确认是个连续的过程，是通过检验并用文件的形式证明设备的存在而且是根据设备的安装规范完成安装的，包括所有动力设施（公用工程）的长久连接。每台设备需证明所有的文件都是适用的，包括供应商所提供的图纸、备品备件清单、仪表校准方法、SOP 等。

① 设备安装确认的范围包括安装设备的外观检查，测试的步骤、文件、参考资料和合格标准，以证实设备的安装确实是按照制造商的安装规范进行的。

a. 新设备的 IQ 必须在生产工艺验证前完成。

b. 原有设备须根据现有的文件，如图纸、操作手册、SOP 等得到演示，并决定所有的操作参数。

② 设备安装确认的方案设备安装确认之前，先要拟定一个方案或计划，协调各自部门完成，方案中至少要包含以下内容。

a. 安装确认的目的　以文件形式记录所确认的设备在安装方面的要求、合格标准。证实并描述该设备的安装位置正确，使用目的明确，成功地完成确认可以证明此设备是按制造商的规范及生产工艺的要求安装的。

b. 安装确认的合格标准　完成 IQ 必测的项目，收集整理所有的数据。在设备正式用于生产前，确认中发现的修正和偏差必须加以解决并得到批准。

c. 各有关部门的职责　设备安装确认需有关部门合作完成，在方案中须明确各部门的责任。

d. 设备的描述　描述设备的功能和运行条件，即提供适当的信息，例如设备名称、零部件名称和供应商，描述设备运行的条件，说明机器是如何操作的。

③ 安装确认的实施　检查设备，将设备的技术参数记录，核对设备安装是否符合设计、安装规范；检查设备安装的有关工程图纸是否齐全。记录所有安装确认的审核、检查和证实的项目和内容。

如果检查或核对试验结果不能满足要求，需完成一份偏差报告说明偏差情况，指出所采取的任何修正活动或其他适当的措施，并提交批准。

④ 安装确认完成　证明确认方案提供的记录中所有的试验项目都已完成。证明所有修改和偏差已得到记录和批准，并提交报告。请有关部门批准。

（3）设备的运行确认（OQ）　设备运行确认是通过记录及文件证实设备有能力在规定的限定范围和误差范围内运行。运行确认必须包括设备日常使用操作状况的收集，报告和审查验证测试数据。

① 设备运行确认的范围　所有关键的制药设备必须成功地完成设备运行确认。

a. 新设备的 OQ 必须在生产工艺验证前完成。

b. 原有设备须根据现有的文件如图纸、操作手册、SOP 等得到演示，从而决定所有操作参数。

② 设备运行确认方案　设备运行确认前，先要拟定一个方案或计划，协调各部门

来完成，至少包含以下内容。

　　a. 运行确认的目的　以文件形式记录所确认设备在运行方面的所有技术参数、合格标准、符合批准的设计文件、制造商建议的规范和生产要求。即工艺设备有能力在设定的限定和误差范围内运行。

　　b. 安装确认的合格标准　设备必须符合在设备运行时所有操作挑战性试验要求，并覆盖技术参数设定的全部操作范围。必须审查这些数据，说明这些数据是可靠的。

　　如果任何操作挑战性试验的结果不符合合格标准，必须进行调查，采取修正行动，并重复挑战性试验，并对这些行动进行总结。

　　c. 各相关部门的职责　设备安装确认需有关部门合作才能完成，因此在方案中须明确各部门的责任。

　　d. 设备描述　描述设备的名称、安装地点和使用目的，并描述所需的工艺过程。简单描述设备每个重要部件的功能，包括设备如何正常操作；阐明设备的限制条件。

　　③ 设备运行确认的实施步骤

　　a. 检查仪器仪表的情况　指出需监控的参数，包括可接受的范围或限制界线。所有重要的测量和监控装置，用文件记录其运行状况，例如计时器、压力指示器、温度传感器和任何图表记录仪。以文件记录所有校准测试。

　　b. 机器初步检查　查阅供应商的操作手册，完成机器启动检查。

　　c. 运行操作检查　列出机器运行的操作标准或参数。运行确认开始前列出所有的关键操作参数及其相应的机器功能。关键的操作参数对设备的能力以及是否能满足工艺条件等有极大的影响。

　　机器运转检查。机器启动和停止的检查。电气/转速检查。公用工程及介质（如压缩空气、氮气等）的检查，检查压力、流量等是否符生产规定。

　　功能测试。功能测试又叫挑战性试验，但这同无菌生产设备的挑战性试验不同。其目的是证明该设备能按照本身固有的特征正常运行。如控制开关功能的可靠性；设备传感器功能的可靠性；试验安全和报警装置；设备的运行结果是否与期望值一致，是否达到了应有的功能。

　　偏离和不符合的纠正行为。在确认中发现任何不符合技术参数的关键项目存在，必须进行调查，作出合理的解释并对采取的纠正行动加以记录，对纠偏行动的结果作出评价，归入最后的报告。

　　④ 运行确认完成　证明确认方案提供的记录表中所有的试验项目都已完成。证明所有修改和偏差已得到记录和批准。请有关部门批准。

　　（4）设备的性能确认（PQ）　设备的性能确认是负载运行机器，以符合相应的药典和 GMP 要求所展开的，它是从设计、制造到使用最重要的一个环节。

　　① 设备模拟生产运行，运行中观察设备运行情况、设备功能的适应性、连续性和可靠性。

　　② 检查设备实物运行时的产品质量，确认各项性能参数的符合性，如离心机的生产能力和分离效果；筛分机的过筛率；包衣机的包衣外观、包衣层的质量；粉碎机的粉碎粒度及一次出粉合格率；颗粒机的颗粒粒度和细粉含量；硬胶囊充填机的胶囊装量差异；软胶囊机的胶囊接缝质量和液体装量；压片机的片重差异限度；混合机的颗粒成分

含量；灌装机的灌装计量；清洗机的清洗效果等。

③ 检查设备质量保证和安全保护功能的可靠性，如自动剔废、异物剔除、超压、超载报警、卡阻停机、无瓶止灌、缺损示警等。

④ 观察设备操作维护情况，检查设备的操作是否方便灵活；是否符合人机工程学；机构装拆（换品种和清洗时）是否方便；操作安全性能是否良好；急停按钮、安全阀是否作用。

⑤ 观察设备清洗功能使用情况，检查设备清洗是否彻底，是否影响其他环节，是否渗漏等。

3. 工艺用水的验证

水是药物生产中用量最大、使用最广的一种原料，用于生产过程及药物制剂的制备。工艺用水系统包括饮用水、纯化水、注射用水及纯蒸汽。

2010 年版 GMP 第九十六条至第一百零一条对制药用水提出了要求，强调了水系统的制备、贮存和分配应能防止微生物的滋生，这就对整个系统设备和管道的材料构成、管道回路的布局和设备性能提出了特别的要求。并加强了微生物限度的检测。

水系统验证的目的是考验该水处理系统在未来可能发生的种种情况下，有能力稳定地供应规定数量和质量的合格用水，验证就是要提供这方面文字性的证据。这需要在一个较长的时间内，对系统在不同运行条件下的状况进行抽样试验。在此主要阐述药品生产企业普遍使用的纯化水系统的验证。

纯化水为原水经蒸馏法、离子交换法、反渗透法或其他适宜的方法制得的供药用的水，不含任何附加剂，其质量符合《中国药典》纯化水项下的规定。它的用途是非无菌药品的配料、直接接触药品的设备、器具和包装材料最后一次洗涤用水、非无菌原料药精制工艺用水、制备注射用水的水源、配制普通药物制剂用的溶剂或试验用水、中药注射剂、滴眼剂等灭菌制剂所用药材的提取溶剂、口服外用制剂配制用溶剂或稀释剂、非灭菌制剂用器具的精洗、非灭菌制剂所用药材的提取溶剂，纯化水不得用于注射剂的配制与稀释。

（1）纯化水系统的设计确认　对纯化水系统的设计文件进行完整性和准确性的检查，以确保系统的设计能满足本企业的制药用水需求。即系统基本生产参数的确认、主要主件的确认、关键仪表的确认、施工程序的确认等。

（2）纯化水系统的安装确认

① 纯化水系统安装确认所需文件包括如下：

a. 由质量部门或技术部门认可的流程图、系统描述及设计参数；

b. 水处理设备及管路安装调试记录；

c. 仪器仪表的检定记录；

d. 设备操作手册及标准操作、维修规程 SOP。

② 纯化水系统安装确认的主要内容　纯化水系统的安装确认主要是根据生产要求，检查水处理设备和管道系统的安装是否合格，检查仪表的校准以及操作、维修规程的编写。

a. 纯化水制备装置的安装确认　纯化水制备装置的安装确认是指机器设备安装后，对照设计图纸及供应商提供的技术资料，检查安装是否符合设计及规范。纯化水处理装置主要有机械过滤器、活性炭过滤器、电渗析、混合床、水泵、蒸馏水机等，检查的项目有电气、连接管道、蒸汽、压缩空气、仪表、供水、过滤器等的安装、连接情况。

b. 管道分配系统的安装确认　管道及阀门的材料、管道的连接和试压、管道的清洗、钝化、消毒、完整性试验。

③ 仪器仪表的校准　纯水处理装置上所有的仪器仪表必须定期校验或认可，使误差控制在允许的范围内。纯水处理常用的仪表有：电阻（导）仪、时间控制器、流量计、温度控制仪（记录仪）、压力表、紫外灯以及分析水质用的各种仪器。其中紫外灯校准的参数是：波长、光强度以及显示使用时间的时钟。

④ 操作手册和 SOP　列出纯化水系统所有设备操作手册和日常操作、维修、监测的 SOP 清单。

（3）纯化水系统的运行确认　纯化水系统的运行确认是为证明该系统是否能达到设计要求及生产工艺要求而进行的实际运行试验，所有的水处理设备均应开动，运行主要的工作如下。

① 系统操作参数的检测　检查纯水处理各个设备的运行情况。逐个检查所有的设备，如机械过滤器、活性炭过滤器、软水器、混合床、蒸馏水机运行是否正常，检查电压电流、压缩空气、锅炉蒸汽、供水压力。

测定设备的参数。各个设备有不同的要求，如机械过滤器主要是去除悬浮物，活性炭过滤器主要去掉有机物和氯化物，混合床去除阴、阳离子。通过化验分析每个设备进、出口处的水质来确定该设备的去除率、效率、产量，看是否达到设计要求。

② 纯化水水质的预先测试分析　在正式开始纯化水监测（验证）之前，先对纯化水水质进行测试，以便发现问题及时解决。测试项目主要是化学指标及微生物指标，测点可选择在去离子器（或反渗透装置、蒸馏水机）出口处。

（4）纯化水系统的性能确认　性能确认是证明纯化水系统能连续生产并向各使用点输送符合标准要求的纯化水。即证明水系统在已有的或未来的操作情况下，工艺用水的质量与预期设计的一致。

虽然验证通常需要进行适当的挑战性实验，但验证方法需认真考虑；如给水系统人为接种微生物或加入内毒素以考察其去除污染的能力是不切实际的。一般采用以下两类方法：①定期检测微生物学指标；②特定的监控部位安装监控装置，对水系统的有关部位取样检测，以确保整个系统始终达标运行。

纯化水系统按照设计要求正常运行后，记录日常操作的参数，如混合床的再生频率，活性炭的消毒情况，贮水罐充水及放水的时间，各用水点及贮水罐进口水的温度、电阻率，然后全项监测。纯化水的日常监测计划如表 2-5 所示。

（5）纯化水系统的验证周期

① 纯化水系统若较长时间停用，在正式生产三个星期前开启纯化水系统，并做三个周期的监控。

② 纯化水系统改造或大修后，应做三个周期的监控。

③ 每月对纯化水系统消毒一次。每年对纯化水系统进行一次验证。

表 2-5　纯化水日常监测计划

采 样 点	管道连接方式	系统运行方式	测试状态	采样频率	监控指标
最远处使用点的回水支管	并联	批量式或连续式	生产	每天 1 次	化学、微生物
送回水总管及支管	并联	批量式或连续式	生产	每周 1 次	
各使用点轮流采样	并联	批量式或连续式	生产	每月 1 次	
	串联	批量式或连续式	生产	每周 1 次	
最远处用水点	串联	批量式或连续式	生产	每天 1 次	
贮罐	并联	批量式	生产	每个周期 1 次	
	串联	连续式	生产	每周 1 次	

三、工艺验证

1. 概述

工艺验证是收集并评估工艺设计阶段到商业化生产的数据，用这些数据作为科学依据以证明生产工艺能始终如一地生产出合格产品。即从药品开发到商业化生产过程中保持工艺处于受控状态，其目的就是要使药品达到其设计的质量、安全和有效性要求。

工艺验证一般分三个阶段：工艺设计——基于开发和工艺放大过程中得到的知识确定商业化生产工艺；工艺确认——对已设计的工艺进行确认，判断其能否进行重复性的商业化生产；持续工艺确认——在日常生产中持续保证工艺处于可控状态。

2010 年版 GMP 第一百四十一条规定，采用新的处方或生产工艺前，应当验证其常规生产的适用性。其中关键词"常规生产"，这是药品生产质量管理的基础工作，也是 GMP 的核心内容。

在采用任何新的生产处方或生产工艺时，应采取科学的方法证明它们对常规生产是适用的。利用确定的物料和设备所指定的生产工艺应能证明其能生产出符合质量需要的稳定的产品。对生产工艺的重大变化，包括任何可能影响产品质量或生产重现性的任何设备或物料方面的变化，都应验证。工艺验证贯穿整个产品生命周期。

工艺验证是验证工作的里程碑，它与其他各个验证的关系如图 2-13 所示。

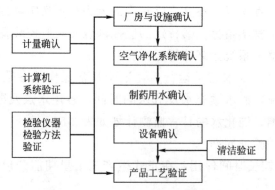

图 2-13　工艺验证与各验证之间关系

不同的工艺过程均有其独特的具体的验证方法和验证要求。根据具体情况采用不同的验证程序。工艺验证需要有充分的准备工作，它的验证并非一般的试验，必须对验证工艺深刻理解，确定验证对象和范围，确定关键工艺参数，确定验证批次，确定取样计划，确定测试项目，明确责任，最后应该对其进行讨论。

2. 内容

生产工艺验证一般应包括如下内容。

（1）与该产品相关的生产工艺规程。

（2）该产品生产过程中使用的关键设备、公用系统的适用性。

（3）该产品的生产环境，如洁净级别、温度、湿度及其他 GMP 要求的生产条件。

（4）该产品生产中所使用的原辅材料（其中包括注射用水）的质量标准及确认合格的供应商。

（5）该产品生产用各种原辅材料（如瓶、塞、盖）的清洗、灭菌过程的有效性。

（6）无菌原料药转移方法的可行性和其消除污染的有效性。

（7）生产人员无菌更衣、无菌生产操作技术的培训及能力评价。

（8）产品分装生产过程中的产品质量控制及生产过程的稳定性，如装量差异的控制。

（9）生产环境无菌性监控。

（10）生产过程中粉尘的处理方式对操作人员和对环境保护的影响。

（11）产品中不溶性微粒含量。

（12）产品的均一性。

（13）最终产品质量评价。

（14）产品的稳定性试验等。

3. 工艺验证的类型

（1）前验证　新的生产工艺或当工艺发生重大变化时的工艺验证所采用的方法，此工艺只有当验证成功结束之后才可以放行。此验证中所生产的产品批量应与最终上市的产品批量相同。通常，工艺验证要求进行连续三个成功批次的生产。

（2）同步验证　是在某些非常特殊的情况下采用的方法。即在常规生产过程中进行的验证。同步验证中生产的产品如果符合所有验证方案中规定的要求，可以在最终验证报告完成之前放行。进行同步验证的决定必须合理、有文件记录并且经过质量部门批准。同步验证方法主要适用于非常低的生产量；非常昂贵；生产周期非常长；没有任何改变的再验证时。

（3）回顾性验证　有些历史遗留的产品未进行工艺验证。这些工艺过程在满足于以下条件时可以通过对历史数据回顾的方式进行回顾性验证。

以下情况考虑使用回顾性验证：

① 一直按照市售产品批量规模进行生产，有很好理解的生产工艺过程并有完整的生产记录；

② 有通过药典规定或经过验证的实验方法进行检测所得到的充分可靠的验证数据；

③ 对关键程序参数的关键质量特性作了规定并进行了控制；

④ 没有由于操作失误和设备故障之外而引起的任何工艺过程或产品失败；

⑤ 在产品生产中应用的药物活性成分的杂质谱已经建立；同时还应具备如下条件：

a. 工艺过程没有重大的历史改变；b. 所有关键工艺参数和关键质量特征都可以作为历史数据；c. 进行回顾性验证的决定应得到质量部门批准。

4. 工艺验证的前提条件

（1）所验证的工艺是必须是完善的，即已经批准的生产处方，有完全的批生产记录和相关的SOP。

（2）参与验证人员必须经过适当的培训。

（3）生产环境、设备、系统（计算机）、分析方法等必须经过验证。

（4）所在可能影响工艺验证的支持性程序（如设备清洁、灭菌等）均须经过确认与验证。

（5）仪表校正。

（6）产品、中间产品的控制检验、原料和组成成分都应有经过批准的标准。

5. 工艺验证的实施

工艺验证具体可以参照以下几个步骤来实现。

（1）明确验证的起点与终点，明确验证的范围　即应明确此次验证是哪个工艺过程。如注射液的生产工艺，是否将配液/灌装/过滤分别进行验证还是合在一起验证。

（2）关键工艺参数　影响关键工艺属性的参数。

（3）关键工艺指标　产品可以衡量的属性，这个属性将影响产品的安全、有效。如配液工艺，溶液温度必须严格控制，如果温度过高，将可能导致产品的变性降解。

（4）从以下各方面确定和获得各类相关参数：新产品研发的相关数据；以往的生产加工经验；厂房、设备设施的相关数据。

（5）关键工艺参数应经受恶劣条件的挑战，以此证明其工艺适用性；用风险评估的方法确定恶劣条件，应是发生概率较大的情况。

（6）确定验证批次　验证同一工艺时所涉及的所有品种及规格必须得到验证，且验证批量应与商业批相同或具有代表性，通常对于一个工艺，至少有三批验证批次。

（7）确定取样计划　确定取样地点、取样方式、取样工具、样品数目、样品规格、样品标签、样品贮存等。

（8）确定测试计划　应涵盖将来例行检测项目，标准必须是：清晰明了，可操作性强，条理清楚，相关性强。

（9）明确责任　在验证开始时明确职责，并文件化。如谁组织验证，谁组织生产，谁对样品进行检测，谁对结果进行汇报，谁撰写相关报告。按照职责的不同建立相应的职责权限表。

（10）讨论　讨论对于工艺验证的成败有着直接影响。需建立一个跨功能的验证团队讨论验证方案，确保所有相关人员在制订草案时就参与咨询讨论。

（11）认证与变更控制　工艺验证实际是广义上的一个取样活动，它所标明的只是验证当时的一种状态，保持这种状态需要通过变更控制来实现。

（12）再验证　工艺验证当发生特殊情况时应再验证或周期性再验证。

（13）验证文件　验证文件与验证工作同样重要，必须始终如一的保证高标准管理，为产品的生产和质量提供根本的支持和保证。

（14）验证报告　对于数据进行总结，尤其是文件进行电子批准。报告应覆盖验证程序的所有要求，必须要有明确清晰的结论并对于后续行动有一定的建议。避免使用俚语或者缩写语却不给予任何注释，避免在原始数据记录表格上留下空白栏，如果确实没有相关数据，应该写上"N/A"。避免使用主观臆断的数据和在需要大量后续行动的情况下却没有相应的计划。

验证报告应包括以下内容：

——题目、批准日期和文件编号；

——验证目标和范围；

——实验实施的描述；

——结果总结；

——结果分析；

——结论；

——偏差和解决办法；

——附件（包括原始数据）；

——参考资料（包括验证方案号和版本号）；

——对需要纠正缺陷的建议。

工艺验证的一般流程见图 2-14。

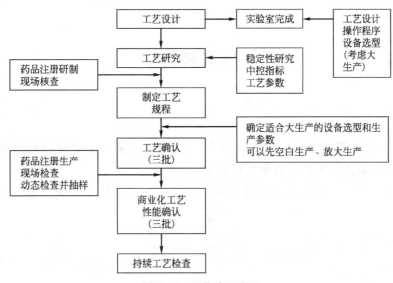

图 2-14　工艺验证流程

6. 工艺验证的再验证

工艺验证的再验证情况分两种，一种是出现特殊情况需再验证，另一种为周期性再验证。

当发生可能影响产品质量的变更或出现异常情况时应通过风险评估确定是否需进行再验证以及确定再验证的范围和程度。需要进行再验证情况包括但不局限于以下几个方面：

① 关键起始物料的变更（可能影响产品质量的物理性质，如密度、黏度或粒度分布）；

② 关键起始物料生产商的变更；

③ 包装材料的变更（如塑料代替玻璃）；

④ 扩大或减小生产批量；

⑤ 技术、工艺或工艺参数的变更（例如混合时间的变化或温度的变化）；

⑥ 设备的变更（如增加了自动检查系统）；设备上相同部件的替换通常不需要进行再验证，但可能影响产品质量的情况除外；

⑦ 生产区域或公用系统的变更；

⑧ 发生返工或再加工；

⑨ 生产工艺从一个公司、工厂或建筑转移到其他公司、工厂或建筑；

⑩ 反复出现的不良工艺趋势或偏差、产品质量问题或超标结果（这种情况下应先确定并消除引起质量问题的原因，之后再进行再验证）；

⑪ 异常情况（如在自检过程中或工艺数据趋势分析中发现的）。

周期性再验证是指生产工艺首次验证之后，应定期进行再验证以确定它们仍保持验证状态并满足要求，再验证的频率可以由企业根据产品、剂型等因素自行制定。验证方法可以采用同步、回顾的方式或二者相结合的方式进行，方式的选择应基于品种和剂型的风险。

拓展知识

验证总计划

《药品生产质量管理规范》2010 年版第一百四十五条　企业应当制定验证总计划，以文件形式说明确认与验证工作的关键信息。

第一百四十六条　验证总计划或其他相关文件中应当作出规定，确保厂房、设施、

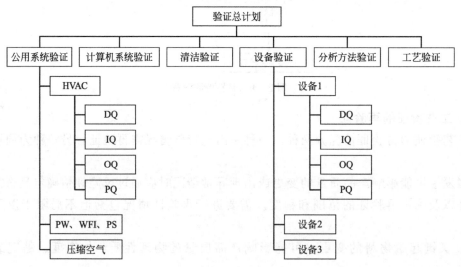

图 2-15　验证总计划

设备、检验仪器、生产工艺、操作规程和检验方法等能够保持持续稳定。

　　验证总计划是对整个公司体系及建立性能保障性的方法而进行的综述文件。其目的是总结公司验证和确认整体策略、目的和方法，确定验证和确认的策略、职责以及整体的时间框架。

　　验证总计划是一个高层次的文件，它提供了生产企业的验证工作程序信息，规定了即将进行的验证工作详情和时间表，包括参与计划实施人员的职责说明，应在验证活动开始前完成并批准。

　　验证总计划具体见图 2-15。

实践项目

任务一　设施、设备系统的验证

【实训目的】

1. 掌握固体制剂车间空调净化系统的验证方法、验证文件、步骤及安排。

2. 掌握纯化水系统的验证方法、验证文件、步骤及安排。

3. 掌握旋转式压片机的验证方法、验证文件、步骤及安排。

【实训内容】

1. 固体制剂车间空调净化系统的验证。

2. 纯化水系统的验证。

3. 旋转式压片机的验证。

【实训步骤】

（一）固体制剂车间空调净化系统的验证

1. 验证方案目录

（1）引言

① 固体制剂车间空调净化系统的概述

② 验证目的

③ 范围

④ 验证周期及验证进度安排

⑤ 验证项目小组成员及职责

（2）文件与技术资料

（3）验证内容

① 预确认

② 安装确认

③ 运行确认

④ 性能确认

（4）固体制剂车间空调净化系统的日常监测、消毒

（5）固体制剂车间空调净化系统再验证周期

（6）固体制剂车间空调净化系统验证的结果评定及结论

2. 验证方案内容

（1）引言

① 概述

a. 本公司固体制剂车间为片剂、胶囊剂、颗粒剂生产区，对生产环境有一定的要求，如洁净区的温度、相对湿度、空气的气流速度、静压差及洁净度等。空调净化系统就是将空气经处理达到要求后送入房间内，以满足 GMP 要求。所以空调净化系统是由空气处理装置、空气输送装置和空气分配装置等组成的一个完整的系统，该系统能够对空气进行冷却、加热、加湿、干燥、净化和消毒处理。本公司制剂车间空调净化系统主要包括空调机组、风管、除尘系统等几个主要部分，工艺流程图见图 2-16。

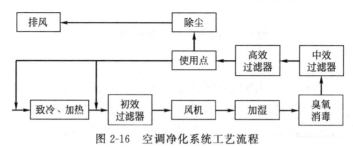

图 2-16　空调净化系统工艺流程

b. 基础资料　设备编号、设备名称、风冷管道式空调机组、地址、设备型号、生产厂家、联系电话、传真、使用部门、操作员等。

② 验证目的

a. 检查系统的文件资料齐全且符合 GMP 要求。

b. 确认系统的各种仪器、仪表经过校正合格，并在校验有效期内。

c. 检查并确认系统的设备、设施所用材质、设计、制造符合 GMP 的要求。

d. 检查并确认系统的安装符合生产要求，公用系统配套齐全且符合设计要求。

e. 确认系统的各种控制系统功能与性能符合设计要求；确认在规定的范围内操作，系统能稳定地运行且保证各项指标能达到设计标准。

③ 验证范围

a. 文件的适用范围　此文件适用于固体制剂车间空调净化系统的验证。

b. 验证的范围　预确认，安装确认，运行确认，日常监控、清洗、更换、消毒。

④ 验证周期及验证进度安排　验证小组提出完整的验证计划，经批准后实施，整个验证活动分四个阶段完成：预确认、安装确认、运行确认、日常监控（性能确认）。

⑤ 验证项目小组成员及职责

a. 验证小组成员　见表 2-6。

b. 职责　包括如下内容。验证委员会职责：负责验证方案的审批；负责协调验证的各项工作，保证本方案规定的项目能够顺利实施；负责验证数据及方法审核；负责验证报告的审批；负责再验证周期的制定；负责发放验证证书。

工程部职责：制定验证方案；组织协调验证活动，确保验证进度；收集各项验证试

表 2-6 验证小组成员表

部　门	人　员
安装厂家	
工程部	
生产技术部	
质量管理部	

验记录；起草验证报告；负责固体制剂车间空调净化系统的安装确认、运行确认；提供固体制剂车间空调净化系统的设备安装管路流程图、平面布置图和说明；组织安装、调试并做好记录，收集、归纳并评估调试结果；编写固体制剂车间空调净化系统标准操作和维修 SOP；建立设备档案；培训固体制剂车间空调净化系统操作人员；验证现场的开机、运行；固体制剂车间空调净化系统仪器、仪表的校验。

质量管理部职责：制订固体制剂车间空调净化系统性能确认、日常监测的 SOP；起草本企业空调净化系统质量标准、取样及检验的 SOP；负责取样、净化检测并出具检验报告；拟订空调系统日常监测项目；确定空调净化系统的验证周期。

生产技术部职责：负责设施的清洗、净化区的消毒。

物料部职责：负责按生产指令提供符合标准的物料。

（2）文件及技术资料　如表 2-7 所示。

表 2-7 文件及技术资料表

资料名称	编　号	存放处
空调净化系统设计说明		工程部
风口平面布置图		工程部
送风管平面布置图		工程部
回风管平面布置图		工程部
排风管平面布置图		工程部
风量平衡表		工程部
空调机组合图		工程部
设备平面布置图		工程部
空调净化系统操作 SOP		工程部
空调净化系统维护保养检修 SOP		工程部
空调净化系统清洗消毒 SOP		工程部
结论		
检查人	复核人	
检查日期	复核日期	

（3）验证内容

① 预确认　根据厂房的整体设计方案，公司选用了×××空调设备厂生产的空调机组。本空调净化系统采用组合式空调箱及风道送风系统，新风经初效过滤器与回风混合再经表冷器、加热器、风机、中效过滤器、臭氧发生器、高效过滤器送至洁净区，气

流组织顶送下侧回风或排风。空气洁净度等级为 D 级。

②　安装确认

a. 验证用仪器仪表的校验　为保证测量数据的准确可靠，必须对安装在设备及设施上的仪器仪表以及本公司负责进行监测项目所需的仪器、仪表进行校验并记录。

b. 空调净化系统的安装确认　包括如下内容。空气处理设备安装确认：空调器的安装确认主要是指设备安装后，对照设计图纸及供应商提供的技术资料，检查安装是否符合设计及安装规范并记录。

风管制作及安装的确认：风管制作及安装的确认主要是对照设计图、流程图检查风管的材料、保温材料、安装紧密程度、管道走向并记录。

风管及空调设备清洁的确认：内外管及空调设备清洁确认是在安装过程中完成的。空调净化系统通风管道吊装前，先用清洁剂或酒精将内壁擦拭干净，并在风管两端用干净的塑料膜封住，等待吊装。静压箱也应清洗后安装。空调器的拼装结束后，内部先要清洗再安装初效及中效过滤器，风机开启后，运行一段时间，最后再安装末端的高效过滤器并记录。

高效过滤器检漏试验：检漏试验的目的是通过检测高效过滤器的泄漏率，发现高效过滤器及其安装过程中存在的缺陷，以便采取补救措施。测试部位：过滤器的滤材；过滤器的滤材与其框架内部的连接；过滤器框架的密封和过滤器组支撑框架之间；支撑框架和墙壁或顶棚之间。测试仪器使用尘埃粒子计数器并记录。

c. 运行确认　运行确认是证明空调净化系统能否达到设计要求及生产工艺要求而进行的实际运行试验。在洁净厂房全面清洁、安装确认完成后，可进行运行确认。开启所有的空调设备及与空调系统有关的工艺排风机，对整个空调系统进行风量平衡，调节各房间送回风的风量大小及各房间的风压等。运行确认的主要内容有：空调设备测试；高效过滤器风速测定；空调调试及空气平衡；房间静压差测定；房间温湿度测定；悬浮粒子数和微生物测定，并有具体的数据记录。

d. 性能确认　空调系统经安装和运行确认后，经领导小组审核结果，认为系统运行正常，应对空调系统进行性能确认。其目的是确认空调系统能够连续、稳定地使洁净区的洁净度符合设计标准及生产工艺要求。

性能确认周期：空调系统连续运行 3 个周期，每个周期 1 天。

检测项目及检测频率：若在连续运行的 3 个周期中，悬浮粒子数、空气中微生物数、压差控制均符合设计要求及相应级别洁净区标准规定的要求，可判定系统通过性能确认。温湿度控制性能确认结果应以全年为一个周期，因为只有经历了季节变化方能全面评价空调系统对洁净区内温度与相对湿度的控制能力。检测结果的数据均应记录。

（4）固体制剂车间空调净化系统的日常监测、消毒　工程设备部负责根据空调系统性能确认、运行情况，确认系统日常监察程序及验证周期。拟订空调系统日常监控频率为：D 级厂房每季度一次；报验证领导小组审核批准。

（5）固体制剂车间空调净化系统再验证周期　无特殊情况每年验证一次，报验证领导小组。

（6）固体制剂车间空调净化系统验证的结果的评价与建议　项目验证小组负责收集各项验证、试验结果记录，根据试验结果起草验证报告、标准操作程序、维护保养程序，报验证领导小组。

3. 验证报告

各阶段确认完成后，验证小组将结果汇总，编写验证报告，并作出总体评价。报公司验证领导小组，小组负责人签发验证证书。

（二）纯化水系统的验证

1. 验证方案目录

（1）引言

① 纯化水制备系统概述

② 验证目的

③ 范围

④ 验证周期及验证进度安排

⑤ 验证项目小组成员及职责

（2）预确认

（3）安装确认

（4）运行确认

（5）性能确认

（6）纯化水制备系统日常监测

（7）纯水系统再验证周期

（8）纯化水制备系统验证的结果评价及建议

2. 验证方案内容

（1）引言

① 概述

a. 某制药公司安装的二级反渗透制备纯化水系统用于满足该公司生产车间制剂生产，为确保纯化水产量、质量达到生产要求，对纯化水系统进行验证，验证项目包括纯化水系统的预确认、安装确认、纯化水系统的运行确认、性能确认及纯化水系统的监控和纯化水系统的日常监测。工艺流程图见图 2-17。

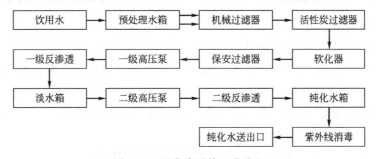

图 2-17　纯化水系统工艺流程

b. 基础资料　设备编号、维修服务单位名称、设备名称、地址、设备型号、生产能力、联系人、E-mail、生产厂家等。

② 验证目的

a. 验证该系统在未来可见条件下有能力稳定地供应规定数量和质量的合格用水。

b. 检查并确认该纯化水系统安装符合设计要求，资料和文件符合 GMP 要求。

c. 检查并确认该纯化水系统运行、性能，符合设计要求，资料和文件符合 GMP 要求，其水质符合《纯化水质量标准》（根据 2010 年版《中国药典》二部纯化水标准及微生物检测标准制定）的要求。

③ 范围

a. 文件的适用范围　适用于纯化水制备系统的验证。

b. 验证的范围　安装确认；运行确认；性能确认；日常监控。

④ 验证周期及验证进度安排　验证小组提出完整的验证计划，经批准后实施，整个验证活动分四个阶段完成。

⑤ 验证项目小组成员及职责　验证小组成员（略）、职责（略）。

（2）纯化水系统设备预确认

① 供应商质量保证体系评估报告　从设备生产厂家的产品质量、生产能力，管理水平，售后服务、性能、已供货单位反映等进行评估，是否符合本公司纯化水制备工艺。

② 文件检查　见表 2-8。

表 2-8　各类文件资料表

资料名称	编　号	存放处
产品购销合同		工程部
纯化水系统工艺流程图		工程部
纯化水系统描述及设计参数		工程部
纯化水系统安装调试记录		工程部
仪器仪表检定记录及鉴定证书		工程部
纯化水系统操作使用手册		工程部
结论		
检查人	复核人	
检查日期	复核日期	

（3）纯化水系统的安装确认

① 纯化水制备装置的安装确认

a. 对照设计图纸及供应商提供的技术资料，检查安装是否符合设计及规范要求。

b. 检查电源是否符合设计要求。

c. 原水的质量和压力是否符合设计要求，连接管道是否漏水。

d. 计量器具、仪器仪表的检验确认。

e. 水、电、气（汽）、线路等公用介质安装条件的确认。

② 管道分配系统的安装确认

a. 管道及阀门的材料。

b. 管道的连接和试压。

c. 管道的清洗、消毒、钝化。

（4）纯化水系统的运行确认　纯化水系统设备全部开动，以试验证明该系统达到生产工艺要求，生产出符合质量的纯化水，生产能力达到设计要求。

① 系统操作参数的确认。

② 纯化水水质、产量确认。

③ 对该设备进行安装调试验收并填写设备安装调试验收单。

④ 对该设备进行竣工验收并填写设备安装竣工验收单。

（5）纯化水系统性能确认　通过性能确认，证明纯化水系统能连续生产并向各使用点输送符合标准要求的纯化水。

① 在系统开机前，应检查系统状况，确认状态正常后才能进行性能确认。

② 整个水质监测分为 3 个"验证"周期，每个周期 7 天。取样点如下：纯化水箱、总送水口、总回水口、各使用点。

③ 异常情况处理程序　在纯化水制备系统性能确认过程中，应严格按照系统标准操作程序、维护保养程序、取样程序、检验规程进行操作；按质量标准进行判定，当个别取样点纯化水质量不符合标准时，应按下列程序处理：

在不合格点重新取样，重新检测不合格项目或全项；必要时，在不合格点的前后分段取样，进行对照检测，以确定不合格原因；若附属系统运行方面的原因，需报验证小组，调整运行参数或对系统进行处理。

（6）纯化水制备系统日常监测　若连续 3 周（每 7 天为一个连续周期）的检测结果均在合格范围内，可做性能确认通过的评价。各车间正常用水继续日常监测，最后确定管路清洗消毒周期。

（7）纯水系统再验证周期　质量管理部根据验证结果确定纯化水系统再验证周期。验证周期正常情况下每年 1 次，如停用 3 个月以上，在正常生产前必须验证。停用期间，每天必须正常开机 0.5～1h。设备的关键部件维修或更换后，必须重新验证。

（8）纯化水制备系统验证的结果评价及建议　工程部负责收集各项验证、试验结果记录，根据验证、试验结果起草验证报告、仪器标准操作程序、维护保养程序，报验证委员会。验证委员会对验证结果进行综合评审，确认系统日常监测程序及验证周期。对验证结果的评审应包括：①验证试验是否有遗漏；②验证实施过程中对验证方案有无修改，修改原因、依据以及是否经过批准；③验证记录是否完整；④验证试验结果是否符合标准要求，偏差及对偏差的说明是否合理，是否需要进一步补充试验。

3. 验证报告

各阶段确认完成后，验证小组将结果汇总，编写验证报告，并作出总体评价。报公司验证领导小组，小组负责人签发验证证书。

（三）旋转式压片机的验证

1. 验证方案目录

（1）引言

① 概述

② 验证目的

③ 范围

④ 验证周期及验证进度安排

⑤ 验证项目小组成员及职责

（2）预确认

（3）安装确认

① 文件及技术资料

② 安装环境

③ 设备材质

④ 设备结构和安装要求

⑤ 仪表的检查与校验

⑥ 电气安装

⑦ 安装确认小结

（4）运行确认

① 目的

② 运行前检查

③ 运行检查

④ 运行确认小结

（5）性能确认

① 目的

② 方法

方法 1

　　合格标准

　　测试记录

方法 2

　　合格标准

　　测试记录

③ 性能确认小结

（6）验证的结果评价及建议

（7）再验证周期

2. 验证方案内容

（1）引言

① 概述

a. 旋转式压片机为×××机械制造有限公司生产，具有自动旋转、连续冲压功能，可将颗粒状物料压制成圆形片状。

b. 基础资料　设备编号、维修服务单位名称、设备名称、地址、设备型号、生产能力等。

② 验证目的　检查并确认旋转式压片机安装及运行的正确性，符合 GMP 规定，以及其对工艺的适应性。证实该设备能达到设计要求及规定的技术指标。

③ 范围　适用于旋转式压片机的设备验证。

④ 验证周期及验证进度安排　验证小组提出完整的验证计划，经批准后实施，整个验证活动分三个阶段完成。

⑤ 验证项目小组成员及职责　验证小组成员（略）、职责（略）。

（2）设备预确认　设备技术指标要求及安装技术资料文件确认。

（3）安装确认　安装确认是对旋转式压片机的规格、安装条件、场所、安装过程进行确认。

① 安装环境（表2-9）

表2-9　旋转式压片机安装环境

项　　目	环境要求	实际情况
温度	18～26℃	
湿度	45%～65%	
洁净情况	清洁	

② 设备材质（表2-10）

表2-10　旋转式压片机设备材质

部件	材质要求	实际情况	备注
上压轮架	整体铸件		
孔转盘装置	整体球墨铸件		
转盘外围罩壳	不锈钢		
加料器	方形压嘴式不锈钢		
中间机身	扁方形铸件		
下机座外壳	不锈钢		
冲模	不锈钢		
结果：			
检查人		复核人	
检查日期		复核日期	

③ 设备结构及安装要求（表2-11）

表2-11　旋转式压片机结构及安装要求

项目	要　　求	实际情况
设备结构	设备与药接触的部位便于清洗、无死角	
安装要求	设备在机座四角垫上厚橡皮板,校正水平	
结果：		
检查人		复核人
检查日期		复核日期

④ 仪表的检查与校验（表2-12）

表 2-12　旋转式压片机仪表的检查与校验

名称	厂家、型号	测量范围	校验情况
游标卡尺			
电子天平			
带温度万用表			
结果：			
检查人		复核人	
检查日期		复核日期	

⑤ 电气安装（表 2-13）

表 2-13　旋转式压片机电气安装

项目	安装要求	检查结果	偏差处理
电压	380V		
频率	50Hz		
接地	完好正确		
电气安装	符合电气规范要求		
	符合 GMP 要求		
结论			
检查人：		复核人：	
检查日期：		复核日期：	

（4）运行确认　在运行试验前，工程设备部负责起草设备使用维护保养标准操作规程；生产部和固体制剂车间负责起草岗位操作规程和生产记录。

① 目的　检查并确认该设备在空载运行时，符合设计要求。并检查设备操作规程的适用性。

② 运行前检查（表 2-14），保证设备可运行。

③ 运行检查　按该设备操作规程，开机运行，检查设备的空运转情况（表 2-15）。

表 2-14　旋转式压片机运行前检查

检查项目	实际情况	偏差处理
安装确认是否已通过		
电源是否已接通		
点动运行,检查主动轴旋转方向是否与标牌指示方向一致		
润滑系统是否达到要求		
气源气压是否≥0.1MPa		
片厚手柄是否在 5mm 以上位置,上轨道盘嵌舌是否到位,中间机身下冲安装孔的圆盖板是否嵌平		
冲模外观是否良好,数量是否齐备		
检查结果：		

表 2-15 旋转式压片机空转检查

检查项目		要 求	检查结果	偏差处理
未上模具	用手盘转机器 2～3 周	机器运动部位正常、无异常声音		
	慢速点动几转	机器运动部位正常、无异常声音		
	接通离合器,逐步提速	机器运动部位正常、无异常声音,符合设计要求		
安装模具	用手盘转机器 2～3 周	观察上、下冲杆进入中模及在导轨上运动灵活,无碰撞和阻滞现象,下冲杆上升最高点,高出转盘工作面,但不大于 0.5mm		
	慢速点动几转	机器运动部位正常、无异常声音		
	接通离合器,逐步提速(不装刮粉框)	上、下冲杆进入中模及在导轨上运动灵活,运动部位正常、无异常声音,符合设计要求		

结论			
检查人:		复核人:	
检查日期:		复核日期:	

④ 运行确认小结 按照验证方案要求,按压片机操作规程进行运行试验,试验结果表明本设备运行正常,符合 GMP 要求,安全性好。

(5)性能确认

① 目的 检查并确认该设备在负载运行时,对工艺的适应性。具有模拟生产的性质,是在工艺技术指导下进行实际生产,对生产设备的性能进行考察。

② 方法

a. 将合格的颗粒试验压片,连续 3 次。每 10min 取样 1 次,分前后出片口,每次每边取片不少于 100 片,两边随机各分出 5 组,每组 10 片,再两边混合分出 5 组,每组 10 片,各称出平均片重差异度并记录机器在不同转速下工作压力、主轴轴承升高的温度、蜗轮箱轴承升高的温度。

b. 合格标准

机器最高转速:30r/min

轴承最高温度升:≤35℃

片重差异:≤0.2(1±7.5)%

工作压力:最大 80kN

c. 用三批颗粒进行压片性能验证,每批至少连续运行 4h,每隔 15min 取样测定前后出片口、混合后片重差异度、外观、硬度及崩解时限。

d. 测试记录(表 2-16)。

e. 合格标准 片重差异、崩解时限符合《中国药典》要求。

外观:片型厚薄基本一致、片面光洁、色泽均匀,无异物,缺角、松片、裂片、毛边、黑点。

③ 性能确认小结 用颗粒进行连续三批试验压片,取样检测,符合《中国药典》规定,该设备性能确认符合其技术指标及本公司产品压片工艺要求。

(6)验证的结果评价及建议 通过对旋转式压片机的验证,确认该设备质量符合要求,安装、运行性能符合设计要求,文件和资料符合 GMP 管理要求,设备各项性能指

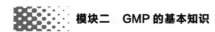

表 2-16　旋转式压片机性能确认产品测试记录

日期：　　　　　时间：　　　　　操作人：　　　　室温：

转速	运行时间/min	片重差异度（平均）			硬度	崩解时限	压力/MPa	主轴轴承温升/℃	蜗轮箱轴承温升/℃
10r/min(15Hz)	10	前出片							
		后出片							
		混合							
20r/min(30Hz)	20	前出片							
		后出片							
		混合							
	30	前出片							
		后出片							
		混合							
25r/min(40Hz)	40	前出片							
		后出片							
		混合							
	50	前出片							
		后出片							
		混合							
30r/min(50Hz)	60	前出片							
		后出片							
		混合							

结论：

检查人		复核人	
检查日期		复核日期	

标符合验证评定标准要求，确认该设备在日常生产过程中，设备生产能力完全满足本公司的生产及工艺要求。建议该设备正式投入使用。

（7）再验证周期　为了保持设备的持续验证状态，设备使用一年后或设备发生重大变更、大修后，均应进行验证。

质量管理部根据验证结果确定设备再验证周期。

【实训思考题】

1. 制药企业设备的验证包括哪几个方面的验证？
2. 空调净化系统的性能验证包括哪些步骤？
3. 纯化水安装验证包括哪些内容？
4. 旋转压片机的性能验证包括哪些内容？

任务二　关键检测设备、仪器及其检测方法的验证

【实训目的】

掌握 GC-14C 气相色谱仪的验证方案、内容等。

【实训内容】

1. 确认 GC-14C 气相色谱仪的验证内容。

2. 设计 GC-14C 气相色谱仪的验证方案。

【实训步骤】

（一）GC-14C 气相色谱仪的验证

1. 验证方案目录

（1）概述

（2）验证目的

（3）验证依据及验证范围

（4）参与验证的相关部门及其职责

（5）验证工作小组

（6）验证内容

① 安装确认

a. 文件资料

b. 售后服务

c. 消耗性备品备件

d. 安装检查

② 运行确认

a. 灵敏度及稳定性测试

b. 稳定性

c. 灵敏度

③ 性能确认

a. 系统适用性试验

b. 定量重复性试验

（7）验证结果综合评价

（8）偏差说明及措施

（9）验证小组人员签字/日期

（10）偏差处理及验证总结报告

（11）再验证要求

2. 验证方案内容

（1）概述 GC-14C 气相色谱仪为日本岛津分析仪器有限公司生产，是由单片机控制的有较高性价比的气相色谱仪，采用氢焰离子化检测器，可以进行恒温及程序升温操作，适用于本公司所有产品的定量和定性分析。

（2）验证目的 为了确保使用该仪器检测数据真实可靠，同时确认该仪器的各项指标能达到该仪器所设计的性能指标，对该仪器进行验证。

（3）验证依据及适用范围 参照国家技术监督局《实验室气相色谱仪检定规程》、仪器说明书及 2010 年版《中国药典》二部附录"气相色谱法"起草本验证方案。本验证方案适用于实验室气相色谱仪的验证。

（4）参与验证的相关部门及其职责

① 验证小组

a. 负责验证方案的审批。

b. 负责验证数据及结果的审核。

c. 负责验证报告的审核。

d. 负责验证周期的确认。

e. 负责发放验证证书。

② 工程部

a. 负责设备的安装、调试，并做好相应的记录。

b. 负责拟定验证周期。

c. 负责收集预安装确认的试验记录。

③ 质量管理部

a. 负责对验证参数要求进行确认。

b. 负责根据检验结果出具检验报告单。

c. 负责仪器、仪表的校验。

d. 负责起草设备操作、清洁和维护保养等方面的标准操作规程。

e. 负责设备日常的维护保养工作。

f. 负责建立设备档案。

（5）验证工作小组（表 2-17）

表 2-17　验证工作小组成员

部　　门	人　　员
安装厂家	
工程部	
质量管理部	

（6）验证内容

① 安装确认

a. 文件资料（表 2-18）

表 2-18　文件资料

资料名称	数量	存放处
1. GC-14C 气相色谱仪技术手册		
2. N2010 色谱工作站操作说明书及安装软件光盘		
3. 仪器出厂合格证		
4. 色谱柱性能测试报告		
5. GC-14C 气相色谱仪操作规程		
6. GC-14C 气相色谱仪维护保养规程		
7. SPB-3S 全自动空气源使用说明书		
8. SHH-300A 氢气发生器使用说明书		

检查人/日期：　　　　　　　　复核人/日期：

b. 售后服务（表 2-19）

表 2-19　售后服务

维修单位：	联系电话：
地址：	传真：
联系人：	

检查人/日期：　　　　　　　　　　复核人/日期：

c. 消耗性备品备件（表 2-20）

表 2-20　气相色谱仪消耗性备品备件

品　名	数　量	存放处
气路垫		
微量注射器		
不锈钢柱		
毛细管柱		

检查人/日期：　　　　　　　　　　复核人/日期：

d. 安装检查（表 2-21）　对照使用说明书要求安装，确认环境、电源等符合要求。

表 2-21　气相色谱仪安装检查表

检查内容	要求	方法	结果
环境	室内不得存放与实验无关的易燃、易爆和强腐蚀性的物质，无强烈的机械震动和电磁干扰	目测	
环境温度	5～35℃	温湿度仪测	
环境相对湿度	20%～85%	温湿度仪测	
安装位置	仪器应平稳而牢固地安置在工作台上	按要求安装	
电压	220V±22V	电压仪测	
接地	接地良好	接地电阻表测定	
电源线	与插孔吻合	按要求安装	
气体管路	气体管路应使用不锈钢管、铜管、聚四氯乙烯管	按要求安装	

检查人/日期：　　　　　　　　　　复核人/日期：

② 运行确认　灵敏度及稳定性测试：样品 0.05% 的苯，汽化室 120℃，柱温 80℃，检测室 120℃；载气 N_2 50kPa、H_2 50kPa、空气 50kPa；进样量 0.5uL；附图谱。

灵敏度：计算灵敏度。

稳定性：在基线稳定情况下，1h 后基线漂移≤记录仪量程 0.03% h^{-1}，附图谱。

③ 性能确认

a. 系统适用性试验

色谱柱的理论板数（n）：

在上述的色谱条件下，注入 0.05% 苯溶液，记录色谱图，量出供试品的保留时间 t_R 和半峰宽 $W_{h/2}$，按 $n = 5.54 \, (t_R/W_{h/2})^2$ 计算出理论板数；

分离度（R）：按下式计算，应大于 1.5。

$$R = (t_{R_1} - t_{R_2})/(W_2 + W_1)$$

式中，t_{R_1} 为相邻后一峰的保留时间；t_{R_2} 为相邻前一峰的保留时间；W_1、W_2 为此相邻两峰的宽度。

拖尾因子（T）：按下式计算，应在 $0.95\sim1.05$ 之间。

$$T=W_{0.05h}/2d_1$$

式中，$W_{0.05h}$ 表示 0.05 峰高处的峰宽；d_1 表示峰极大值对峰前沿之间的距离。

理论板数、分离度、拖尾因子测试结果见表 2-22。

表 2-22　气相色谱仪理论板数、分离度、拖尾因子测试结果表

样品名称	理论板数(n)		分离度(R)		拖尾因子(T)	
	规定值	实测值	规定值	实测值	规定值	实测值
结果	2000		>1.5		0.95~1.05	

附原始记录及图谱

检查人/日期：　　　　　　　　复核人/日期：

b. 定量重复性试验

标准平均偏差（R_{sd}）：取 0.05% 的苯连续进行 5 次，峰面积标准平均偏差应≤2.0%，试验结果如表 2-23。

表 2-23　气相色谱仪定量重复性试验结果

样品名称	序号	图谱文件名	峰面积(A)	平均峰面积(M)	R_{sd}
	1				
	2				
	3				
	4				
	5				

检查人/日期：　　　　　　　　复核人/日期：

（7）验证结果综合评价

（8）偏差说明及措施

（9）验证小组人员签字/日期

（10）偏差处理及验证总结报告　在整个验证工作全部结束后，起草验证方案的部门负责对验证工作进行总结，并做出科学的评价，对验证结果评价包括以下内容。

① 验证活动是否有遗漏。

② 验证实施过程中对验证方案有无修改；修改的原因、依据及是否经过批准。

③ 验证记录是否完整。

④ 验证试验结果是否符合规定；偏差及对偏差的说明是否合理；是否需要进一步补充试验；验证结果由验证小组审核，验证报告经验证小组组长批准后生效。

（11）再验证要求

① 再验证周期

a. 设备大修后需再校验。

b. 由于检修、调整、迁移或其他原因，可能对设备的安装情况、主要技术参数和

功能有影响时，应进行再验证。

c. 由于温度变化、机械振动或腐蚀作用及其他原因可能使设备的某些性能随时间而变化，应进行周期性再验证。

d. 气相色谱仪的验证周期不得超过一年，更换部件或对仪器性能有怀疑时，应随时验证。

② 再验证内容 进行设备的再校验，可针对设备性能中部分必需的项目进行再验证，而不一定要进行全面验证。

（二）检验方法的验证

检验方法的验证不一一列举阐述，在此简单介绍一下检验方法验证的基本内容。

检验方法验证的目的是证明所采用的方法达到相应的检测要求。验证的内容主要包括：准确度、精密度、专属性、检测限、定量限、线性范围、粗放性、耐用性。药典或部颁标准中收载的检验方法一般比较成熟，仅做系统适用性试验即可。但新开发的检验方法或某一种法定方法用于另一品种时应进行系统的方法验证。

1. 准确度

准确度是指用该方法测定的结果与真实性接近的程度，一般用回收率表示。至少要取 3 个浓度级别，每个浓度级别至少测定 3 次。计算 9 个测定结果的回收率及相对标准偏差，并且均应在规定限度之内。

2. 精密度

精密度是指在规定测试条件下，同一个均匀样品，经多次取样测定所得结果之间的接近程度。一般用偏差、标准偏差或相对标准偏差（变异系数）表示。

3. 专属性

专属性是指在其他成分（如杂质、降解成分、辅料等）可能存在下，采用的方法能准确测定出被测物的特性。如含量测定中可通过加入一些杂质或辅料至样品中，通过分析证明结果不受影响。

4. 检测限

检测限是指样品中被测物能被检出的最低量。

5. 定量限

定量限是指样品中被测物能被定量测定的最低量，其测量结果应具一定的准确度和精密度。杂质和降解产物用定量方法检测时，应确定定量限。

6. 线性范围

线性范围是指在一定的浓度区间内，测定结果与样品中被测物浓度呈正比关系，并且在此范围内能达到一定的准确度、精密度。

7. 粗放性

检测方法的粗放性是指在不同实验条件下（如不同实验室、不同实验员、不同仪器、不同批的试剂等）对同一样品进行分析所得结果的重现性，应仍在方法规定限度内。

8. 耐用性

耐用性指测定条件有小的变动时，测定结果不受影响的承受程度。如被测溶液的稳定性。

【实训思考题】

1. GC-14C 气相色谱仪的验证内容包括哪些？
2. GC-14C 气相色谱仪的性能验证包括哪些内容？

任务三 清 洁 验 证

【实训目的】

1. 掌握设备清洁的验证内容和方案。
2. 掌握 SYH-600 型三维运动混合机清洗验证内容和方案。

【实训内容】

1. 设备清洁的验证。
2. SYH-600 型三维运动混合机清洗验证。

【实训步骤】

（一）设备清洁验证

1. 清洁的概念及验证目的

在药品生产过程中，绝对意义上的、不含任何残留物的清洁状态是不存在的，相对意义上的概念就是通过有效的清洗，设备中的残留物（包括微生物）量不影响下批产品规定的疗效、质量和安全性的状态。

根据 GMP 要求，在每次更换品种、批号或生产工序完成后，需认真按清洗标准规程，对设备、容器、生产场所进行清洁或灭菌。为正确评估清洗程序的效果，需定期对直接接触药品的设备进行清洗验证。

清洗验证实质上是生产工艺验证的一个组成部分，尤其对设备的清洁、清场是防止交叉污染的手段。生产过程中的污染源通常反映以下情况。

① 细菌、霉菌、酵母菌等微生物。

② 在生产工艺过程中产生的气体、蒸汽以及粉尘等。

③ 有关于生产方面的原材料，中间体、成品等夹带的杂质。

④ 灰尘、其他自然产生的各种废物。

⑤ 环境、机器设备、工具上所沾的残余物以及操作人员衣服上所沾着的物质。

例如：在固体制剂生产过程中，由于存在粉尘飞扬和固体残留物，因此在更换品种时极易造成微量污染，主要污染来自设备清洗不彻底。这些污染包括活性成分及其衍生物、辅料、清洗剂、微生物、润滑剂、环境污染物质、冲洗水中残留的异物及设备运行过程中释放出的异物。

设备清洗验证是指采用化学试验等手段来证明设备按规定的清洗程序清洗后，设备上残留的污染物数量符合规定的限度标准要求，清除了生产产品受前批产品遗留物及清洗过程中所带来的交叉混杂或交叉污染。从而确保物料（或产品）的品质符合质量标准要求，给患者提供安全、纯净、有效的药品。因此清洗验证首先必须对直接接触物料的生产设备和容器具制定切实有效的清洁程序（标准清洗操作规程），并按其程序进行验证。验证目的旨在证明通过设定的清洗程序进行清洁后可以达到的"洁净"状态。

2. 清洗程序的建立

即制订清洁规程，不管采用何种清洗方法，都必须制订一份详细的书面规程，规定每一台设备的清洗程序，从而保证每个操作人员都能以可以重复的方式对其清洗并获得相同的清洁效果。

清洗程序一般应包括以下几个方面的内容。

（1）清洗原则　在什么情况下必须对设备和容器进行清洗，在清洗程序中应有明确规定，通常可考虑以下几种情况：

——设备和容器连续使用一段时间后；

——当物料出现质量问题时；

——设备检修前后；

——设备和容器静置超过一定时间后，在重新使用前；

——每批生产结束时或更换品种时。

（2）清洗剂的类型　物料的化学性质不同，其清洗剂类型的选择也会不同，因此在清洗程序中要将所用清洗剂一一列出。

（3）清洗方法和步骤　设备不同，清洗的方法和步骤亦将随之不同，因此应在各自的清洗程序中作详细的叙述。

——清洗用的工具；

——清洗操作的顺序、方法、要求；

——清洗的地点；

——清洗后设备的恢复和管理。

（4）清洗后的检查验收　清洗后的检查验收，可由车间专职质量管理人员负责进行，一般采用目视检查法。

检查的内容包括：

——清洗记录是否完整，填写是否符合规定（清洗的设备名称、编号、清洗日期、清洗方法依据、清洗者签字等）；

——清洗和设备或容器是否有"已清洗"标志；

——设备或容器的内表面是否清洁。

检查验收结束后，检查人员应在清洗记录上签名认可，如果清洗后的设备或容器还须进行验证，则可在检查验收之后，履行请验程序。

3. 清洗验证内容

（1）清洗验证方案的确定　确定清洗验证方案的内容如下：

——确定需进行验证的过程、设备和部位；

——确定需清洗时间、清洗液种类及用量；

——确定需测试的内容和标准；

——建立取样和化验方法；

——设计清洗操作规程草案和数据分析的方法。

在实际的清洗验证中，如果要对每个工艺过程，每个设备，每个清洁步骤都进行清洗验证，则要耗费大量的人力、物力、时间和精力，而且几乎是不可能做到的，所以通常是采用如下做法。

① 确定最难清洁的物质；如存在两种以上活性物成分时，其中最难溶解的成分即可作为最难清洁物论处，选定为清洁验证的效果评价的"参照物"。

② 按产品和设备分类。

③ 根据分类，选择"最劣工况"进行清洗验证。因为，如果"最劣工况"的清洗验证都能通过，则说明最难清洗的部位已得到清洁，对其他部位的清洁应没有问题。

清洗应包括操作室及设备清洗，两者均包括同品种的换批清洗和换品种的清洗。同品种不同批之间的清洗主要考查洗后的直观效果，不作为验证项目。

设备在设计时要注意到设备应易于清洗，特别是提倡在线清洗自动化功能，即指系统或设备在原安装位置不作任何移动条件下的清洗工作。拆装清洗的设备要易于拆装。

（2）清洗验证的实施内容

① 建立标准清洗操作规程　清洗验证实际就是对标准清洗操作规程的验证。产品不同、设备不同，清洗方法不同，检测方法亦可能不同。因此，通过验证建立合适的设备清洗标准操作规程，验证内容包括清洁部位、清洗顺序，清洗时间、清洗液用量，洗涤剂的种类和用量等。同时确定抽样方法和检测方法。

② 抽样方法的确定　清洗设备及验证抽样都必须与相应的制剂生产环境相同的条件下进行。

③ 设备清洗的具体操作

确认清扫的彻底性：必须清洗的工作室以及有关的机械设备等，为了防止在生产中误用，要确切做好下列几项工作：

——对"已清洗"、"清洗中"要有标示牌表示状态；

——没有"已清洗"等标牌的器物，一律不得使用；

——生产开始前，必须再次检查确认清洗记录。

清洗剂的选择：需要清洗的设备，根据机械的结构、材料的性质以及被洗药品的物性，作适当的选择。

洗涤工具：作为洗涤所用的工具，要注意采用适应各自特点。需要清洗设备，根据其机械结构、材料的质地，作合适的选择。

服装及试验用工具：清洁工作中要求操作者或抽检人员、试验操作人员的工作服的清洁度符合 GMP 要求，同时对试验工具及抽样工具亦必须洁净，否则将会引起清洗评价不合格。

防止清洁后的污染：清洗以后的机械及零件，在保持清洁防止污染的同时，必须确认在启用时是不污染的。

④ 清洁的检测方法及可接受标准限度　检测方法的确定亦是清洗验证中重要的一项，清洗的最终评价根据产品活性成分及洗涤剂的残留量，所以，检测方法必须与被检出的物质的性质有特定的相关性，较高的灵敏度及操作方便性等。检出结果应规定最高限量或不得检出。

4. 清洗验证的评价

（1）清洗的化学验证　残留量限度的确定。残留限度是评价清洗程序是否适用、有效的标志，因此它的确定在建立清洗程序是重要的。限度过宽，会丧失对清洗有效性的保证；限度过严，又会对清洗操作增加许多不必要的苛求，因此，需特别重视残留量限度的确定。

（2）清洗的微生物验证　清洗的微生物验证应该与清洗的化学验证同步进行，即在进行化学验证的同时，进行微生物验证，目的两种验证时的验证对象处在同等状态，从而保证验证结果的真实。

5. 清洗验证结论

总结验证结果，整理验证报告，由验证小组成员评价验证报告内容和结论。

6. 清洗验证文件

（1）验证方案内容

（2）验证实施

（3）验证报告：对验证结果进行小结和评价、审批

7. 清洗程序的再验证

如果存在下列情形之一时，须进行设备清洁程序的再验证。

（1）清洁程序作重要修改

（2）生产的产品有所改变

（3）设备形状有重大变更

（二）SYH-600型三维运动混合机清洗的验证

1. 验证方案目录

（1）验证方案的起草与审批

① 验证方案的起草

② 验证方案的审批

（2）验证小组成员名单

（3）时间进度表

（4）概述

（5）验证目的

（6）清洁标准操作规程

（7）关键部位和参照产品

① 关键部位

② 参照产品

（8）验证方法

① 物理外观检查

② 化学测定

a. 考核指标的确定

b. 取样方法

c. 检验方法

（9）验证接受标准及检查结果

（10）再验证

① 变更后再验证

② 验证周期

（11）最终评价及验证报告

2. 验证方案内容

（1）验证方案的起草与审批

① 验证方案的起草（表 2-24）

表 2-24　验证方案起草

设备名称	验证方案编号
SYH-600 型三维运动混合机清洗验证	SMP-VT-039-00
起草人	部　门	日　期

② 验证方案的审批（表 2-25）

表 2-25　验证方案审批

审核人	部　门	日　期
批准人	部　门	日　期

（2）验证小组成员名单（表 2-26）

表 2-26　验证小组成员

姓　名	部　门	职　责
×××	生产部	组长负责组织协调工作
×××	口服固体制剂一车间	起草方案，收集、整理数据，写验证报告
×××	检验室	负责组织检验工作

（3）时间进度表

（4）概述

SYH-600 型三维运动混合机用于多个产品颗粒的总混，为了防止交叉污染，须对设备的清洗进行验证。本验证以感冒通片总混生产后，按混合机清洁标准操作规程进行清洗，用擦拭法取样，检测设备中人工牛黄的残留物，证实其结果在规定的许可范围之内，不会对下一品种的质量造成影响。

（5）验证目的

通过对本设备的清洗验证，证实设备按其清洁标准操作规程操作能达到设备的清洗要求。

（6）清洁标准操作规程

SYH-600 型三维运动混合机清洁标准操作规程。

（7）关键部位和参照产品

① 关键部位　设备清洗的关键部位设备的边角，即最容易为固体残留物、液体沾污的地方。本设备的关键部位为：混合筒内壁。

② 参照产品

a. 设备生产的一组产品（表 2-27）。

表 2-27　三维运动混合机生产产品

品　　名		活性成分水中溶解性能	批量/kg
盐酸雷尼替丁胶囊		易溶	100
西咪替丁胶囊		微溶	100
诺氟沙星胶囊		极微溶解	100
品　　名		活性成分水中溶解性能	批量/kg
感冒通片	人工牛黄	主要活性成分不溶	57.2
	双氯芬酸钠	略溶	62
	马来酸氯苯那敏	易溶	10
维生素 B$_6$ 片		易溶	40
吡嗪酰胺片		略溶	250

b. 选择参照产品　最难清洗的产品即选在水中溶解度最小的产品，所以参照产品定感冒通片中的人工牛黄，在设备生产该产品结束后，进行清洗验证。

（8）验证方法

① 物理外观检查　参照产品（感冒通片）总混生产，按规定的清洁程序清洗设备，检查应无人工牛黄残留物及残留气味。

② 化学检测

a. 考核指标的确定　任何产品不能受到前一产品带来超过其 10ppm（1ppm ＝ 10^{-6}）的污染。本验证中，其他产品每千克中允许含有人工牛黄 10mg，即 10ppm。

b. 参数的选择

A：一组产品中最小批量——40kg

B：棉签取样面积——25cm²

C：设备与物料直接接触的总面积——18000cm²

D：取样的有效性（棉签所取样品被洗脱的百分率）——50％

允许残留量的计算：

$$10 \times A \times \frac{B}{C} \times D = 10\text{ppm} \times 40\text{kg} \times \frac{25}{18000} \times 50\% = 0.3\text{mg}/25\text{cm}^2$$

即在 25cm² 取样面积内，棉签擦拭后检验出人工牛黄残留量小于 0.3mg 则可认为按混合机清洁标准操作规程操作达到设备的清洗要求。

③ 取样方法：用在 60％乙酸中润湿的棉签擦拭设备的关键部位，取样面积 25cm²，然后进行分析试验。

④ 检验方法：用 10mL 60％ 乙酸（含湿润棉签用的乙酸）溶解棉签内残留物，取上清液作为供试品溶液；另取人工牛黄对照品 15mg，用 500mL 60％ 乙酸使溶解，取上清液作对照品溶液。按照感冒通片质量标准进行试验，如供试品溶液显色，与对照品溶液颜色比较，不得更深（10ppm）。

（9）验证接受标准及检查结果（表 2-28）

表 2-28　三维运动混合机清洁验证标准及检查结果

项目	接受标准	批　号								
		1号	2号	3号	1号	2号	3号	1号	2号	3号
化学测定残留药物	残留量≤0.3mg/25cm²									
物理外观检查	残留物及残留气味									

检查人：　　　　　　　　　　　　　　日期：

（10）再验证

① 变更后再验证　由于清洗时间、顺序、清洗使用的工具、洗涤剂的种类及用量改变时，应对设备的清洗进行验证。

② 验证周期　正常情况下，验证周期为 2 年。

（11）最终评价及验证报告　在整个验证工作全部结束后，起草验证方案的部门负责对验证工作进行总结，并做出科学的评价。

【实训思考题】

1. 设备清洗验证包括哪些方面？

2. SYH-600 型三维运动混合机参与量如何计算？

任务四　关键工艺验证

【实训目的】

掌握关键工艺片剂的工艺验证。

【实训内容】

片剂的工艺验证。

【实训步骤】　片剂工艺验证涉及的内容很多，在此不一一阐述，只列出目录，从中可以看到工艺验证所涉及的各项工作。

目录

1. 引言

（1）验证小组成员及责任

（2）概述

（3）验证目的

（4）验证依据及采用文件

2. 验证项目、评价方法及标准

（1）人员

① 培训

② 健康检查

（2）生产环境

① 操作间温度和相对湿度

② 操作间尘埃粒子数

③ 操作间微生物计数

④ 操作间、设备、操作人表面微生物计数

⑤ 操作间压差

⑥ 操作间清洁、清场

（3）公用介质

① 纯化水

② 压缩空气

（4）原辅料、包装材料

① 质量

② 贮存条件

（5）设备

① 设备清洁

② 设备维护保养和运行

（6）工艺文件

（7）片剂称量确认

（8）片剂制粒的确认

① 润湿剂的用量

② 快切慢混时间

（9）颗粒干燥的确认

颗粒的干燥温度及时间的测试

（10）批混合的确认

（11）压片的确认

压片机运行速度及压力测试

（12）包衣的确认

包衣机的转速及热风温度的确认

（13）铝塑包装的确认

① 铝塑包装确认的项目和方法

② 铝塑包装运行速度、热封温度、吹泡温度测试及吹泡压力确认

（14）外包装的确认

① 包装规格

② 成品质量检验

③ 包装材料的物料平衡

④ 产成品总物料平衡

（15）质量保证

① 文件完整

② 正确的检验方法

③ 检验结果正确

3. 验证周期

4. 结果评价及建议

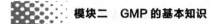

5. 验证报告及验证记录空白样张

6. 验证方案的最终批准

【实训思考题】

1. 片剂工艺验证需要哪些项目？

2. 片剂验证的文件有哪些？

【复习思考题】

1. 简述验证的概念及分类。

2. 验证的基本程序及要求包括哪些内容？

3. 验证的生命周期是怎样的？

4. 厂房与设施的验证需做哪些工作？

5. 应当建立确认与验证的文件和记录，并能以文件和记录证明达到哪些预定的目标？

6. 阐述清洁验证的概念、要求及重要性。

7. 对照例题，写出注射液工艺验证内容。

模块三

GMP 自检与认证

项目一　GMP 自检

项目二　GMP 的认证

项目一　GMP 自检

必备知识

一、GMP 自检概述

自检在 ISO 9001 中称为"内部审核"、"内部审计"，是由企业自主负责组织实施，通常称为第一方审计。GMP 检查时由认证机构负责组织实施，通常称为第三方审计，第二方审计是需方对供方的质量体系进行审核，检查供方质量保证能力。

GMP 自检是指企业内部对药品生产实施 GMP 自我检查，以证实和 GMP 要求的一致性。它是制药企业内部组织的具有独立性 GMP 检查，用以监测所有可能影响产品质量或患者安全的生产活动，以保证质量管理体系的有效运作达到公司在其相应的政策、标准或规程中阐述的目标和要求。药品生产企业为保证生产和质量符合各项规定要求，对 GMP 中各项目进行定期检查，评价药品生产的全过程，发现缺陷，纠正偏差，提出改进建议和措施。

GMP 自检作为《药品生产质量管理规范》中规定的条款之一，其目的是检查和评价企业在生产和质量管理方面是否符合 GMP 要求，是企业执行 GMP 中的一项重要内容，也是日常生产质量管理工作中一项重要的质量活动。多年来的实践证明，企业通过 GMP 自检能够建立起自我改进的管理机制，促使各职能部门更有效地执行 GMP，保证企业的生产质量管理体系持续地保持有效性，并不断地改进和完善。

通过 GMP 自检，查明质量体系的运行情况是否与所执行的 GMP 规范以及企业内控标准相符，以便及时发现存在的偏差，采取必要的纠正措施，从而保证质量体系的有效运行。企业在实施 GMP 自检活动中，程序和现场检查是关键的环节。这就对自检人员的素质提出了较高的要求：除了客观、公正、坚持原则外，还要求其熟练掌握政策法规，有良好的业务能力和分析判断能力，掌握检查方法和技巧，通过运用合适的方法客观的发现缺陷问题。

二、GMP 自检的主要内容

1. GMP 自检年度计划的制订

制订年度计划的目的是保证自检工作能够有计划地实施；便于管理、监督和控制自检；是实施 GMP 自检工作的开始，也是总的工作纲领。

年度工作计划内容：明确自检目的；确定自检范围；明确自检依据；确定自检小组成员；制订自检活动的时间安排等。

2. 自检工作各相关部门职责的确定

（1）企业管理层　应重视和支持自检，其主要职责有：批准自检计划；任命自检小组组长，并给予授权；对自检工作中出现的争议进行仲裁；对自检工作所需要的资源给予保证，如资金、人员等。

（2）质量管理部门或质量保证（QA）部门　承担自检的具体管理工作，负责自检管理的日常事务工作，其职责：编制自检计划并通知相关部门和人员；协调自检工作；准备自检文件；收集自检记录；分析自检结果；组织跟踪缺陷项目的纠正整改措施确认。

（3）其他部门　自检工作中必须得到相关部门的参与和配合，在自检工作中，受检查部门的主要职责有：确认自检规定的检查时间；将自检的目的和范围通知有关员工；指定陪同自检小组的联络员；应自检员要求，为其使用有关设备或证明资料提供便利；在缺陷项目的不符合报告签字确认；制定和实施纠正整改措施；保护自检员的安全。

三、GMP 自检程序的制定与执行

制订自检程序是规范自检过程，确保自检工作的质量和有效性。

GMP 自检管理程序的主要控制点：自检员的规定；自检频次；自检的依据；自检的范围；年度自检计划制定；自检的实施；纠正措施的实施与跟踪确认；有关自检文件的保存。

四、GMP 自检员的选择、培训与管理

自检员应在企业内部接受法规培训，具有相应的资质进行内部 GMP 符合性检查的人，又称为 GMP 内审员，通过医药协会培训，拥有 GMP 自检员岗位证书，对企业实行内审的人员。

一个成功的审计员应该对法律或相关法规熟知，具有良好的沟通能力，诚实、正直、坚持原则，客观，以事实为依据，能仔细检查信息，当被出示与观点相反的证据时能真实改变原观点且不受外界或其他因素干扰。

GMP 自检员的作用：

① 对企业执行 GMP 起监督作用；

② 对企业执行 GMP 的有效执行和改进起参谋作用；

③ 在生产质量管理方面起沟通管理层与员工的渠道作用；

④ 在接受国家 GMP 检查时，起内外接口的作用；

⑤ 在企业有效执行 GMP 时，起带头作用。

GMP 自检员应具有的素质：

① 熟知/理解法律或相关法规的要求；

② 诚实、正直、坚持原则；

③ 具有良好的沟通能力；

④ 具有依据事实进行客观判断的能力；

⑤ 敏锐的观察力；

⑥ 系统的分析能力。

拓展知识

一、自检启动阶段

1. 成立自检小组

任命自检小组组长，组建自检小组。自检小组组长一般由企业质量负责人任命或由其本人担任。自检小组组长主持自检的全过程，对自检工作质量起关键作用。自检小组的组建必须体现其能力，确保自检工作的顺利开展，自检小组组长需根据自检目的、范围、部门、过程以及自检日程安排，明确各成员的分工和要求。

2. 确定自检目的、依据、范围

确定自检目的，即对自检是例行 GMP 自检还是针对某特殊情况的追加 GMP 自检等原因进行说明。

确定自检范围，即检查内容和区域，包括企业的职能部门、产品、需要检查的现场区域、涉及的 GMP 条款等。

确定实施自检的时间和检查的深度，确定本次自检是企业执行 GMP 的符合性的一般检查还是包括对产生缺陷项目的原因进一步跟踪检查。

3. 收集及审阅有关文件、信息

目的是掌握自检的依据，为编制检查表和现场检查获取有用的信息奠定基础。自检时的文件检查，重点是受检部门管理活动的有关程序文件、作业指导书，以及与法律、法规的符合性。在审阅程序文件时，不仅要检查该部门中心工作的程序文件，还要检查与其他部门程序文件的接口是否明确清晰，规定内容是否协调。此外，还应对各部门填写的记录及对应的程序文件进行了解。

二、自检准备阶段

1. 编制自检计划

自检计划是自检小组组长制订的确定自检活动日程安排的指导性文件，自检计划的合理性将影响自检的有效性，对于每一次具体的自检活动，自检小组组长应在收集和审阅文件、信息的基础上编制自检实施计划。

2. 自检小组成员分工

自检小组组长在制定自检计划后，应在现场自检前确定每个自检员的职责，包括作用、自检部门和地点、自检范围等。

3. 准备自检文件

自检文件是指自检员所使用的文件以及相关记录用的文件，包括检查表等。检查表是现场检查前需准备的一个重要工作文件。为提高自检的有效性和效率，自检员一般应根据分工准备现场检查使用的检查表。检查表内容的设计取决于被检查部门的工作范围、职能、抽样方案及自检要求和方法。

4. 准备自检所需资源

为保证现场自检的顺利进行，一般在进行现场自检之前，应准备一些场所、办公设备以及文件等资源。

三、自检实施阶段

自检小组在完成准备工作之后，即展开现场检查工作。现场检查以召开首次会议为开始，根据规范要求、程序文件、检查表和自检实施计划安排，自检员进入现场检查，运用各种检查方法和技巧，收集和记录自检发现，通过对客观证据、自检发现的整理、分析和判断，并经被检查部门确认后，开具缺陷项目不符合项报告，最后以末次会议结束。

1. 现场检查与信息收集

首次会议结束后，应立即转入现场检查阶段。在此阶段自检员的主要任务是制订自检计划、检查表、检查现场，在有限的时间内通过各种方法、手段收集企业执行《药品生产质量管理规范》的相关信息，并对其识别、记录与验证寻找客观证据，根据自检的依据对自检证据进行分析评价，得出自检结论。该阶段是整个自检过程最重要的环节。

在现场检查中，首先要收集客观证据，对收集的检查信息加以识别和记录，客观证据的收集主要通过与受检部门负责人面谈、查阅现行文件及记录、查阅有关文档、现场观察和核对、有关方面统计数据的汇总、分析和评价等途径。

现场自检的记录在提问、交谈、查阅文件和记录、现场观察以及确认时，自检员应做好记录，记录自检中所收集的信息，这些记录是自检员提出报告的基础。

2. 自检发现与汇总分析

自检所述的缺陷项目是指"未满足规定要求"，也可称之为"不符合"或"不合格"。缺陷按性质可分为严重缺陷（关键项目不符合要求者）、一般缺陷（一般项目不符合要求者）。缺陷项目的判定原则为：规定与实际核对的原则、严格依据检查证据的原则。在现场检查时，发现缺陷项目后，自检员应将缺陷事实向受检查部门说清楚，并请受检部门负责人对事实加以确认，对缺陷项目的性质及纠正措施初步交换意见，并达成共识。

从自检要求上，凡是发现的缺陷事实，均应形成缺陷项目的检查发现，即形成不符合项报告。但在最终形成不符合项报告的数量及发现区域时，应作出评审，形成最终的不符合项报告。

在现场检查过程中，当一次自检分为几天进行时，每天自检工作完成后，自检小组成员之间及自检小组与受检查部门之间应进行沟通，以便使自检顺利的开展。沟通方式一般通过自检小组小结会的形式进行。在末次会议之前，自检小组成员要对自检结果进行汇总分析，根据缺陷项目开出不符合项报告，并进行统计分类，以便对受检查部门的生产质量管理工作进行总体评价。

四、自检报告阶段

自检报告是自检小组在结束现场检查工作后必须编制的一份文件，是自检小组组长在规定的时间期限内向企业负责人或质量负责人提交的正式文件，是对自检中检查发现（缺陷项目）的统计、分析、归纳、评价，是对整个自检活动的全面、清晰、准确的叙述。

1. 自检报告的编写

自检报告编写时包括如下内容：

①自检报告编号；②自检的目的和范围；③受检查部门及负责人；④自检的日期；⑤自检小组成员；⑥自检的依据；⑦缺陷项目的观察结果（不合格报告作为附件）；⑧自检工作综述及自检结论；⑨对纠正措施完成的时限要求；⑩自检报告分发范围；⑪自检小组组长签字、日期。

2. 自检报告的批准

自检报告起草完毕后，在提交之前应与受检查部门负责人会稿，取得一致意见后，提交企业质量负责人或企业负责人批准。

3. 自检报告的分发与管理

自检报告经批准后，由文件管理部门按照文件管理相关规定分发至有关部门和人员，自检报告通常发放给企业负责人、受检查部门、受检查部门的上级主管以及质量管理部门等，以便于相关部门了解自检结果，采取纠正和预防措施。

4. 自检结束

自检组完成上述工作后，即宣布自检结束。

五、自检后续活动阶段

1. 纠正措施的制定

责任部门针对造成缺陷项目的原因制定纠正整改措施，填写到《GMP缺陷项目处理单》或《GMP自检不符合项报告》中。纠正整改措施的内容应包括纠正措施的项目、实施步骤、计划完成时间、执行部门或责任人等。

纠正措施制定后，一般由自检小组和相关职能部门进行认可，目的是确保纠正措施实施的有效性；经认可后，还需对纠正措施进行批准，其目的是为纠正措施的实施创造有效条件，确保纠正措施能够有效实施。纠正措施一般由企业质量负责人批准，如果纠正措施涉及几个部门，企业质量负责人需要加以协调，必要时报请企业生产负责人批准。经批准后的纠正措施，可由相关部门和人员付诸实施。

2. 纠正措施的跟踪确认

纠正措施完成后，自检小组应对纠正措施完成情况进行确认，跟踪自检应由原自检员进行，所有跟踪自检的情况均应记录在缺陷项目的不符合项报告中的相应栏目。

自检小组针对缺陷项目进行了跟踪验证以后，确认其有效性，在纠正措施确认记录中填写确认结论并签字确认，这项缺陷项目就可宣布关闭。在所有缺陷项目的不符合报告的纠正措施按计划完成后，自检小组收集全部的纠正措施执行情况和确认结果，根据需要形成跟踪自检报告，经企业质量负责人或企业负责人批准后发放。

3. 自检工作总结

每一轮自检结束后或按年度计划完成对所有部门或条款的自检后，自检小组组长应组织自检小组成员对自检情况做出总结，编制年度自检报告，并向企业负责人报告自检情况，收集、整理和移交自检文件。

实践项目

任务一　注射剂自检提纲

1. SOP检查

（1）有部门SOP索引和全套SOP。

（2）SOP须按照索引进行组织。

2. 人员

（1）培训记录须完整且更新情况。

（2）上一年中须有下列培训：GMP、SOP、无菌生产操作技术。

（3）了解相关人员是否具备了自己的岗位知识。

（4）在洁净室操作时，按照有关SOP准确着装。

① 观察人员更衣，准确按照SOP进行。

② 每一更衣室须有准备好的工作服。

③ 检查准备好的工作服：包装封口、包装标签上有有效期、包装灭菌方法、灭菌须符合有关GMP要求。

3. 设施

（1）设施维护良好，并保持整洁，有足够的空间摆放设备和便于操作。

（2）记录以证明设施和设备按有关SOP进行了清洁。

（3）清洁剂应有标签，并标明其来自于库房。

① 所用的清洁溶液须与SOP要求一致。

② 清洁溶液按SOP要求标明其有效期。

③ 有完整的配制记录。

（4）检查工作结束有清场，并有清场记录。

4. 设备操作

（1）设备设计选型符合要求。

（2）与产品接触的表面不与产品发生反应、不吸附产品、不污染产品或以任何形式影响产品。

（3）主要设备及部件有专门清洁程序。

（4）检查设备记录：包括职责卡和清洁清单。

（5）设备须有清洁状态标志。

（6）物料须从传递窗进入洁净区 SOP。

（7）应有报警装置以预防进入洁净区和非洁净区的门同时打开：传递窗、蒸汽灭菌柜、灭菌烘箱。

（8）有经批准和验证过的装载方式并按此执行：蒸汽灭菌柜和灭菌烘箱。

（9）检查蒸汽灭菌柜的灭菌操作记录图，时间和温度参数须符合相关 SOP 的要求。

（10）蒸汽灭菌柜的通风过滤器的维护记录完整：更换频率、完整性测试结果、记录符合 SOP 要求。

5. 生产程序

（1）检查称量设备（天平）的核对记录：记录完整、准确；结果在规格标准之内。

（2）核对所用的砝码：维护良好、有有效的校准标志。

（3）工作区有标明生产的产品的名称和批号。

（4）产品和组分暴露区域的空气级别应符合规定。

（5）已灭菌的组分超过时间限度后应搬出清洁区。

（6）除菌过滤器应经核实再用（按相关 SOP 进行核实），除菌过滤器使用前后需进行完整性测试并有记录。

① 有文件证明每批除菌滤器均通过了细菌阻留挑战性测试。

② 除菌滤器应经过验证并有验证报告。

（7）所有容器和器具都有洁净状态标志。

（8）容器标有产品、批号和工艺步骤。

（9）检查处于生产中的工作站：现场的生产指令、生产指令齐全、严格按照生产指令执行、实时填写记录和签名。

（10）半成品溶液的存放时间符合 SOP。

（11）用于调节 pH 的溶液有配制记录：记录需有两个人的签名，按照书面程序记录。

（12）洁净室操作人员的灌装操作，包括设备的设置，须按照相关 SOP 进行无菌操作。

6. 批生产记录

（1）检查正在生产产品的批记录。

① 主配方是从原始文件复印并有签名。

② 对已完成的操作，记录完全、准确。

③ 无菌过滤开始和结束时间应有记录。

④ 配制到灭菌结束时间应控制在规定的范围之内并有记录。

⑤ 所有相关的灭菌图表经标记、核实、认可，并附于批记录。

（2）选定最近签发的 3 批产品检查。

① 批文件应能迅速获得并容易检索。

② 有关信息的填写完全、准确：原料的称量、生产方法、灭菌及冻干图、工艺控

制、包装标准、实验室结果、生产改变报告（如果有变异）。

（3）选定最近签发的 3 批产品检查。

① 工艺控制结果应符合规格标准，如果不符合，对采取的措施应有记录。

② 每一生产步骤的产量计算应符合相关的 SOP，如果不符合，应有生产改变报告并作调查。

③ 在每一生产步骤都应进行产量计算：混合、过滤、灌装、目测、贴签、包装。

（4）选定最近签发的 3 批产品检查。

① 产量计算应由两人核实。

② 有清场记录。

③ 对填写记录的修改应符合要求并签名。

④ 环境检测结果符合规格标准，如果不符合，应采取适当的措施。

⑤ 实验室测试结果符合规格标准，如果不符合，应采取适当的措施。

⑥ 所有批记录均经 QA 人员审核、签名和日期、并作出处理（发放或拒绝）决定。

7. 关键系统

（1）下列系统应有验证或校准标签，并标明在有效期内：纯蒸汽系统、注射用水系统、HVAC 系统、压缩空气系统、氮气系统。

（2）检查上述系统的维修保养记录，包括整个历史：过滤器的更换、过滤器完整性测试数据、系统的灭菌、系统的清洁及钝化。

（3）检查注射用水的温度和导电率记录符合相关的 SOP 的要求，如果不符合，有文件证明采取了措施。

8. 监测

（1）压力、温度和相对湿度监测探头应有有效的校准标签。

（2）检查上月的压力、温度和相对湿度记录是否符合相关 SOP 所述的规格标准，记录应符合相关 SOP 的要求。

（3）检查控制生产区的空气取样计划：微生物监测应在计划规定的取样点，粒子监测应在计划规定的取样点。

（4）取样人员对取样时间和方法应有足够的知识。

（5）3 个月的微生物监测结果：监测频率、测试、结果等应符合相关 SOP 要求。

（6）检查上一年度空气监测变化的结果：符合相关的规格标准，如果不符合，应有采取措施的记录。

（7）检查全年对无菌压缩空气和氮气的测试记录：应符合相关的规格标准，如果不符合，应有采取措施的记录。

（8）检查全年空气流速测试的结果：应符合相关的规格标准，如果不符合，应有采取措施的记录。

（9）对无菌溶液按照相关 SOP 要求的频率进行生物负荷监测。

（10）检查注射用水监测结果：应符合相关的规格标准，如果不符合，应有采取措施的记录。

（11）检查纯蒸汽监测结果：应符合相关的规格标准、如果不符合，应有采取措施的记录。

9. 设备验证

（1）有经认可的所有生产设备和关键系统的年度验证计划，并按计划执行。

（2）每一个设备或系统，检查其 IQ、OQ、PQ 报告。

① 设备应有独有的编号便于识别。

② 设备或系统中的关键仪器应有有效的验证标签。

③ 核实设备或系统的仪器包括在验证报告中。

（3）验证报告应完整，并表明设备或系统是按重复和可靠的方式运行，验证报告有经有关人员认可，报告填写完全、准确。

（4）无菌培养基灌装操作按相关 SOP 进行。

① 有文件证明在过去的一年里所有班次的人员都参加了培养基灌装试验。

② 检查在过去一年里进行培养基灌装试验结果。核对每一产品班组、每一灌装间和设施，试验结果表明工艺处于控制之下。

③ 当培养基灌装试验失败时，按照相关 SOP 采取了措施并有文件记录。

10. 生产管理系统自检主要内容及易出现的问题

（1）生产工艺规程的执行情况。

（2）生产岗位操作法、SOP（标准操作规程）的执行情况。

（3）生产过程按工艺质量控制点要求进行中间检查。

（4）批生产及包装记录的记载及管理情况。

（5）生产工艺用水定期进行检查及验证情况。

（6）生产现场环境卫生、工艺卫生执行情况。

（7）清场制度执行情况及清场记录。

（8）不合格品处理情况。

（9）断电等突发事故的处理情况。

（10）原辅料及包装材料的领取发放、管理情况。

（11）空气净化系统的维护、使用情况，维修保养、运行记录。

（12）工艺用水系统的维护、使用情况，维修保养、运行记录。

（13）设备的维护、使用情况，维修保养、运行记录。

（14）计量器具的校验。

【复习思考题】

1. 什么是 GMP 自检？

2. 简述自检管理的要点。

3. 什么是 GMP 自检员？自检员应具备的素质有哪些？

4. 一般的自检程序是怎样的？

5. 阐述 GMP 自检的重要性。

项目二　GMP 的认证

【知识目标】
1. 掌握 GMP 认证程序。
2. 熟悉 GMP 认证申报资料。
3. 了解 GMP 认证中存在的问题。

【能力目标】
知道 GMP 认证程序，能填写 GMP 认证申请书及申报资料的整理。

必备知识

一、GMP 的申报

1. 认证的法律依据

国家食品药品监督管理局于 2011 年 8 月 2 日印发了《药品生产质量管理规范认证管理办法的通知》，第一条即说明了本通知的法律依据为《中华人民共和国药品管理法》和《中华人民共和国药品管理法实施条例》。《药品管理法》中规定："药品生产企业必须按照国务院药品监督管理部门依据本法制定的《药品生产质量管理规范》组织生产。药品监督管理部门按照规定对药品生产企业是否符合《药品生产质量管理规范》的要求进行认证；对认证合格的，发给认证证书。"下列几种情况均需申请 GMP 的认证。

——新开办药品生产企业或药品生产企业新增生产范围、新建车间的，应当按照《药品管理法实施条例》的规定申请药品 GMP 认证。

——已取得《药品 GMP 证书》的药品生产企业应在证书有效期届满前 6 个月，重新申请药品 GMP 认证。

——药品生产企业改建、扩建车间或生产线的，应按本办法重新申请药品 GMP 认证。

2. GMP 认证的资料申报

药品 GMP 认证申请需准备如下资料：企业总体情况，企业的质量管理体系，人员，厂房、设施和设备，文件，生产，质量控制，发运、投诉和召回，自检。

（1）企业总体情况

① 企业信息。

a. 企业名称、注册地址。

b. 企业生产地址、邮政编码。

c. 联系人、传真、联系电话（包括出现严重药害事件或召回事件的24h的联系人、联系电话）。

② 企业的药品生产情况。

a. 简述企业获得（食品）药品监督管理部门批准的生产活动，包括进口分包装、出口以及获得国外许可的药品信息。

b. 营业执照、药品生产许可证，涉及出口的需附上境外机构颁发的相关证明文件的复印件。

c. 获得批准文号的所有品种（可分不同地址的厂区来填写，并注明是否常年生产，近三年的产量列表作为附件）。

d. 生产地址是否有处理高毒性、性激素类药物等高活性、高致敏性物料的操作，如有应当列出，并应在附件中予以标注。

③ 本次药品GMP认证申请的范围。

a. 列出本次申请药品GMP认证的生产线，生产剂型、品种并附相关产品的注册批准文件的复印件。

b. 最近一次（食品）药品监督管理部门对该生产线的检查情况（包括检查日期、检查结果、缺陷及整改情况，并附相关的药品GMP证书）。如该生产线经过境外的药品GMP检查，需一并提供其检查情况。

④ 上次药品GMP认证以来的主要变更情况　简述上次认证检查后关键人员、设备设施、品种的变更情况。

（2）企业的质量管理体系

① 企业质量管理体系的描述。

a. 质量管理体系的相关管理责任，包括高层管理者、质量管理负责人、质量受权人和质量保证部门的职责。

b. 简要描述质量管理体系的要素，如组织机构、主要程序、过程等。

② 成品放行程序　放行程序的总体描述以及负责放行人员的基本情况（资历等）。

③ 供应商管理及委托生产、委托检验的情况。

a. 概述供应商管理的要求，以及在评估、考核中使用到的质量风险管理方法。

b. 简述委托生产的情况。

c. 简述委托检验的情况。

④ 企业的质量风险管理措施。

a. 简述企业的质量风险管理方针。

b. 质量风险管理活动的范围和重点，以及在质量风险管理体系下进行风险识别、评价、控制、沟通和审核的过程。

⑤ 年度产品质量回顾分析　企业进行年度产品质量回顾分析的情况以及考察的重点。

（3）人员

① 包含质量保证、生产和质量控制的组织机构图（包括高层管理者），以及质量保证、生产和质量控制部门各自的组织机构图。

② 企业关键人员及从事质量保证、生产、质量控制主要技术人员的资历。

③ 质量保证、生产、质量控制、贮存和发运等各部门的员工数。

（4）厂房、设施和设备

① 厂房。

a. 简要描述建筑物的建成和使用时间、类型（包括结构以及内外表面的材质等）、场地的面积。

b. 厂区总平面布局图、生产区域的平面布局图和流向图，标明比例。应标注房间的洁净级别、相邻房间的压差，并且能指示房间所进行的生产活动。

c. 简要描述申请认证范围所有生产线的布局情况。

d. 仓库、贮存区域以及特殊贮存条件进行简要描述。

② 空调净化系统的简要描述　空调净化系统的工作原理、设计标准和运行情况，如进风、温度、湿度、压差、换气次数、回风利用率等。

③ 水系统的简要描述　水系统的工作原理、设计标准和运行情况及示意图。

④ 其他公用设施的简要描述　其他的公用设施，如压缩空气、氮气等的工作原理、设计标准以及运行情况。

⑤ 设备。

a. 列出生产和检验用主要仪器、设备。

b. 清洗和消毒：简述清洗、消毒与药品直接接触设备表面使用的方法及验证情况。

c. 与药品生产质量相关的关键计算机化系统；简述与药品生产质量相关的关键的计算机化系统的设计、使用验证情况。

（5）文件

① 描述企业的文件系统。

② 简要描述文件的起草、修订、批准、发放、控制和存档系统。

（6）生产

① 生产的产品情况。

a. 所生产的产品情况综述（简述）。

b. 本次申请认证剂型及品种的工艺流程图，并注明主要质量控制点与项目。

② 工艺验证。

a. 简要描述工艺验证的原则及总体情况。

b. 简述返工、重新加工的原则。

③ 物料管理和仓储。

a. 原辅料、包装材料、半成品、成品的处理，如取样、待检、放行和贮存。

b. 不合格物料和产品的处理。

（7）质量控制　描述企业质量控制实验室所进行的所有活动，包括检验标准、方法、验证等情况。

（8）发运、投诉和召回

① 发运。

a. 简要描述产品在运输过程中所需的控制，如温度/湿度控制。

b. 确保产品可追踪性的方法。

② 投诉和召回：简要描述处理投诉和召回的程序。

（9）自检　简要描述自检系统，重点说明计划检查中的区域选择标准，自检的实施和整改情况。

3. GMP申报中存在的问题

GMP申报中申请表是申请情况的基础体现，但申请人往往在申请表的提交及内容填写方面出现问题较多，主要列举如下。

（1）未正确使用报盘软件填写申请表　如提供的电子信息不能导入SFDA行政受理服务中心受理系统，或生成电子报盘时未同时使用该软件打印申请表，导致提供的纸质信息与电子信息内容不匹配。

（2）忽略申报信息的前后一致性　如企业名称、注册地址、生产地址等信息填写未能与《药品生产许可证》、《营业执照》中的内容一致。

（3）认证范围不明确　认证范围要包含在《药品生产许可证》的生产范围中，填写要严格参照填表说明的要求，如对于认证剂型有两个以上生产地址的，还要注明相应生产地址的认证剂型。

（4）认证生产线条数填写与实际情况不符　准确填写本次认证生产线条数，该项内容将作为本次认证收费的依据。

（5）未能按要求提供相应附件材料　申请表后附的企业生产剂型和品种表，为企业生产范围全部剂型和品种表，而非本次申请认证范围剂型和品种表，且表中填写的药品名称、规格、药品批准文号及标准等信息与申报资料中的相应内容前后一致。

二、GMP认证检查

1. 认证程序

（1）认证申请　申请药品GMP认证的药品生产企业（车间）或药品品种，按照《中国药品认证、委员会认证管理办法》第四条规定，填写《药品GMP认证申请书》，准备有关资料，一并报中国药品认证委员会秘书处（以下简称秘书处），收取药品GMP认证申请费。

（2）资料审查　药品GMP检查办公室对申报的《药品GMP认证申请书》和有关资料进行审查，提出处理意见，报经秘书处批准。

① 申报的《药品GMP认证申请书》和有关资料符合规定的，药品GMP检查办公室制订药品GMP认证现场检查方案，发《药品GMP认证现场检查通知书》，收取药品GMP认证检查费。

② 申报资料不能满足审查要求的，发《药品GMP认证补充资料通知书》。

③ 有下列情形之一的不予受理，发《药品GMP认证不受理通知书》，并将《药品GMP认证申请书》和有关资料退回：

——无《药品生产企业许可证》、《药品生产企业合格证》或药品批准文号的；

——新开办药品生产企业无国家卫生行政等部门批准立项文件的；

——省、自治区、直辖市药品标准收载的药品品种；

——试行药品标准的药品品种；

——其他不符合有关规定的。

（3）现场检查

① 现场检查方案　药品 GMP 认证现场检查方案应包括以下主要内容：

——现场检查的日期及日程安排。

——检查项目和检查方法。

——检查组成员及工作分工。

② 现场检查组　药品 GMP 认证现场检查组一般由 3～5 人组成，省、自治区、直辖市药品监督管理部门可选派一名观察员参加，检查组组长主持现场检查期间检查组的工作。

药品 GMP 检查员应回避本辖区内药品 GMP 认证申请单位的现场检查。

③ 现场检查步骤

a. 首次会议　内容主要为介绍检查组成员；确认检查范围；落实日程安排；确定陪同人员；确保检查所需要的资料与记录等。

b. 现场检查　通过现场参观、检查、提问、查阅文件和记录、谈话、抽样等方式，调查和收集评定的证据。

c. 检查评定　检查组按照检查项目和检查评定标准对检查范围内施行药品 GMP 的情况逐项作出评定。评定结果，撰写药品 GMP 认证现场检查不合格项目情况和药品 GMP 认证现场检查报告。检查评定期间，药品生产企业的人员应予回避。

d. 末次会议　检查组向药品生产企业说明现场检查评定情况，交换意见。药品 GMP 认证现场检查不合格项目情况经检查组全体成员签名及药品生产企业质量控制负责人的认可签名后，双方各持 1 份。

对有争议的问题，必要时可再核实。双方不能协调的问题，检查组须作好记录并经双方签字，各持 1 份。

④ 抽取样品　药品 GMP 现场检查期间按《中国药品认证委员会认证管理办法》规定抽取样品。

每个品种一般按 3 批抽取，不足部分从流通环节抽取。药品品种认证的，现场和流通环节各抽取 3 批。

⑤ 现场检查报告　药品 GMP 认证现场检查组完成现场检查后，向药品 GMP 检查办公室呈交《药品 GMP 认证现场检查报告》和其他有关现场检查资料及抽取的样品。

现场检查报告应对被检查单位严重缺陷、较严重缺陷、轻微缺陷及尚需完善方面的情况以及其他需要说明的问题客观准确的加以论述。根据检查评定标准作出"推荐"、"推迟推荐"或"不推荐"的综合评定结果。现场检查报告须经检查组全体成员签字。

药品 GMP 检查办公室对现场检查报告进行审核后报秘书处。

⑥ 预备性检查　实施药品 GMP 认证现场检查前，如有必要，可对药品生产企业（车间）进行预备性检查。预备性检查的程序同现场检查。

⑦ 追踪现场检查　对药品 GMP 认证整改的，可根据需要实施追踪现场检查。追踪现场检查程序与现场检查程序相同，重点为整改情况的检查。

药品 GMP 检查办公室对药品生产企业的整改报告进行审查，发《药品 GMP 认证追踪现场检查通知书》，收取药品 GMP 认证检查费，组织原检查组进行追踪现场检查。

（4）认证检验　药品 GMP 认证所抽取的样品须经药品 GMP 检查办公室和检验协

调处进行复核，由检验协调处组织实施认证检验。

检验协调处对药品GMP认证检验机构出具的检验报告进行审核，并收取药品检验费。

（5）综合评定　秘书处对现场检查报告、追踪现场检查报告及评定结果、检验结果及审核意见进行审查，作出综合评定。

综合评定结果为"推荐"的，向药品生产企业以《关于药品GMP认证情况的通报》。

综合评定结果为"推迟推荐"的，发《药品GMP认证整改通知书》。

限期整改时间不得超过6个月。对认证检验不合格的，整改后须重新抽取样品进行认证检验。

结合评定结果为"不推荐"的，由秘书处发《药品GMP认证结果通知书》。

（6）审批　根据综合评定结果，由秘书长组织召开认证委员会全体或部分委员参加的审评会，对秘书处呈报的综合评定结果进行审评，报药品认证委员会主任委员签发。

特殊情况由秘书长、副秘书长审定，报主任委员签发。

（7）颁发证书　批准药品GMP认证的，由秘书处颁发《药品GMP认证证书》和标志，收取批准费、年金。

批准药品GMP认证的企业（车间）和药品品种，由中国药品认证委员会发布公告。

（8）认证终止　综合评定结果为"不推荐"的，逾期未报送补充资料、整改报告的，不交纳有关认证费用以及其他需要终止认证的情况，由秘书处发《药品GMP认证终止通知书》。

（9）证后监督　药品认证委员会对获准药品GMP认证的药品生产企业（车间）和药品品种实行认证后监督。

认证后监督分为定期和不定期的监督性现场检查。定期监督检查每两年1次；不定期监督检查视需要，由有关处室提出监督检查意见，报秘书处批准后实施。

（10）证书的效期与延长　《药品GMP认证证书》有效期为5年，逾期前6个月可向认证委员会提出申请报告。获准延长认证有效期的程序，与初次认证程序相同。

根据以上程序，简要见图3-1。

2. GMP现场检查

药品GMP认证检查机构应当制定现场检查工作方案，组织实施现场检查并通知申请企业。

现场检查为组长负责制，检查组成员一般不得少于3名，并遵循本辖区回避原则从药品GMP库随机选取。参加现场检查的检查员应熟悉了解相应专业知识，必要时聘请学科专家参加现场检查。现场检查时间原则上为3～5天。

现场检查开始时，检查组应与被检查企业确认检查范围，落实检查日程，宣布检查纪律和注意事项，检查组成员应向被检查企业出示药品GMP检查员证。被检查企业应介绍企业的基本情况，并确定企业的检查陪同人员。

检查员应按照药品GMP要求对企业实施药品GMP情况进行检查，如实做好检查

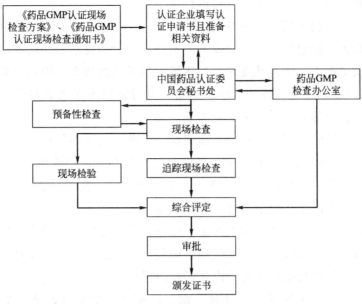

图 3-1　药品 GMP 认证程序

记录。现场检查情况由检查组长组织评定，做出综合评定意见，撰写现场检查报告。评定汇总期间，被检查企业人员应回避。

现场检查结束，检查组应向被检查企业通报现场检查情况，企业如对检查情况持有异议可作适当说明。

检查中发现有缺陷，经检查组全体成员和被检查企业负责人签字，双方各执一份。如有不能达成共识的问题，检查组应做好记录并经检查组全体成员和被检查企业负责人签字，双方各执一份。所有记录及相关材料应在检查工作结束后的 10 个工作日内报送现场检查派出机构。

判定结果如为"不合格"的，本次认证检查不予通过，药品生产企业需重新提出药品 GMP 认证申请。

3. 认证中存在的问题

（1）对验证的认识不足　验证是保证药品质量均一、稳定性的重要手段。通过验证证明药品生产操作控制可行性和稳定性，工艺参数规定的合理性，检验方法的可靠性，从而保证产品质量。但有些企业在验证工作中带有盲目性或应对性。盲目性是不明白验证的目的是什么，选择验证的项目和控制参数脱离本企业的实际，模仿其他企业或一些参考资料。应对性是为了认证而验证，方案及验证内容粗糙，有些仅做一组数据，没有重现性，验证的结果不能证明设备操作的可靠性和工艺规程的合理性。

（2）重硬件，轻软件　通过推行 GMP，我国制药企业的管理水平和药品质量有了大幅度的提高，绝大多数企业新建了生产厂房或对原厂房进行了改造，生产设备得到了更新换代，生产自动化水平不断提升。但是药品生产企业在实施 GMP 的认识和理解上仍存在一定差距，出现了重硬件、轻软件、轻管理的现象。某些药品生产企业是在模仿 GMP，而未将 GMP 理念贯穿于企业的生产和质量管理的全过程中。特别是管理软件欠缺较多，文件制定脱离实际，文件的可操作性不强。

（3）忽视实验室的管理　质量控制是药品 GMP 有效实施的关键部分，作为质量控制活动的主要载体，检验实验室通过规范的取样、科学的标准、明确的检验结果为质量控制的决策提供了有力、直观地支撑，是质量控制活动的核心。因此检验室管理水平是企业实施药品 GMP，建立有效质量保证体系，及时发现潜在质量问题，阻止不合格药品流入市场，保证药品安全有效的关键因素。

（4）不重视人员的培训　人员的培训问题，多数企业尚停留在形式上，制定的培训计划空泛，针对性不强或计划不落实，培训时间安排仓促，培训内容简单，不分层次，不分工作岗位，年复一年培训一个内容，考核一个题目，流于形式，缺少岗位 SOP 考核，没有认识到在药品生产中最关键的生产要素是人。

（5）偏差处理不够　企业对在生产工艺操作、设备使用、质量检验过程中出现的偏差往往重视不够，不能及时分析、彻底调查偏差出现的原因，不能及时评估偏差对产品质量的潜在影响，从而找出防止偏差出现的预防措施。

（6）各种记录填写不够规范、及时　批生产记录、批检验记录、设备保养维护记录、原辅料购进记录等填写不够规范、及时，一些重要的工艺、技术参数在批生产、检验记录中未达到体现，不利于对产品质量的追溯。

（7）文件的制定不规范　文件的标题不能清楚说明文件的性质；大部分文件不能识别其类别的系统编码和日期；部分文件语言使用不确切，可操作性差；文件制定审查和批准的责任人不明确。

（8）对物料供应商的质量体系评估不全面　质量管理部门会同有关部门对主要的物料供应商需进行质量体系评估，但评估审计内容不完整，不能及时掌握供应商的变更信息，未索取变更资料等。

拓展知识

1. 获准药品 GMP 认证如有下列情形的，药品生产企业应及时向秘书处报告。

（1）药品生产厂房或设备需作重大改造或更新。

（2）药品生产企业（车间）的生产品种发生了重大变化。

（3）药品生产工艺和质量标准变更。

（4）发生重大质量事故。

（5）药品生产企业名称或通讯地址发生改变。

2. 获准药品 GMP 认证如有下列情形的，予以认证暂停，发《药品 GMP 认证暂停通知书》。

（1）药品生产企业对已获准认证的质量体系进行了更改，并影响到其认证资格。

（2）监督检查发现不符合认证标准，尚不需要立即撤销认证。

（3）药品生产企业不正确使用认证证书和标志。

（4）其他违反《中国药品认证委员会认证管理办法》的情况。

在认证暂停期间，药品生产企业不得使用认证证书和标志及进行相应的宣传及暂停其他相应权益。

药品生产企业在限期内采取纠正措施并满足规定的条件后，认证委员会可撤销认证暂停并通知药品生产企业。

3. 获准药品 GMP 认证如有下列情形的，予以认证撤销，发《药品 GMP 认证撤销通知书》，收回《药品 GMP 认证证书》，停止使用认证标志，由中国药品认证委员会发布公告。

（1）药品生产企业提出认证撤销。

（2）认证委员会发出认证暂停通知后，药品生产企业未在规定的期限内采取纠正措施并达到规定的条件。

（3）监督检查中存在严重不符合认证标准和药品抽验不合格并连续跟踪 3 批仍有批次不合格或发生重大质量问题的。

（4）卫生行政部门规定禁止使用的药品和被撤销药品批准文号的。

（5）被吊销《药品生产许可证》的。

（6）认证标准发生变更，药品生产企业不愿或不能确保符合新的标准。

（7）药品生产企业不按规定向认证委员会交纳费用。

（8）其他严重违反《中国药品认证委员会认证管理办法》的情况。

附 《药品 GMP 认证申请书》

受理编号：

药品 GMP 认证申请书

申请单位：　　　　　　　　　　　　　　（公章）

所 在 地：　　　　　　　　省、自治区、直辖市

填报日期：　　　年　　月　　日

受理日期：　　　年　　月　　日

国家食品药品监督管理局制
填报说明

1. 组织机构代码按《中华人民共和国组织机构代码证》上的代码填写。

2. 企业类型：按《企业法人营业执照》上企业类型填写。三资企业请注明投资外方的国别或港、澳、台地区。

3. 生产类别：填写化学药、化学原料药、中成药、中药提取、生物制品、体外诊断试剂、放射性药品、其他类（中药饮片、药用辅料、空心胶囊、医用氧）。中成药含中药提取的，应在括弧内注明。

4. 认证范围：按制剂剂型类别，填写注射剂、口服固体制剂、口服液体制剂、其他制剂、原料药，生物制品，体外诊断试剂，放射性药品，其他类（中药饮片、药用辅

料、空心胶囊、医用氧)。

青霉素类、头孢菌素类、激素类、抗肿瘤药、避孕药、中药提取车间在括弧内注明;原料药应在括弧内注明品种名称;放射性药品、生物制品应在括弧内注明品种名称和相应剂型。

5. 固定资产和投资额计算单位:万元。生产能力计算单位:万瓶、万支、万片、万粒、万袋、吨等。

6. 联系电话号码前标明所在地区长途电话区号。

7. 受理编号及受理日期由受理单位填写。受理编号为:省、自治区、直辖市简称＋年号＋四位数字顺序号。

8. 申请书填写内容应准确完整,并按照《药品GMP认证申请资料要求》报送申请认证资料,要求用A4纸打印,左侧装订。

9. 报送申请书一式2份,申请认证资料1份。

企业名称	中文	
	英文	
注册地址	中文	
生产地址	中文	
	英文	
注册地址邮政编码			生产地址邮政编码	
组织机构代码			药品生产许可证编号	
生产类别				
企业类型			三资企业外方国别或地区	
企业始建时间	年 月 日		最近更名时间	年 月 日
职工人数			技术人员比例	
法定代表人		职称		所学专业	
企业负责人		职称		所学专业	
质量管理负责人		职称		所学专业	
生产管理负责人		职称		所学专业	
质量受权人		职称		所学专业	
联系人		电话		手机	
传真		E-mail			
企业网址				
固定资产原值(万元)			固定资产净值(万元)	
厂区占地面积(平方米)			建筑面积(平方米)	
上年工业总产值(万元)			销售收入(万元)	

续表

利润(万元)			税金(万元)		创汇(万美元)	
本次认证是企业第[ ]次认证 属于 □新建 □改扩建 □迁建						
申请 认证 范围	中 文					
	英 文					
省、自治区、直辖市 (食品)药品监督 管理局审核意见						
审核人签字: 年 月 日			审核部门签章: 年 月 日			
备注						

实践项目

任务一 模拟药品生产企业 GMP 认证现场检查

【实训目的】

1. 熟悉药品生产企业 GMP 认证程序及申报资料。

2. 了解 GMP 认证现场检查内容。

【实训内容】

分组进行药品生产企业的 GMP 现场认证检查。

【实训步骤】

1. 分组。

2. 组员分工。企业申请认证人员、药品 GMP 检查办公室人员、现场检查组人员等。

3. 各小组按分工情况讨论,记录讨论内容。

4. 按认证步骤模拟药品生产企业 GMP 认证现场检查。

5. 总结,写出报告。

【复习思考题】

1. GMP 申请认证需准备哪些资料?

2. GMP 认证程序是怎样的?

3. 认证中存在的问题有哪些?

4. 模拟药品生产企业 GMP 认证现场检查有何体会?

附录一　药品生产质量管理规范（2010 年修订）
（卫生部令第 79 号）

2011 年 02 月 12 日发布

中华人民共和国卫生部令

第 79 号

《药品生产质量管理规范（2010 年修订）》已于 2010 年 10 月 19 日经卫生部部务会议审议通过，现予以发布，自 2011 年 3 月 1 日起施行。

部　长　陈竺

二〇一一年一月十七日

第一章　总　　则

第一条　为规范药品生产质量管理，根据《中华人民共和国药品管理法》、《中华人民共和国药品管理法实施条例》，制定本规范。

第二条　企业应当建立药品质量管理体系。该体系应当涵盖影响药品质量的所有因素，包括确保药品质量符合预定用途的有组织、有计划的全部活动。

第三条　本规范作为质量管理体系的一部分，是药品生产管理和质量控制的基本要求，旨在最大限度地降低药品生产过程中污染、交叉污染以及混淆、差错等风险，确保持续稳定地生产出符合预定用途和注册要求的药品。

第四条　企业应当严格执行本规范，坚持诚实守信，禁止任何虚假、欺骗行为。

第二章　质量管理

第一节　原　　则

第五条　企业应当建立符合药品质量管理要求的质量目标，将药品注册的有关安全、有效和质量可控的所有要求，系统地贯彻到药品生产、控制及产品放行、贮存、发运的全过程中，确保所生产的药品符合预定用途和注册要求。

第六条　企业高层管理人员应当确保实现既定的质量目标，不同层次的人员以及供应商、经销商应当共同参与并承担各自的责任。

第七条　企业应当配备足够的、符合要求的人员、厂房、设施和设备，为实现质量目标提供必要的条件。

第二节　质量保证

第八条　质量保证是质量管理体系的一部分。企业必须建立质量保证系统，同时建立完整的文件体系，以保证系统有效运行。

第九条　质量保证系统应当确保：

（一）药品的设计与研发体现本规范的要求；

（二）生产管理和质量控制活动符合本规范的要求；

（三）管理职责明确；

（四）采购和使用的原辅料和包装材料正确无误；

（五）中间产品得到有效控制；

（六）确认、验证的实施；

（七）严格按照规程进行生产、检查、检验和复核；

（八）每批产品经质量受权人批准后方可放行；

（九）在贮存、发运和随后的各种操作过程中有保证药品质量的适当措施；

（十）按照自检操作规程，定期检查评估质量保证系统的有效性和适用性。

第十条 药品生产质量管理的基本要求：

（一）制定生产工艺，系统地回顾并证明其可持续稳定地生产出符合要求的产品；

（二）生产工艺及其重大变更均经过验证；

（三）配备所需的资源，至少包括：

1. 具有适当的资质并经培训合格的人员；

2. 足够的厂房和空间；

3. 适用的设备和维修保障；

4. 正确的原辅料、包装材料和标签；

5. 经批准的工艺规程和操作规程；

6. 适当的贮运条件。

（四）应当使用准确、易懂的语言制定操作规程；

（五）操作人员经过培训，能够按照操作规程正确操作；

（六）生产全过程应当有记录，偏差均经过调查并记录；

（七）批记录和发运记录应当能够追溯批产品的完整历史，并妥善保存、便于查阅；

（八）降低药品发运过程中的质量风险；

（九）建立药品召回系统，确保能够召回任何一批已发运销售的产品；

（十）调查导致药品投诉和质量缺陷的原因，并采取措施，防止类似质量缺陷再次发生。

第三节 质量控制

第十一条 质量控制包括相应的组织机构、文件系统以及取样、检验等，确保物料或产品在放行前完成必要的检验，确认其质量符合要求。

第十二条 质量控制的基本要求：

（一）应当配备适当的设施、设备、仪器和经过培训的人员，有效、可靠地完成所有质量控制的相关活动；

（二）应当有批准的操作规程，用于原辅料、包装材料、中间产品、待包装产品和成品的取样、检查、检验以及产品的稳定性考察，必要时进行环境监测，以确保符合本规范的要求；

（三）由经授权的人员按照规定的方法对原辅料、包装材料、中间产品、待包装产品和成品取样；

（四）检验方法应当经过验证或确认；

（五）取样、检查、检验应当有记录，偏差应当经过调查并记录；

（六）物料、中间产品、待包装产品和成品必须按照质量标准进行检查和检验，并有记录；

（七）物料和最终包装的成品应当有足够的留样，以备必要的检查或检验；除最终包装容器过大的成品外，成品的留样包装应当与最终包装相同。

第四节 质量风险管理

第十三条 质量风险管理是在整个产品生命周期中采用前瞻或回顾的方式，对质量风险进行评估、控制、沟通、审核的系统过程。

第十四条 应当根据科学知识及经验对质量风险进行评估，以保证产品质量。

第十五条 质量风险管理过程所采用的方法、措施、形式及形成的文件应当与存在风险的级别相适应。

第三章　机构与人员

第一节　原　　则

第十六条　企业应当建立与药品生产相适应的管理机构，并有组织机构图。

企业应当设立独立的质量管理部门，履行质量保证和质量控制的职责。质量管理部门可以分别设立质量保证部门和质量控制部门。

第十七条　质量管理部门应当参与所有与质量有关的活动，负责审核所有与本规范有关的文件。质量管理部门人员不得将职责委托给其他部门的人员。

第十八条　企业应当配备足够数量并具有适当资质（含学历、培训和实践经验）的管理和操作人员，应当明确规定每个部门和每个岗位的职责。岗位职责不得遗漏，交叉的职责应当有明确规定。每个人所承担的职责不应当过多。

所有人员应当明确并理解自己的职责，熟悉与其职责相关的要求，并接受必要的培训，包括上岗前培训和继续培训。

第十九条　职责通常不得委托给他人。确需委托的，其职责可委托给具有相当资质的指定人员。

第二节　关　键　人　员

第二十条　关键人员应当为企业的全职人员，至少应当包括企业负责人、生产管理负责人、质量管理负责人和质量受权人。

质量管理负责人和生产管理负责人不得互相兼任。质量管理负责人和质量受权人可以兼任。应当制定操作规程确保质量受权人独立履行职责，不受企业负责人和其他人员的干扰。

第二十一条　企业负责人

企业负责人是药品质量的主要责任人，全面负责企业日常管理。为确保企业实现质量目标并按照本规范要求生产药品，企业负责人应当负责提供必要的资源，合理计划、组织和协调，保证质量管理部门独立履行其职责。

第二十二条　生产管理负责人

（一）资质：

生产管理负责人应当至少具有药学或相关专业本科学历（或中级专业技术职称或执业药师资格），具有至少三年从事药品生产和质量管理的实践经验，其中至少有一年的药品生产管理经验，接受过与所生产产品相关的专业知识培训。

（二）主要职责：

1. 确保药品按照批准的工艺规程生产、贮存，以保证药品质量；

2. 确保严格执行与生产操作相关的各种操作规程；

3. 确保批生产记录和批包装记录经过指定人员审核并送交质量管理部门；

4. 确保厂房和设备的维护保养，以保持其良好的运行状态；

5. 确保完成各种必要的验证工作；

6. 确保生产相关人员经过必要的上岗前培训和继续培训，并根据实际需要调整培训内容。

第二十三条　质量管理负责人

（一）资质：

质量管理负责人应当至少具有药学或相关专业本科学历（或中级专业技术职称或执业药师资格），具有至少五年从事药品生产和质量管理的实践经验，其中至少一年的药品质量管理经验，接受过与所生产产品相关的专业知识培训。

（二）主要职责：

1. 确保原辅料、包装材料、中间产品、待包装产品和成品符合经注册批准的要求和质量标准；

2. 确保在产品放行前完成对批记录的审核；

3. 确保完成所有必要的检验；

4. 批准质量标准、取样方法、检验方法和其他质量管理的操作规程；

5. 审核和批准所有与质量有关的变更；

6. 确保所有重大偏差和检验结果超标已经过调查并得到及时处理；

7. 批准并监督委托检验；

8. 监督厂房和设备的维护，以保持其良好的运行状态；

9. 确保完成各种必要的确认或验证工作，审核和批准确认或验证方案和报告；

10. 确保完成自检；

11. 评估和批准物料供应商；

12. 确保所有与产品质量有关的投诉已经过调查，并得到及时、正确的处理；

13. 确保完成产品的持续稳定性考察计划，提供稳定性考察的数据；

14. 确保完成产品质量回顾分析；

15. 确保质量控制和质量保证人员都已经过必要的上岗前培训和继续培训，并根据实际需要调整培训内容。

第二十四条 生产管理负责人和质量管理负责人通常有下列共同的职责：

（一）审核和批准产品的工艺规程、操作规程等文件；

（二）监督厂区卫生状况；

（三）确保关键设备经过确认；

（四）确保完成生产工艺验证；

（五）确保企业所有相关人员都已经过必要的上岗前培训和继续培训，并根据实际需要调整培训内容；

（六）批准并监督委托生产；

（七）确定和监控物料和产品的贮存条件；

（八）保存记录；

（九）监督本规范执行状况；

（十）监控影响产品质量的因素。

第二十五条 质量受权人。

（一）资质：

质量受权人应当至少具有药学或相关专业本科学历（或中级专业技术职称或执业药师资格），具有至少五年从事药品生产和质量管理的实践经验，从事过药品生产过程控制和质量检验工作。

质量受权人应当具有必要的专业理论知识，并经过与产品放行有关的培训，方能独立履行其职责。

（二）主要职责：

1. 参与企业质量体系建立、内部自检、外部质量审计、验证以及药品不良反应报告、产品召回等质量管理活动；

2. 承担产品放行的职责，确保每批已放行产品的生产、检验均符合相关法规、药品注册要求和质量标准；

3. 在产品放行前，质量受权人必须按照上述第2项的要求出具产品放行审核记录，并纳入批记录。

第三节 培   训

第二十六条 企业应当指定部门或专人负责培训管理工作，应当有经生产管理负责人或质量管理负责人审核或批准的培训方案或计划，培训记录应当予以保存。

第二十七条 与药品生产、质量有关的所有人员都应当经过培训，培训的内容应当与岗位的要求相适应。除进行本规范理论和实践的培训外，还应当有相关法规、相应岗位的职责、技能的培训，并定期评估培训的实际效果。

第二十八条 高风险操作区（如：高活性、高毒性、传染性、高致敏性物料的生产区）的工作人员应当接受专门的培训。

第四节　人 员 卫 生

第二十九条　所有人员都应当接受卫生要求的培训，企业应当建立人员卫生操作规程，最大限度地降低人员对药品生产造成污染的风险。

第三十条　人员卫生操作规程应当包括与健康、卫生习惯及人员着装相关的内容。生产区和质量控制区的人员应当正确理解相关的人员卫生操作规程。企业应当采取措施确保人员卫生操作规程的执行。

第三十一条　企业应当对人员健康进行管理，并建立健康档案。直接接触药品的生产人员上岗前应当接受健康检查，以后每年至少进行一次健康检查。

第三十二条　企业应当采取适当措施，避免体表有伤口、患有传染病或其他可能污染药品疾病的人员从事直接接触药品的生产。

第三十三条　参观人员和未经培训的人员不得进入生产区和质量控制区，特殊情况确需进入的，应当事先对个人卫生、更衣等事项进行指导。

第三十四条　任何进入生产区的人员均应当按照规定更衣。工作服的选材、式样及穿戴方式应当与所从事的工作和空气洁净度级别要求相适应。

第三十五条　进入洁净生产区的人员不得化妆和佩戴饰物。

第三十六条　生产区、仓储区应当禁止吸烟和饮食，禁止存放食品、饮料、香烟和个人用药品等非生产用物品。

第三十七条　操作人员应当避免裸手直接接触药品、与药品直接接触的包装材料和设备表面。

第四章　厂 房 与 设 施

第一节　原　　则

第三十八条　厂房的选址、设计、布局、建造、改造和维护必须符合药品生产要求，应当能够最大限度地避免污染、交叉污染、混淆和差错，便于清洁、操作和维护。

第三十九条　应当根据厂房及生产防护措施综合考虑选址，厂房所处的环境应当能够最大限度地降低物料或产品遭受污染的风险。

第四十条　企业应当有整洁的生产环境；厂区的地面、路面及运输等不应当对药品的生产造成污染；生产、行政、生活和辅助区的总体布局应当合理，不得互相妨碍；厂区和厂房内的人、物流走向应当合理。

第四十一条　应当对厂房进行适当维护，并确保维修活动不影响药品的质量。应当按照详细的书面操作规程对厂房进行清洁或必要的消毒。

第四十二条　厂房应当有适当的照明、温度、湿度和通风，确保生产和贮存的产品质量以及相关设备性能不会直接或间接地受到影响。

第四十三条　厂房、设施的设计和安装应当能够有效防止昆虫或其他动物进入。应当采取必要的措施，避免所使用的灭鼠药、杀虫剂、烟熏剂等对设备、物料、产品造成污染。

第四十四条　应当采取适当措施，防止未经批准人员的进入。生产、贮存和质量控制区不应当作为非本区工作人员的直接通道。

第四十五条　应当保存厂房、公用设施、固定管道建造或改造后的竣工图纸。

第二节　生　产　区

第四十六条　为降低污染和交叉污染的风险，厂房、生产设施和设备应当根据所生产药品的特性、工艺流程及相应洁净度级别要求合理设计、布局和使用，并符合下列要求：

（一）应当综合考虑药品的特性、工艺和预定用途等因素，确定厂房、生产设施和设备多产品共用的可行性，并有相应评估报告；

（二）生产特殊性质的药品，如高致敏性药品（如青霉素类）或生物制品（如卡介苗或其他用活性微生物制备而成的药品），必须采用专用和独立的厂房、生产设施和设备。青霉素类药品产尘量大的操作区域应当保持相对负压，排至室外的废气应当经过净化处理并符合要求，排风口应当远离其他空气净化系统的进风口；

（三）生产 β-内酰胺结构类药品、性激素类避孕药品必须使用专用设施（如独立的空气净化系统）和设备，并与其他药品生产区严格分开；

（四）生产某些激素类、细胞毒性类、高活性化学药品应当使用专用设施（如独立的空气净化系统）和设备；特殊情况下，如采取特别防护措施并经过必要的验证，上述药品制剂则可通过阶段性生产方式共用同一生产设施和设备；

（五）用于上述第（二）、（三）、（四）项的空气净化系统，其排风应当经过净化处理；

（六）药品生产厂房不得用于生产对药品质量有不利影响的非药用产品。

第四十七条 生产区和贮存区应当有足够的空间，确保有序地存放设备、物料、中间产品、待包装产品和成品，避免不同产品或物料的混淆、交叉污染，避免生产或质量控制操作发生遗漏或差错。

第四十八条 应当根据药品品种、生产操作要求及外部环境状况等配置空调净化系统，使生产区有效通风，并有温度、湿度控制和空气净化过滤，保证药品的生产环境符合要求。

洁净区与非洁净区之间、不同级别洁净区之间的压差应当不低于 10 帕斯卡。必要时，相同洁净度级别的不同功能区域（操作间）之间也应当保持适当的压差梯度。

口服液体和固体制剂、腔道用药（含直肠用药）、表皮外用药品等非无菌制剂生产的暴露工序区域及其直接接触药品的包装材料最终处理的暴露工序区域，应当参照"无菌药品"附录中 D 级洁净区的要求设置，企业可根据产品的标准和特性对该区域采取适当的微生物监控措施。

第四十九条 洁净区的内表面（墙壁、地面、天棚）应当平整光滑、无裂缝、接口严密、无颗粒物脱落，避免积尘，便于有效清洁，必要时应当进行消毒。

第五十条 各种管道、照明设施、风口和其他公用设施的设计和安装应当避免出现不易清洁的部位，应当尽可能在生产区外部对其进行维护。

第五十一条 排水设施应当大小适宜，并安装防止倒灌的装置。应当尽可能避免明沟排水；不可避免时，明沟宜浅，以方便清洁和消毒。

第五十二条 制剂的原辅料称量通常应当在专门设计的称量室内进行。

第五十三条 产尘操作间（如干燥物料或产品的取样、称量、混合、包装等操作间）应当保持相对负压或采取专门的措施，防止粉尘扩散、避免交叉污染并便于清洁。

第五十四条 用于药品包装的厂房或区域应当合理设计和布局，以避免混淆或交叉污染。如同一区域内有数条包装线，应当有隔离措施。

第五十五条 生产区应当有适度的照明，目视操作区域的照明应当满足操作要求。

第五十六条 生产区内可设中间控制区域，但中间控制操作不得给药品带来质量风险。

第三节 仓 储 区

第五十七条 仓储区应当有足够的空间，确保有序存放待验、合格、不合格、退货或召回的原辅料、包装材料、中间产品、待包装产品和成品等各类物料和产品。

第五十八条 仓储区的设计和建造应当确保良好的仓储条件，并有通风和照明设施。仓储区应当能够满足物料或产品的贮存条件（如温湿度、避光）和安全贮存的要求，并进行检查和监控。

第五十九条 高活性的物料或产品以及印刷包装材料应当贮存于安全的区域。

第六十条 接收、发放和发运区域应当能够保护物料、产品免受外界天气（如雨、雪）的影响。接收区的布局和设施应当能够确保到货物料在进入仓储区前可对外包装进行必要的清洁。

第六十一条 如采用单独的隔离区域贮存待验物料，待验区应当有醒目的标识，且只限于经批准的人员出入。

不合格、退货或召回的物料或产品应当隔离存放。

如果采用其他方法替代物理隔离，则该方法应当具有同等的安全性。

第六十二条 通常应当有单独的物料取样区。取样区的空气洁净度级别应当与生产要求一致。如在其他区域或采用其他方式取样，应当能够防止污染或交叉污染。

<h3 style="text-align:center">第四节 质量控制区</h3>

第六十三条 质量控制实验室通常应当与生产区分开。生物检定、微生物和放射性同位素的实验室还应当彼此分开。

第六十四条 实验室的设计应当确保其适用于预定的用途，并能够避免混淆和交叉污染，应当有足够的区域用于样品处置、留样和稳定性考察样品的存放以及记录的保存。

第六十五条 必要时，应当设置专门的仪器室，使灵敏度高的仪器免受静电、震动、潮湿或其他外界因素的干扰。

第六十六条 处理生物样品或放射性样品等特殊物品的实验室应当符合国家的有关要求。

第六十七条 实验动物房应当与其他区域严格分开，其设计、建造应当符合国家有关规定，并设有独立的空气处理设施以及动物的专用通道。

<h3 style="text-align:center">第五节 辅 助 区</h3>

第六十八条 休息室的设置不应当对生产区、仓储区和质量控制区造成不良影响。

第六十九条 更衣室和盥洗室应当方便人员进出，并与使用人数相适应。盥洗室不得与生产区和仓储区直接相通。

第七十条 维修间应当尽可能远离生产区。存放在洁净区内的维修用备件和工具，应当放置在专门的房间或工具柜中。

<h2 style="text-align:center">第五章 设 备</h2>

<h3 style="text-align:center">第一节 原 则</h3>

第七十一条 设备的设计、选型、安装、改造和维护必须符合预定用途，应当尽可能降低产生污染、交叉污染、混淆和差错的风险，便于操作、清洁、维护，以及必要时进行的消毒或灭菌。

第七十二条 应当建立设备使用、清洁、维护和维修的操作规程，并保存相应的操作记录。

第七十三条 应当建立并保存设备采购、安装、确认的文件和记录。

<h3 style="text-align:center">第二节 设计和安装</h3>

第七十四条 生产设备不得对药品质量产生任何不利影响。与药品直接接触的生产设备表面应当平整、光洁、易清洗或消毒、耐腐蚀，不得与药品发生化学反应、吸附药品或向药品中释放物质。

第七十五条 应当配备有适当量程和精度的衡器、量具、仪器和仪表。

第七十六条 应当选择适当的清洗、清洁设备，并防止这类设备成为污染源。

第七十七条 设备所用的润滑剂、冷却剂等不得对药品或容器造成污染，应当尽可能使用食用级或级别相当的润滑剂。

第七十八条 生产用模具的采购、验收、保管、维护、发放及报废应当制定相应操作规程，设专人专柜保管，并有相应记录。

<h3 style="text-align:center">第三节 维护和维修</h3>

第七十九条 设备的维护和维修不得影响产品质量。

第八十条 应当制定设备的预防性维护计划和操作规程，设备的维护和维修应当有相应的记录。

第八十一条 经改造或重大维修的设备应当进行再确认，符合要求后方可用于生产。

<h3 style="text-align:center">第四节 使用和清洁</h3>

第八十二条 主要生产和检验设备都应当有明确的操作规程。

第八十三条 生产设备应当在确认的参数范围内使用。

第八十四条 应当按照详细规定的操作规程清洁生产设备。

生产设备清洁的操作规程应当规定具体而完整的清洁方法、清洁用设备或工具、清洁剂的名称和配制方法、去除前一批次标识的方法、保护已清洁设备在使用前免受污染的方法、已清洁设备最长的保存时限、使用前检查设备清洁状况的方法，使操作者能以可重现的、有效的方式对各类设备进行清洁。

如需拆装设备，还应当规定设备拆装的顺序和方法；如需对设备消毒或灭菌，还应当规定消毒或灭菌的具体方法、消毒剂的名称和配制方法。必要时，还应当规定设备生产结束至清洁前所允许的最长间隔时限。

第八十五条　已清洁的生产设备应当在清洁、干燥的条件下存放。

第八十六条　用于药品生产或检验的设备和仪器，应当有使用日志，记录内容包括使用、清洁、维护和维修情况以及日期、时间、所生产及检验的药品名称、规格和批号等。

第八十七条　生产设备应当有明显的状态标识，标明设备编号和内容物（如名称、规格、批号）；没有内容物的应当标明清洁状态。

第八十八条　不合格的设备如有可能应当搬出生产和质量控制区，未搬出前，应当有醒目的状态标识。

第八十九条　主要固定管道应当标明内容物名称和流向。

第五节　校　　准

第九十条　应当按照操作规程和校准计划定期对生产和检验用衡器、量具、仪表、记录和控制设备以及仪器进行校准和检查，并保存相关记录。校准的量程范围应当涵盖实际生产和检验的使用范围。

第九十一条　应当确保生产和检验使用的关键衡器、量具、仪表、记录和控制设备以及仪器经过校准，所得出的数据准确、可靠。

第九十二条　应当使用计量标准器具进行校准，且所用计量标准器具应当符合国家有关规定。校准记录应当标明所用计量标准器具的名称、编号、校准有效期和计量合格证明编号，确保记录的可追溯性。

第九十三条　衡器、量具、仪表、用于记录和控制的设备以及仪器应当有明显的标识，标明其校准有效期。

第九十四条　不得使用未经校准、超过校准有效期、失准的衡器、量具、仪表以及用于记录和控制的设备、仪器。

第九十五条　在生产、包装、仓储过程中使用自动或电子设备的，应当按照操作规程定期进行校准和检查，确保其操作功能正常。校准和检查应当有相应的记录。

第六节　制 药 用 水

第九十六条　制药用水应当适合其用途，并符合《中华人民共和国药典》的质量标准及相关要求。制药用水至少应当采用饮用水。

第九十七条　水处理设备及其输送系统的设计、安装、运行和维护应当确保制药用水达到设定的质量标准。水处理设备的运行不得超出其设计能力。

第九十八条　纯化水、注射用水储罐和输送管道所用材料应当无毒、耐腐蚀；储罐的通气口应当安装不脱落纤维的疏水性除菌滤器；管道的设计和安装应当避免死角、盲管。

第九十九条　纯化水、注射用水的制备、贮存和分配应当能够防止微生物的滋生。纯化水可采用循环，注射用水可采用 70℃以上保温循环。

第一百条　应当对制药用水及原水的水质进行定期监测，并有相应的记录。

第一百零一条　应当按照操作规程对纯化水、注射用水管道进行清洗消毒，并有相关记录。发现制药用水微生物污染达到警戒限度、纠偏限度时应当按照操作规程处理。

第六章　物料与产品

第一节　原　　则

第一百零二条　药品生产所用的原辅料、与药品直接接触的包装材料应当符合相应的质量标准。药品上直接印字所用油墨应当符合食用标准要求。

进口原辅料应当符合国家相关的进口管理规定。

第一百零三条 应当建立物料和产品的操作规程，确保物料和产品的正确接收、贮存、发放、使用和发运，防止污染、交叉污染、混淆和差错。

物料和产品的处理应当按照操作规程或工艺规程执行，并有记录。

第一百零四条 物料供应商的确定及变更应当进行质量评估，并经质量管理部门批准后方可采购。

第一百零五条 物料和产品的运输应当能够满足其保证质量的要求，对运输有特殊要求的，其运输条件应当予以确认。

第一百零六条 原辅料、与药品直接接触的包装材料和印刷包装材料的接收应当有操作规程，所有到货物料均应当检查，以确保与订单一致，并确认供应商已经质量管理部门批准。

物料的外包装应当有标签，并注明规定的信息。必要时，还应当进行清洁，发现外包装损坏或其他可能影响物料质量的问题，应当向质量管理部门报告并进行调查和记录。

每次接收均应当有记录，内容包括：

（一）交货单和包装容器上所注物料的名称；

（二）企业内部所用物料名称和（或）代码；

（三）接收日期；

（四）供应商和生产商（如不同）的名称；

（五）供应商和生产商（如不同）标识的批号；

（六）接收总量和包装容器数量；

（七）接收后企业指定的批号或流水号；

（八）有关说明（如包装状况）。

第一百零七条 物料接收和成品生产后应当及时按照待验管理，直至放行。

第一百零八条 物料和产品应当根据其性质有序分批贮存和周转，发放及发运应当符合先进先出和近效期先出的原则。

第一百零九条 使用计算机化仓储管理的，应当有相应的操作规程，防止因系统故障、停机等特殊情况而造成物料和产品的混淆和差错。

使用完全计算机化仓储管理系统进行识别的，物料、产品等相关信息可不必以书面可读的方式标出。

第二节 原 辅 料

第一百一十条 应当制定相应的操作规程，采取核对或检验等适当措施，确认每一包装内的原辅料正确无误。

第一百一十一条 一次接收数个批次的物料，应当按批取样、检验、放行。

第一百一十二条 仓储区内的原辅料应当有适当的标识，并至少标明下述内容：

（一）指定的物料名称和企业内部的物料代码；

（二）企业接收时设定的批号；

（三）物料质量状态（如待验、合格、不合格、已取样）；

（四）有效期或复验期。

第一百一十三条 只有经质量管理部门批准放行并在有效期或复验期内的原辅料方可使用。

第一百一十四条 原辅料应当按照有效期或复验期贮存。贮存期内，如发现对质量有不良影响的特殊情况，应当进行复验。

第一百一十五条 应当由指定人员按照操作规程进行配料，核对物料后，精确称量或计量，并作好标识。

第一百一十六条 配制的每一物料及其重量或体积应当由他人独立进行复核，并有复核记录。

第一百一十七条 用于同一批药品生产的所有配料应当集中存放，并作好标识。

第三节 中间产品和待包装产品

第一百一十八条 中间产品和待包装产品应当在适当的条件下贮存。

第一百一十九条 中间产品和待包装产品应当有明确的标识，并至少标明下述内容：

（一）产品名称和企业内部的产品代码；

（二）产品批号；

（三）数量或重量（如毛重、净重等）；

（四）生产工序（必要时）；

（五）产品质量状态（必要时，如待验、合格、不合格、已取样）。

第四节 包 装 材 料

第一百二十条 与药品直接接触的包装材料和印刷包装材料的管理和控制要求与原辅料相同。

第一百二十一条 包装材料应当由专人按照操作规程发放，并采取措施避免混淆和差错，确保用于药品生产的包装材料正确无误。

第一百二十二条 应当建立印刷包装材料设计、审核、批准的操作规程，确保印刷包装材料印制的内容与药品监督管理部门核准的一致，并建立专门的文档，保存经签名批准的印刷包装材料原版实样。

第一百二十三条 印刷包装材料的版本变更时，应当采取措施，确保产品所用印刷包装材料的版本正确无误。宜收回作废的旧版印刷模板并予以销毁。

第一百二十四条 印刷包装材料应当设置专门区域妥善存放，未经批准人员不得进入。切割式标签或其他散装印刷包装材料应当分别置于密闭容器内储运，以防混淆。

第一百二十五条 印刷包装材料应当由专人保管，并按照操作规程和需求量发放。

第一百二十六条 每批或每次发放的与药品直接接触的包装材料或印刷包装材料，均应当有识别标志，标明所用产品的名称和批号。

第一百二十七条 过期或废弃的印刷包装材料应当予以销毁并记录。

第五节 成 品

第一百二十八条 成品放行前应当待验贮存。

第一百二十九条 成品的贮存条件应当符合药品注册批准的要求。

第六节 特殊管理的物料和产品

第一百三十条 麻醉药品、精神药品、医疗用毒性药品（包括药材）、放射性药品、药品类易制毒化学品及易燃、易爆和其他危险品的验收、贮存、管理应当执行国家有关的规定。

第七节 其 他

第一百三十一条 不合格的物料、中间产品、待包装产品和成品的每个包装容器上均应当有清晰醒目的标志，并在隔离区内妥善保存。

第一百三十二条 不合格的物料、中间产品、待包装产品和成品的处理应当经质量管理负责人批准，并有记录。

第一百三十三条 产品回收需经预先批准，并对相关的质量风险进行充分评估，根据评估结论决定是否回收。回收应当按照预定的操作规程进行，并有相应记录。回收处理后的产品应当按照回收处理中最早批次产品的生产日期确定有效期。

第一百三十四条 制剂产品不得进行重新加工。不合格的制剂中间产品、待包装产品和成品一般不得进行返工。只有不影响产品质量、符合相应质量标准，且根据预定、经批准的操作规程以及对相关风险充分评估后，才允许返工处理。返工应当有相应记录。

第一百三十五条 对返工或重新加工或回收合并后生产的成品，质量管理部门应当考虑需要进行额外相关项目的检验和稳定性考察。

第一百三十六条 企业应当建立药品退货的操作规程，并有相应的记录，内容至少应当包括：产品名称、批号、规格、数量、退货单位及地址、退货原因及日期、最终处理意见。

同一产品同一批号不同渠道的退货应当分别记录、存放和处理。

第一百三十七条 只有经检查、检验和调查，有证据证明退货质量未受影响，且经质量管理部门根据操作规程评价后，方可考虑将退货重新包装、重新发运销售。评价考虑的因素至少应当包括药品的性质、所需的贮存条件、药品的现状、历史，以及发运与退货之间的间隔时间等因素。不符合贮存和运输要求的退货，应当在质量管理部门监督下予以销毁。对退货质量存有怀疑时，不得重新发运。

对退货进行回收处理的，回收后的产品应当符合预定的质量标准和第一百三十三条的要求。

退货处理的过程和结果应当有相应记录。

第七章　确认与验证

第一百三十八条　企业应当确定需要进行的确认或验证工作，以证明有关操作的关键要素能够得到有效控制。确认或验证的范围和程度应当经过风险评估来确定。

第一百三十九条　企业的厂房、设施、设备和检验仪器应当经过确认，应当采用经过验证的生产工艺、操作规程和检验方法进行生产、操作和检验，并保持持续的验证状态。

第一百四十条　应当建立确认与验证的文件和记录，并能以文件和记录证明达到以下预定的目标：

（一）设计确认应当证明厂房、设施、设备的设计符合预定用途和本规范要求；

（二）安装确认应当证明厂房、设施、设备的建造和安装符合设计标准；

（三）运行确认应当证明厂房、设施、设备的运行符合设计标准；

（四）性能确认应当证明厂房、设施、设备在正常操作方法和工艺条件下能够持续符合标准；

（五）工艺验证应当证明一个生产工艺按照规定的工艺参数能够持续生产出符合预定用途和注册要求的产品。

第一百四十一条　采用新的生产处方或生产工艺前，应当验证其常规生产的适用性。生产工艺在使用规定的原辅料和设备条件下，应当能够始终生产出符合预定用途和注册要求的产品。

第一百四十二条　当影响产品质量的主要因素，如原辅料、与药品直接接触的包装材料、生产设备、生产环境（或厂房）、生产工艺、检验方法等发生变更时，应当进行确认或验证。必要时，还应当经药品监督管理部门批准。

第一百四十三条　清洁方法应当经过验证，证实其清洁的效果，以有效防止污染和交叉污染。清洁验证应当综合考虑设备使用情况、所使用的清洁剂和消毒剂、取样方法和位置以及相应的取样回收率、残留物的性质和限度、残留物检验方法的灵敏度等因素。

第一百四十四条　确认和验证不是一次性的行为。首次确认或验证后，应根据产品质量回顾分析情况进行再确认或再验证。关键的生产工艺和操作规程应当定期进行再验证，确保其能够达到预期结果。

第一百四十五条　企业应当制定验证总计划，以文件形式说明确认与验证工作的关键信息。

第一百四十六条　验证总计划或其他相关文件中应当作出规定，确保厂房、设施、设备、检验仪器、生产工艺、操作规程和检验方法等能够保持持续稳定。

第一百四十七条　应当根据确认或验证的对象制定确认或验证方案，并经审核、批准。确认或验证方案应当明确职责。

第一百四十八条　确认或验证应当按照预先确定和批准的方案实施，并有记录。确认或验证工作完成后，应当写出报告，并经审核、批准。确认或验证的结果和结论（包括评价和建议）应当有记录并存档。

第一百四十九条　应当根据验证的结果确认工艺规程和操作规程。

第八章　文件管理

第一节　原　　则

第一百五十条　文件是质量保证系统的基本要素。企业必须有内容正确的书面质量标准、生产处方和工艺规程、操作规程以及记录等文件。

第一百五十一条　企业应当建立文件管理的操作规程，系统地设计、制定、审核、批准和发放文件。与本规范有关的文件应当经质量管理部门的审核。

第一百五十二条　文件的内容应当与药品生产许可、药品注册等相关要求一致，并有助于追溯每批产品的历史情况。

第一百五十三条 文件的起草、修订、审核、批准、替换或撤销、复制、保管和销毁等应当按照操作规程管理，并有相应的文件分发、撤销、复制、销毁记录。

第一百五十四条 文件的起草、修订、审核、批准均应当由适当的人员签名并注明日期。

第一百五十五条 文件应当标明题目、种类、目的以及文件编号和版本号。文字应当确切、清晰、易懂，不能模棱两可。

第一百五十六条 文件应当分类存放、条理分明，便于查阅。

第一百五十七条 原版文件复制时，不得产生任何差错；复制的文件应当清晰可辨。

第一百五十八条 文件应当定期审核、修订；文件修订后，应当按照规定管理，防止旧版文件的误用。分发、使用的文件应当为批准的现行文本，已撤销的或旧版文件除留档备查外，不得在工作现场出现。

第一百五十九条 与本规范有关的每项活动均应当有记录，以保证产品生产、质量控制和质量保证等活动可以追溯。记录应当留有填写数据的足够空格。记录应当及时填写，内容真实，字迹清晰、易读，不易擦除。

第一百六十条 应当尽可能采用生产和检验设备自动打印的记录、图谱和曲线图等，并标明产品或样品的名称、批号和记录设备的信息，操作人应当签注姓名和日期。

第一百六十一条 记录应当保持清洁，不得撕毁和任意涂改。记录填写的任何更改都应当签注姓名和日期，并使原有信息仍清晰可辨，必要时，应当说明更改的理由。记录如需重新誊写，则原有记录不得销毁，应当作为重新誊写记录的附件保存。

第一百六十二条 每批药品应当有批记录，包括批生产记录、批包装记录、批检验记录和药品放行审核记录等与本批产品有关的记录。批记录应当由质量管理部门负责管理，至少保存至药品有效期后一年。

质量标准、工艺规程、操作规程、稳定性考察、确认、验证、变更等其他重要文件应当长期保存。

第一百六十三条 如使用电子数据处理系统、照相技术或其他可靠方式记录数据资料，应当有所用系统的操作规程；记录的准确性应当经过核对。

使用电子数据处理系统的，只有经授权的人员方可输入或更改数据，更改和删除情况应当有记录；应当使用密码或其他方式来控制系统的登录；关键数据输入后，应当由他人独立进行复核。

用电子方法保存的批记录，应当采用磁带、缩微胶卷、纸质副本或其他方法进行备份，以确保记录的安全，且数据资料在保存期内便于查阅。

第二节 质 量 标 准

第一百六十四条 物料和成品应当有经批准的现行质量标准；必要时，中间产品或待包装产品也应当有质量标准。

第一百六十五条 物料的质量标准一般应当包括：

（一）物料的基本信息：

1. 企业统一指定的物料名称和内部使用的物料代码；

2. 质量标准的依据；

3. 经批准的供应商；

4. 印刷包装材料的实样或样稿。

（二）取样、检验方法或相关操作规程编号；

（三）定性和定量的限度要求；

（四）贮存条件和注意事项；

（五）有效期或复验期。

第一百六十六条 外购或外销的中间产品和待包装产品应当有质量标准；如果中间产品的检验结果用于成品的质量评价，则应当制定与成品质量标准相对应的中间产品质量标准。

第一百六十七条 成品的质量标准应当包括：

（一）产品名称以及产品代码；

（二）对应的产品处方编号（如有）；

（三）产品规格和包装形式；

（四）取样、检验方法或相关操作规程编号；

（五）定性和定量的限度要求；

（六）贮存条件和注意事项；

（七）有效期。

第三节　工艺规程

第一百六十八条　每种药品的每个生产批量均应当有经企业批准的工艺规程，不同药品规格的每种包装形式均应当有各自的包装操作要求。工艺规程的制定应当以注册批准的工艺为依据。

第一百六十九条　工艺规程不得任意更改。如需更改，应当按照相关的操作规程修订、审核、批准。

第一百七十条　制剂的工艺规程的内容至少应当包括：

（一）生产处方：

1.产品名称和产品代码；

2.产品剂型、规格和批量；

3.所用原辅料清单（包括生产过程中使用，但不在成品中出现的物料），阐明每一物料的指定名称、代码和用量；如原辅料的用量需要折算时，还应当说明计算方法。

（二）生产操作要求：

1.对生产场所和所用设备的说明（如操作间的位置和编号、洁净度级别、必要的温湿度要求、设备型号和编号等）；

2.关键设备的准备（如清洗、组装、校准、灭菌等）所采用的方法或相应操作规程编号；

3.详细的生产步骤和工艺参数说明（如物料的核对、预处理、加入物料的顺序、混合时间、温度等）；

4.所有中间控制方法及标准；

5.预期的最终产量限度，必要时，还应当说明中间产品的产量限度，以及物料平衡的计算方法和限度；

6.待包装产品的贮存要求，包括容器、标签及特殊贮存条件；

7.需要说明的注意事项。

（三）包装操作要求：

1.以最终包装容器中产品的数量、重量或体积表示的包装形式；

2.所需全部包装材料的完整清单，包括包装材料的名称、数量、规格、类型以及与质量标准有关的每一包装材料的代码；

3.印刷包装材料的实样或复制品，并标明产品批号、有效期打印位置；

4.需要说明的注意事项，包括对生产区和设备进行的检查，在包装操作开始前，确认包装生产线的清场已经完成等；

5.包装操作步骤的说明，包括重要的辅助性操作和所用设备的注意事项、包装材料使用前的核对；

6.中间控制的详细操作，包括取样方法及标准；

7.待包装产品、印刷包装材料的物料平衡计算方法和限度。

第四节　批生产记录

第一百七十一条　每批产品均应当有相应的批生产记录，可追溯该批产品的生产历史以及与质量有关的情况。

第一百七十二条　批生产记录应当依据现行批准的工艺规程的相关内容制定。记录的设计应当避免填写差错。批生产记录的每一页应当标注产品的名称、规格和批号。

第一百七十三条　原版空白的批生产记录应当经生产管理负责人和质量管理负责人审核和批准。批生产记录的复制和发放均应当按照操作规程进行控制并有记录，每批产品的生产只能发放一份原版空白批生产记录的复制件。

第一百七十四条 在生产过程中，进行每项操作时应当及时记录，操作结束后，应当由生产操作人员确认并签注姓名和日期。

第一百七十五条 批生产记录的内容应当包括：

（一）产品名称、规格、批号；

（二）生产以及中间工序开始、结束的日期和时间；

（三）每一生产工序的负责人签名；

（四）生产步骤操作人员的签名；必要时，还应当有操作（如称量）复核人员的签名；

（五）每一原辅料的批号以及实际称量的数量（包括投入的回收或返工处理产品的批号及数量）；

（六）相关生产操作或活动、工艺参数及控制范围，以及所用主要生产设备的编号；

（七）中间控制结果的记录以及操作人员的签名；

（八）不同生产工序所得产量及必要时的物料平衡计算；

（九）对特殊问题或异常事件的记录，包括对偏离工艺规程的偏差情况的详细说明或调查报告，并经签字批准。

第五节 批包装记录

第一百七十六条 每批产品或每批中部分产品的包装，都应当有批包装记录，以便追溯该批产品包装操作以及与质量有关的情况。

第一百七十七条 批包装记录应当依据工艺规程中与包装相关的内容制定。记录的设计应当注意避免填写差错。批包装记录的每一页均应当标注所包装产品的名称、规格、包装形式和批号。

第一百七十八条 批包装记录应当有待包装产品的批号、数量以及成品的批号和计划数量。原版空白的批包装记录的审核、批准、复制和发放的要求与原版空白的批生产记录相同。

第一百七十九条 在包装过程中，进行每项操作时应当及时记录，操作结束后，应当由包装操作人员确认并签注姓名和日期。

第一百八十条 批包装记录的内容包括：

（一）产品名称、规格、包装形式、批号、生产日期和有效期；

（二）包装操作日期和时间；

（三）包装操作负责人签名；

（四）包装工序的操作人员签名；

（五）每一包装材料的名称、批号和实际使用的数量；

（六）根据工艺规程所进行的检查记录，包括中间控制结果；

（七）包装操作的详细情况，包括所用设备及包装生产线的编号；

（八）所用印刷包装材料的实样，并印有批号、有效期及其他打印内容；不易随批包装记录归档的印刷包装材料可采用印有上述内容的复制品；

（九）对特殊问题或异常事件的记录，包括对偏离工艺规程的偏差情况的详细说明或调查报告，并经签字批准；

（十）所有印刷包装材料和待包装产品的名称、代码，以及发放、使用、销毁或退库的数量、实际产量以及物料平衡检查。

第六节 操作规程和记录

第一百八十一条 操作规程的内容应当包括：题目、编号、版本号、颁发部门、生效日期、分发部门以及制定人、审核人、批准人的签名并注明日期，标题、正文及变更历史。

第一百八十二条 厂房、设备、物料、文件和记录应当有编号（或代码），并制定编制编号（或代码）的操作规程，确保编号（或代码）的唯一性。

第一百八十三条 下述活动也应当有相应的操作规程，其过程和结果应当有记录：

（一）确认和验证；

（二）设备的装配和校准；

（三）厂房和设备的维护、清洁和消毒；

（四）培训、更衣及卫生等与人员相关的事宜；

（五）环境监测；

（六）虫害控制；

（七）变更控制；

（八）偏差处理；

（九）投诉；

（十）药品召回；

（十一）退货。

第九章　生 产 管 理

第一节　原　　则

第一百八十四条　所有药品的生产和包装均应当按照批准的工艺规程和操作规程进行操作并有相关记录，以确保药品达到规定的质量标准，并符合药品生产许可和注册批准的要求。

第一百八十五条　应当建立划分产品生产批次的操作规程，生产批次的划分应当能够确保同一批次产品质量和特性的均一性。

第一百八十六条　应当建立编制药品批号和确定生产日期的操作规程。每批药品均应当编制唯一的批号。除另有法定要求外，生产日期不得迟于产品成型或灌装（封）前经最后混合的操作开始日期，不得以产品包装日期作为生产日期。

第一百八十七条　每批产品应当检查产量和物料平衡，确保物料平衡符合设定的限度。如有差异，必须查明原因，确认无潜在质量风险后，方可按照正常产品处理。

第一百八十八条　不得在同一生产操作间同时进行不同品种和规格药品的生产操作，除非没有发生混淆或交叉污染的可能。

第一百八十九条　在生产的每一阶段，应当保护产品和物料免受微生物和其他污染。

第一百九十条　在干燥物料或产品，尤其是高活性、高毒性或高致敏性物料或产品的生产过程中，应当采取特殊措施，防止粉尘的产生和扩散。

第一百九十一条　生产期间使用的所有物料、中间产品或待包装产品的容器及主要设备、必要的操作室应当贴签标识或以其他方式标明生产中的产品或物料名称、规格和批号，如有必要，还应当标明生产工序。

第一百九十二条　容器、设备或设施所用标识应当清晰明了，标识的格式应当经企业相关部门批准。除在标识上使用文字说明外，还可采用不同的颜色区分被标识物的状态（如待验、合格、不合格或已清洁等）。

第一百九十三条　应当检查产品从一个区域输送至另一个区域的管道和其他设备连接，确保连接正确无误。

第一百九十四条　每次生产结束后应当进行清场，确保设备和工作场所没有遗留与本次生产有关的物料、产品和文件。下次生产开始前，应当对前次清场情况进行确认。

第一百九十五条　应尽可能避免出现任何偏离工艺规程或操作规程的偏差。一旦出现偏差，应当按照偏差处理操作规程执行。

第一百九十六条　生产厂房应当仅限于经批准的人员出入。

第二节　防止生产过程中的污染和交叉污染

第一百九十七条　生产过程中应当尽可能采取措施，防止污染和交叉污染，如：

（一）在分隔的区域内生产不同品种的药品；

（二）采用阶段性生产方式；

（三）设置必要的气锁间和排风；空气洁净度级别不同的区域应当有压差控制；

（四）应当降低未经处理或未经充分处理的空气再次进入生产区导致污染的风险；

（五）在易产生交叉污染的生产区内，操作人员应当穿戴该区域专用的防护服；

（六）采用经过验证或已知有效的清洁和去污染操作规程进行设备清洁；必要时，应当对与物料直接接触的设备表面的残留物进行检测；

（七）采用密闭系统生产；

（八）干燥设备的进风应当有空气过滤器，排风应当有防止空气倒流装置；

（九）生产和清洁过程中应当避免使用易碎、易脱屑、易发霉器具；使用筛网时，应当有防止因筛网断裂而造成污染的措施；

（十）液体制剂的配制、过滤、灌封、灭菌等工序应当在规定时间内完成；

（十一）软膏剂、乳膏剂、凝胶剂等半固体制剂以及栓剂的中间产品应当规定贮存期和贮存条件。

第一百九十八条　应当定期检查防止污染和交叉污染的措施并评估其适用性和有效性。

第三节　生 产 操 作

第一百九十九条　生产开始前应当进行检查，确保设备和工作场所没有上批遗留的产品、文件或与本批产品生产无关的物料，设备处于已清洁及待用状态。检查结果应当有记录。

生产操作前，还应当核对物料或中间产品的名称、代码、批号和标识，确保生产所用物料或中间产品正确且符合要求。

第二百条　应当进行中间控制和必要的环境监测，并予以记录。

第二百零一条　每批药品的每一生产阶段完成后必须由生产操作人员清场，并填写清场记录。清场记录内容包括：操作间编号、产品名称、批号、生产工序、清场日期、检查项目及结果、清场负责人及复核人签名。清场记录应当纳入批生产记录。

第四节　包 装 操 作

第二百零二条　包装操作规程应当规定降低污染和交叉污染、混淆或差错风险的措施。

第二百零三条　包装开始前应当进行检查，确保工作场所、包装生产线、印刷机及其他设备已处于清洁或待用状态，无上批遗留的产品、文件或与本批产品包装无关的物料。检查结果应当有记录。

第二百零四条　包装操作前，还应当检查所领用的包装材料正确无误，核对待包装产品和所用包装材料的名称、规格、数量、质量状态，且与工艺规程相符。

第二百零五条　每一包装操作场所或包装生产线，应当有标识标明包装中的产品名称、规格、批号和批量的生产状态。

第二百零六条　有数条包装线同时进行包装时，应当采取隔离或其他有效防止污染、交叉污染或混淆的措施。

第二百零七条　待用分装容器在分装前应当保持清洁，避免容器中有玻璃碎屑、金属颗粒等污染物。

第二百零八条　产品分装、封口后应当及时贴签。未能及时贴签时，应当按照相关的操作规程操作，避免发生混淆或贴错标签等差错。

第二百零九条　单独打印或包装过程中在线打印的信息（如产品批号或有效期）均应当进行检查，确保其正确无误，并予以记录。如手工打印，应当增加检查频次。

第二百一十条　使用切割式标签或在包装线以外单独打印标签，应当采取专门措施，防止混淆。

第二百一十一条　应当对电子读码机、标签计数器或其他类似装置的功能进行检查，确保其准确运行。检查应当有记录。

第二百一十二条　包装材料上印刷或模压的内容应当清晰，不易褪色和擦除。

第二百一十三条　包装期间，产品的中间控制检查应当至少包括下述内容：

（一）包装外观；

（二）包装是否完整；

（三）产品和包装材料是否正确；

（四）打印信息是否正确；

（五）在线监控装置的功能是否正常。

样品从包装生产线取走后不应当再返还，以防止产品混淆或污染。

第二百一十四条　因包装过程产生异常情况而需要重新包装产品的，必须经专门检查、调查并由指定人员批准。重新包装应当有详细记录。

第二百一十五条　在物料平衡检查中，发现待包装产品、印刷包装材料以及成品数量有显著差异时，应当进行调查，未得出结论前，成品不得放行。

第二百一十六条　包装结束时，已打印批号的剩余包装材料应当由专人负责全部计数销毁，并有记录。如将未打印批号的印刷包装材料退库，应当按照操作规程执行。

第十章　质量控制与质量保证

第一节　质量控制实验室管理

第二百一十七条　质量控制实验室的人员、设施、设备应当与产品性质和生产规模相适应。

企业通常不得进行委托检验，确需委托检验的，应当按照第十一章中委托检验部分的规定，委托外部实验室进行检验，但应当在检验报告中予以说明。

第二百一十八条　质量控制负责人应当具有足够的管理实验室的资质和经验，可以管理同一企业的一个或多个实验室。

第二百一十九条　质量控制实验室的检验人员至少应当具有相关专业中专或高中以上学历，并经过与所从事的检验操作相关的实践培训且通过考核。

第二百二十条　质量控制实验室应当配备药典、标准图谱等必要的工具书，以及标准品或对照品等相关的标准物质。

第二百二十一条　质量控制实验室的文件应当符合第八章的原则，并符合下列要求：

（一）质量控制实验室应当至少有下列详细文件：

1. 质量标准；

2. 取样操作规程和记录；

3. 检验操作规程和记录（包括检验记录或实验室工作记事簿）；

4. 检验报告或证书；

5. 必要的环境监测操作规程、记录和报告；

6. 必要的检验方法验证报告和记录；

7. 仪器校准和设备使用、清洁、维护的操作规程及记录。

（二）每批药品的检验记录应当包括中间产品、待包装产品和成品的质量检验记录，可追溯该批药品所有相关的质量检验情况；

（三）宜采用便于趋势分析的方法保存某些数据（如检验数据、环境监测数据、制药用水的微生物监测数据）；

（四）除与批记录相关的资料信息外，还应当保存其他原始资料或记录，以方便查阅。

第二百二十二条　取样应当至少符合以下要求：

（一）质量管理部门的人员有权进入生产区和仓储区进行取样及调查；

（二）应当按照经批准的操作规程取样，操作规程应当详细规定：

1. 经授权的取样人；

2. 取样方法；

3. 所用器具；

4. 样品量；

5. 分样的方法；

6. 存放样品容器的类型和状态；

7. 取样后剩余部分及样品的处置和标识；

8. 取样注意事项，包括为降低取样过程产生的各种风险所采取的预防措施，尤其是无菌或有害物料的取样以及防止取样过程中污染和交叉污染的注意事项；

9. 贮存条件；

10. 取样器具的清洁方法和贮存要求。

（三）取样方法应当科学、合理，以保证样品的代表性；

（四）留样应当能够代表被取样批次的产品或物料，也可抽取其他样品来监控生产过程中最重要的环节（如生产的开始或结束）；

（五）样品的容器应当贴有标签，注明样品名称、批号、取样日期、取自哪一包装容器、取样人等信息；

（六）样品应当按照规定的贮存要求保存。

第二百二十三条　物料和不同生产阶段产品的检验应当至少符合以下要求：

（一）企业应当确保药品按照注册批准的方法进行全项检验；

（二）符合下列情形之一的，应当对检验方法进行验证：

1. 采用新的检验方法；

2. 检验方法需变更的；

3. 采用《中华人民共和国药典》及其他法定标准未收载的检验方法；

4. 法规规定的其他需要验证的检验方法。

（三）对不需要进行验证的检验方法，企业应当对检验方法进行确认，以确保检验数据准确、可靠；

（四）检验应当有书面操作规程，规定所用方法、仪器和设备，检验操作规程的内容应当与经确认或验证的检验方法一致；

（五）检验应当有可追溯的记录并应当复核，确保结果与记录一致。所有计算均应当严格核对；

（六）检验记录应当至少包括以下内容：

1. 产品或物料的名称、剂型、规格、批号或供货批号，必要时注明供应商和生产商（如不同）的名称或来源；

2. 依据的质量标准和检验操作规程；

3. 检验所用的仪器或设备的型号和编号；

4. 检验所用的试液和培养基的配制批号、对照品或标准品的来源和批号；

5. 检验所用动物的相关信息；

6. 检验过程，包括对照品溶液的配制、各项具体的检验操作、必要的环境温湿度；

7. 检验结果，包括观察情况、计算和图谱或曲线图，以及依据的检验报告编号；

8. 检验日期；

9. 检验人员的签名和日期；

10. 检验、计算复核人员的签名和日期。

（七）所有中间控制（包括生产人员所进行的中间控制），均应当按照经质量管理部门批准的方法进行，检验应当有记录；

（八）应当对实验室容量分析用玻璃仪器、试剂、试液、对照品以及培养基进行质量检查；

（九）必要时应当将检验用实验动物在使用前进行检验或隔离检疫。饲养和管理应当符合相关的实验动物管理规定。动物应当有标识，并应当保存使用的历史记录。

第二百二十四条　质量控制实验室应当建立检验结果超标调查的操作规程。任何检验结果超标都必须按照操作规程进行完整的调查，并有相应的记录。

第二百二十五条　企业按规定保存的、用于药品质量追溯或调查的物料、产品样品为留样。用于产品稳定性考察的样品不属于留样。

留样应当至少符合以下要求：

（一）应当按照操作规程对留样进行管理；

（二）留样应当能够代表被取样批次的物料或产品；

（三）成品的留样：

1. 每批药品均应当有留样；如果一批药品分成数次进行包装，则每次包装至少应当保留一件最小市售包装的成品；

2. 留样的包装形式应当与药品市售包装形式相同，原料药的留样如无法采用市售包装形式的，可采用模拟包装；

3. 每批药品的留样数量一般至少应当能够确保按照注册批准的质量标准完成两次全检（无菌检查和热原检查等除外）；

4. 如果不影响留样的包装完整性，保存期间内至少应当每年对留样进行一次目检观察，如有异常，应当进行彻底调查并采取相应的处理措施；

5. 留样观察应当有记录；

6. 留样应当按照注册批准的贮存条件至少保存至药品有效期后一年；

7. 如企业终止药品生产或关闭的，应当将留样转交受权单位保存，并告知当地药品监督管理部门，以便在必要时可随时取得留样。

（四）物料的留样：

1. 制剂生产用每批原辅料和与药品直接接触的包装材料均应当有留样。与药品直接接触的包装材料（如输液瓶），如成品已有留样，可不必单独留样；

2. 物料的留样量应当至少满足鉴别的需要；

3. 除稳定性较差的原辅料外，用于制剂生产的原辅料（不包括生产过程中使用的溶剂、气体或制药用水）和与药品直接接触的包装材料的留样应当至少保存至产品放行后二年。如果物料的有效期较短，则留样时间可相应缩短；

4. 物料的留样应当按照规定的条件贮存，必要时还应当适当包装密封。

第二百二十六条 试剂、试液、培养基和检定菌的管理应当至少符合以下要求：

（一）试剂和培养基应当从可靠的供应商处采购，必要时应当对供应商进行评估；

（二）应当有接收试剂、试液、培养基的记录，必要时，应当在试剂、试液、培养基的容器上标注接收日期；

（三）应当按照相关规定或使用说明配制、贮存和使用试剂、试液和培养基。特殊情况下，在接收或使用前，还应当对试剂进行鉴别或其他检验；

（四）试液和已配制的培养基应当标注配制批号、配制日期和配制人员姓名，并有配制（包括灭菌）记录。不稳定的试剂、试液和培养基应当标注有效期及特殊贮存条件。标准液、滴定液还应当标注最后一次标化的日期和校正因子，并有标化记录；

（五）配制的培养基应当进行适用性检查，并有相关记录。应当有培养基使用记录；

（六）应当有检验所需的各种检定菌，并建立检定菌保存、传代、使用、销毁的操作规程和相应记录；

（七）检定菌应当有适当的标识，内容至少包括菌种名称、编号、代次、传代日期、传代操作人；

（八）检定菌应当按照规定的条件贮存，贮存的方式和时间不应当对检定菌的生长特性有不利影响。

第二百二十七条 标准品或对照品的管理应当至少符合以下要求：

（一）标准品或对照品应当按照规定贮存和使用；

（二）标准品或对照品应当有适当的标识，内容至少包括名称、批号、制备日期（如有）、有效期（如有）、首次开启日期、含量或效价、贮存条件；

（三）企业如需自制工作标准品或对照品，应当建立工作标准品或对照品的质量标准以及制备、鉴别、检验、批准和贮存的操作规程，每批工作标准品或对照品应当用法定标准品或对照品进行标化，并确定有效期，还应当通过定期标化证明工作标准品或对照品的效价或含量在有效期内保持稳定。标化的过程和结果应当有相应的记录。

第二节　物料和产品放行

第二百二十八条　应当分别建立物料和产品批准放行的操作规程，明确批准放行的标准、职责，并有相应的记录。

第二百二十九条　物料的放行应当至少符合以下要求：

（一）物料的质量评价内容应当至少包括生产商的检验报告、物料包装完整性和密封性的检查情况和检验结果；

（二）物料的质量评价应当有明确的结论，如批准放行、不合格或其他决定；

（三）物料应当由指定人员签名批准放行。

第二百三十条　产品的放行应当至少符合以下要求：

（一）在批准放行前，应当对每批药品进行质量评价，保证药品及其生产应当符合注册和本规范要求，并确认以下各项内容：

1. 主要生产工艺和检验方法经过验证；

2. 已完成所有必需的检查、检验，并综合考虑实际生产条件和生产记录；

3. 所有必需的生产和质量控制均已完成并经相关主管人员签名；

4. 变更已按照相关规程处理完毕，需要经药品监督管理部门批准的变更已得到批准；

5. 对变更或偏差已完成所有必要的取样、检查、检验和审核；

6. 所有与该批产品有关的偏差均已有明确的解释或说明，或者已经过彻底调查和适当处理；如偏差还涉及其他批次产品，应当一并处理。

（二）药品的质量评价应当有明确的结论，如批准放行、不合格或其他决定；

（三）每批药品均应当由质量受权人签名批准放行；

（四）疫苗类制品、血液制品、用于血源筛查的体外诊断试剂以及国家食品药品监督管理局规定的其他生物制品放行前还应当取得批签发合格证明。

第三节　持续稳定性考察

第二百三十一条　持续稳定性考察的目的是在有效期内监控已上市药品的质量，以发现药品与生产相关的稳定性问题（如杂质含量或溶出度特性的变化），并确定药品能够在标示的贮存条件下，符合质量标准的各项要求。

第二百三十二条　持续稳定性考察主要针对市售包装药品，但也需兼顾待包装产品。例如，当待包装产品在完成包装前，或从生产厂运输到包装厂，还需要长期贮存时，应当在相应的环境条件下，评估其对包装后产品稳定性的影响。此外，还应当考虑对贮存时间较长的中间产品进行考察。

第二百三十三条　持续稳定性考察应当有考察方案，结果应当有报告。用于持续稳定性考察的设备（尤其是稳定性试验设备或设施）应当按照第七章和第五章的要求进行确认和维护。

第二百三十四条　持续稳定性考察的时间应当涵盖药品有效期，考察方案应当至少包括以下内容：

（一）每种规格、每个生产批量药品的考察批次数；

（二）相关的物理、化学、微生物和生物学检验方法，可考虑采用稳定性考察专属的检验方法；

（三）检验方法依据；

（四）合格标准；

（五）容器密封系统的描述；

（六）试验间隔时间（测试时间点）；

（七）贮存条件（应当采用与药品标示贮存条件相对应的《中华人民共和国药典》规定的长期稳定性试验标准条件）；

（八）检验项目，如检验项目少于成品质量标准所包含的项目，应当说明理由。

第二百三十五条　考察批次数和检验频次应当能够获得足够的数据，以供趋势分析。通常情况下，每种规格、每种内包装形式的药品，至少每年应当考察一个批次，除非当年没有生产。

第二百三十六条 某些情况下，持续稳定性考察中应当额外增加批次数，如重大变更或生产和包装有重大偏差的药品应当列入稳定性考察。此外，重新加工、返工或回收的批次，也应当考虑列入考察，除非已经过验证和稳定性考察。

第二百三十七条 关键人员，尤其是质量受权人，应当了解持续稳定性考察的结果。当持续稳定性考察不在待包装产品和成品的生产企业进行时，则相关各方之间应当有书面协议，且均应当保存持续稳定性考察的结果以供药品监督管理部门审查。

第二百三十八条 应当对不符合质量标准的结果或重要的异常趋势进行调查。对任何已确认的不符合质量标准的结果或重大不良趋势，企业都应当考虑是否可能对已上市药品造成影响，必要时应当实施召回，调查结果以及采取的措施应当报告当地药品监督管理部门。

第二百三十九条 应当根据所获得的全部数据资料，包括考察的阶段性结论，撰写总结报告并保存。应当定期审核总结报告。

第四节 变 更 控 制

第二百四十条 企业应当建立变更控制系统，对所有影响产品质量的变更进行评估和管理。需要经药品监督管理部门批准的变更应当在得到批准后方可实施。

第二百四十一条 应当建立操作规程，规定原辅料、包装材料、质量标准、检验方法、操作规程、厂房、设施、设备、仪器、生产工艺和计算机软件变更的申请、评估、审核、批准和实施。质量管理部门应当指定专人负责变更控制。

第二百四十二条 变更都应当评估其对产品质量的潜在影响。企业可以根据变更的性质、范围、对产品质量潜在影响的程度将变更分类（如主要、次要变更）。判断变更所需的验证、额外的检验以及稳定性考察应当有科学依据。

第二百四十三条 与产品质量有关的变更由申请部门提出后，应当经评估、制定实施计划并明确实施职责，最终由质量管理部门审核批准。变更实施应当有相应的完整记录。

第二百四十四条 改变原辅料、与药品直接接触的包装材料、生产工艺、主要生产设备以及其他影响药品质量的主要因素时，还应当对变更实施后最初至少三个批次的药品质量进行评估。如果变更可能影响药品的有效期，则质量评估还应当包括对变更实施后生产的药品进行稳定性考察。

第二百四十五条 变更实施时，应当确保与变更相关的文件均已修订。

第二百四十六条 质量管理部门应当保存所有变更的文件和记录。

第五节 偏 差 处 理

第二百四十七条 各部门负责人应当确保所有人员正确执行生产工艺、质量标准、检验方法和操作规程，防止偏差的产生。

第二百四十八条 企业应当建立偏差处理的操作规程，规定偏差的报告、记录、调查、处理以及所采取的纠正措施，并有相应的记录。

第二百四十九条 任何偏差都应当评估其对产品质量的潜在影响。企业可以根据偏差的性质、范围、对产品质量潜在影响的程度将偏差分类（如重大、次要偏差），对重大偏差的评估还应当考虑是否需要对产品进行额外的检验以及对产品有效期的影响，必要时，应当对涉及重大偏差的产品进行稳定性考察。

第二百五十条 任何偏离生产工艺、物料平衡限度、质量标准、检验方法、操作规程等的情况均应当有记录，并立即报告主管人员及质量管理部门，应当有清楚的说明，重大偏差应当由质量管理部门会同其他部门进行彻底调查，并有调查报告。偏差调查报告应当由质量管理部门的指定人员审核并签字。

企业还应当采取预防措施有效防止类似偏差的再次发生。

第二百五十一条 质量管理部门应当负责偏差的分类，保存偏差调查、处理的文件和记录。

第六节 纠正措施和预防措施

第二百五十二条 企业应当建立纠正措施和预防措施系统，对投诉、召回、偏差、自检或外部检查结果、工艺性能和质量监测趋势等进行调查并采取纠正和预防措施。调查的深度和形式应当与风险的级别相适应。纠正措施和预防措施系统应当能够增进对产品和工艺的理解，改进产品和工艺。

第二百五十三条 企业应当建立实施纠正和预防措施的操作规程，内容至少包括：

（一）对投诉、召回、偏差、自检或外部检查结果、工艺性能和质量监测趋势以及其他来源的质量数据进行分析，确定已有和潜在的质量问题。必要时，应当采用适当的统计学方法；

（二）调查与产品、工艺和质量保证系统有关的原因；

（三）确定所需采取的纠正和预防措施，防止问题的再次发生；

（四）评估纠正和预防措施的合理性、有效性和充分性；

（五）对实施纠正和预防措施过程中所有发生的变更应当予以记录；

（六）确保相关信息已传递到质量受权人和预防问题再次发生的直接负责人；

（七）确保相关信息及其纠正和预防措施已通过高层管理人员的评审。

第二百五十四条 实施纠正和预防措施应当有文件记录，并由质量管理部门保存。

第七节 供应商的评估和批准

第二百五十五条 质量管理部门应当对所有生产用物料的供应商进行质量评估，会同有关部门对主要物料供应商（尤其是生产商）的质量体系进行现场质量审计，并对质量评估不符合要求的供应商行使否决权。

主要物料的确定应当综合考虑企业所生产的药品质量风险、物料用量以及物料对药品质量的影响程度等因素。

企业法定代表人、企业负责人及其他部门的人员不得干扰或妨碍质量管理部门对物料供应商独立作出质量评估。

第二百五十六条 应当建立物料供应商评估和批准的操作规程，明确供应商的资质、选择的原则、质量评估方式、评估标准、物料供应商批准的程序。

如质量评估需采用现场质量审计方式的，还应当明确审计内容、周期、审计人员的组成及资质。需采用样品小批量试生产的，还应当明确生产批量、生产工艺、产品质量标准、稳定性考察方案。

第二百五十七条 质量管理部门应当指定专人负责物料供应商质量评估和现场质量审计，分发经批准的合格供应商名单。被指定的人员应当具有相关的法规和专业知识，具有足够的质量评估和现场质量审计的实践经验。

第二百五十八条 现场质量审计应当核实供应商资质证明文件和检验报告的真实性，核实是否具备检验条件。应当对其人员机构、厂房设施和设备、物料管理、生产工艺流程和生产管理、质量控制实验室的设备、仪器、文件管理等进行检查，以全面评估其质量保证系统。现场质量审计应当有报告。

第二百五十九条 必要时，应当对主要物料供应商提供的样品进行小批量试生产，并对试生产的药品进行稳定性考察。

第二百六十条 质量管理部门对物料供应商的评估至少应当包括：供应商的资质证明文件、质量标准、检验报告、企业对物料样品的检验数据和报告。如进行现场质量审计和样品小批量试生产的，还应当包括现场质量审计报告，以及小试产品的质量检验报告和稳定性考察报告。

第二百六十一条 改变物料供应商，应当对新的供应商进行质量评估；改变主要物料供应商的，还需要对产品进行相关的验证及稳定性考察。

第二百六十二条 质量管理部门应当向物料管理部门分发经批准的合格供应商名单，该名单内容至少包括物料名称、规格、质量标准、生产商名称和地址、经销商（如有）名称等，并及时更新。

第二百六十三条 质量管理部门应当与主要物料供应商签订质量协议，在协议中应当明确双方所承担的质量责任。

第二百六十四条 质量管理部门应当定期对物料供应商进行评估或现场质量审计，回顾分析物料质量检验结果、质量投诉和不合格处理记录。如物料出现质量问题或生产条件、工艺、质量标准和检验方法等可能影响质量的关键因素发生重大改变时，还应当尽快进行相关的现场质量审计。

第二百六十五条　企业应当对每家物料供应商建立质量档案，档案内容应当包括供应商的资质证明文件、质量协议、质量标准、样品检验数据和报告、供应商的检验报告、现场质量审计报告、产品稳定性考察报告、定期的质量回顾分析报告等。

第八节　产品质量回顾分析

第二百六十六条　应当按照操作规程，每年对所有生产的药品按品种进行产品质量回顾分析，以确认工艺稳定可靠，以及原辅料、成品现行质量标准的适用性，及时发现不良趋势，确定产品及工艺改进的方向。应当考虑以往回顾分析的历史数据，还应当对产品质量回顾分析的有效性进行自检。

当有合理的科学依据时，可按照产品的剂型分类进行质量回顾，如固体制剂、液体制剂和无菌制剂等。

回顾分析应当有报告。

企业至少应当对下列情形进行回顾分析：

（一）产品所用原辅料的所有变更，尤其是来自新供应商的原辅料；

（二）关键中间控制点及成品的检验结果；

（三）所有不符合质量标准的批次及其调查；

（四）所有重大偏差及相关的调查、所采取的整改措施和预防措施的有效性；

（五）生产工艺或检验方法等的所有变更；

（六）已批准或备案的药品注册所有变更；

（七）稳定性考察的结果及任何不良趋势；

（八）所有因质量原因造成的退货、投诉、召回及调查；

（九）与产品工艺或设备相关的纠正措施的执行情况和效果；

（十）新获批准和有变更的药品，按照注册要求上市后应当完成的工作情况；

（十一）相关设备和设施，如空调净化系统、水系统、压缩空气等的确认状态；

（十二）委托生产或检验的技术合同履行情况。

第二百六十七条　应当对回顾分析的结果进行评估，提出是否需要采取纠正和预防措施或进行再确认或再验证的评估意见及理由，并及时、有效地完成整改。

第二百六十八条　药品委托生产时，委托方和受托方之间应当有书面的技术协议，规定产品质量回顾分析中各方的责任，确保产品质量回顾分析按时进行并符合要求。

第九节　投诉与不良反应报告

第二百六十九条　应当建立药品不良反应报告和监测管理制度，设立专门机构并配备专职人员负责管理。

第二百七十条　应当主动收集药品不良反应，对不良反应应当详细记录、评价、调查和处理，及时采取措施控制可能存在的风险，并按照要求向药品监督管理部门报告。

第二百七十一条　应当建立操作规程，规定投诉登记、评价、调查和处理的程序，并规定因可能的产品缺陷发生投诉时所采取的措施，包括考虑是否有必要从市场召回药品。

第二百七十二条　应当有专人及足够的辅助人员负责进行质量投诉的调查和处理，所有投诉、调查的信息应当向质量受权人通报。

第二百七十三条　所有投诉都应当登记与审核，与产品质量缺陷有关的投诉，应当详细记录投诉的各个细节，并进行调查。

第二百七十四条　发现或怀疑某批药品存在缺陷，应当考虑检查其他批次的药品，查明其是否受到影响。

第二百七十五条　投诉调查和处理应当有记录，并注明所查相关批次产品的信息。

第二百七十六条　应当定期回顾分析投诉记录，以便发现需要警觉、重复出现以及可能需要从市场召回药品的问题，并采取相应措施。

第二百七十七条　企业出现生产失误、药品变质或其他重大质量问题，应当及时采取相应措施，必要时还应当向当地药品监督管理部门报告。

第十一章　委托生产与委托检验

第一节　原　则

第二百七十八条　为确保委托生产产品的质量和委托检验的准确性和可靠性，委托方和受托方必须签订书面合同，明确规定各方责任、委托生产或委托检验的内容及相关的技术事项。

第二百七十九条　委托生产或委托检验的所有活动，包括在技术或其他方面拟采取的任何变更，均应当符合药品生产许可和注册的有关要求。

第二节　委　托　方

第二百八十条　委托方应当对受托方进行评估，对受托方的条件、技术水平、质量管理情况进行现场考核，确认其具有完成受托工作的能力，并能保证符合本规范的要求。

第二百八十一条　委托方应当向受托方提供所有必要的资料，以使受托方能够按照药品注册和其他法定要求正确实施所委托的操作。

委托方应当使受托方充分了解与产品或操作相关的各种问题，包括产品或操作对受托方的环境、厂房、设备、人员及其他物料或产品可能造成的危害。

第二百八十二条　委托方应当对受托生产或检验的全过程进行监督。

第二百八十三条　委托方应当确保物料和产品符合相应的质量标准。

第三节　受　托　方

第二百八十四条　受托方必须具备足够的厂房、设备、知识和经验以及人员，满足委托方所委托的生产或检验工作的要求。

第二百八十五条　受托方应当确保所收到委托方提供的物料、中间产品和待包装产品适用于预定用途。

第二百八十六条　受托方不得从事对委托生产或检验的产品质量有不利影响的活动。

第四节　合　同

第二百八十七条　委托方与受托方之间签订的合同应当详细规定各自的产品生产和控制职责，其中的技术性条款应当由具有制药技术、检验专业知识和熟悉本规范的主管人员拟订。委托生产及检验的各项工作必须符合药品生产许可和药品注册的有关要求并经双方同意。

第二百八十八条　合同应当详细规定质量受权人批准放行每批药品的程序，确保每批产品都已按照药品注册的要求完成生产和检验。

第二百八十九条　合同应当规定何方负责物料的采购、检验、放行、生产和质量控制（包括中间控制），还应当规定何方负责取样和检验。

在委托检验的情况下，合同应当规定受托方是否在委托方的厂房内取样。

第二百九十条　合同应当规定由受托方保存的生产、检验和发运记录及样品，委托方应当能够随时调阅或检查；出现投诉、怀疑产品有质量缺陷或召回时，委托方应当能够方便地查阅所有与评价产品质量相关的记录。

第二百九十一条　合同应当明确规定委托方可以对受托方进行检查或现场质量审计。

第二百九十二条　委托检验合同应当明确受托方有义务接受药品监督管理部门检查。

第十二章　产品发运与召回

第一节　原　则

第二百九十三条　企业应当建立产品召回系统，必要时可迅速、有效地从市场召回任何一批存在安全隐患的产品。

第二百九十四条　因质量原因退货和召回的产品，均应当按照规定监督销毁，有证据证明退货产品质量未受影响的除外。

第二节　发　　运

第二百九十五条　每批产品均应当有发运记录。根据发运记录，应当能够追查每批产品的销售情况，必要时应当能够及时全部追回，发运记录内容应当包括：产品名称、规格、批号、数量、收货单位和地址、联系方式、发货日期、运输方式等。

第二百九十六条　药品发运的零头包装只限两个批号为一个合箱，合箱外应当标明全部批号，并建立合箱记录。

第二百九十七条　发运记录应当至少保存至药品有效期后一年。

第三节　召　　回

第二百九十八条　应当制定召回操作规程，确保召回工作的有效性。

第二百九十九条　应当指定专人负责组织协调召回工作，并配备足够数量的人员。产品召回负责人应当独立于销售和市场部门；如产品召回负责人不是质量受权人，则应当向质量受权人通报召回处理情况。

第三百条　召回应当能够随时启动，并迅速实施。

第三百零一条　因产品存在安全隐患决定从市场召回的，应当立即向当地药品监督管理部门报告。

第三百零二条　产品召回负责人应当能够迅速查阅到药品发运记录。

第三百零三条　已召回的产品应当有标识，并单独、妥善贮存，等待最终处理决定。

第三百零四条　召回的进展过程应当有记录，并有最终报告。产品发运数量、已召回数量以及数量平衡情况应当在报告中予以说明。

第三百零五条　应当定期对产品召回系统的有效性进行评估。

第十三章　自　　检

第一节　原　　则

第三百零六条　质量管理部门应当定期组织对企业进行自检，监控本规范的实施情况，评估企业是否符合本规范要求，并提出必要的纠正和预防措施。

第二节　自　　检

第三百零七条　自检应当有计划，对机构与人员、厂房与设施、设备、物料与产品、确认与验证、文件管理、生产管理、质量控制与质量保证、委托生产与委托检验、产品发运与召回等项目定期进行检查。

第三百零八条　应当由企业指定人员进行独立、系统、全面的自检，也可由外部人员或专家进行独立的质量审计。

第三百零九条　自检应当有记录。自检完成后应当有自检报告，内容至少包括自检过程中观察到的所有情况、评价的结论以及提出纠正和预防措施的建议。自检情况应当报告企业高层管理人员。

第十四章　附　　则

第三百一十条　本规范为药品生产质量管理的基本要求。对无菌药品、生物制品、血液制品等药品或生产质量管理活动的特殊要求，由国家食品药品监督管理局以附录方式另行制定。

第三百一十一条　企业可以采用经过验证的替代方法，达到本规范的要求。

第三百一十二条　本规范下列术语（按汉语拼音排序）的含义是：

（一）包装

待包装产品变成成品所需的所有操作步骤，包括分装、贴签等。但无菌生产工艺中产品的无菌灌装，以及最终灭菌产品的灌装等不视为包装。

（二）包装材料

药品包装所用的材料，包括与药品直接接触的包装材料和容器、印刷包装材料，但不包括发运用的外包装材料。

（三）操作规程

经批准用来指导设备操作、维护与清洁、验证、环境控制、取样和检验等药品生产活动的通用性文件，也称标准操作规程。

（四）产品

包括药品的中间产品、待包装产品和成品。

（五）产品生命周期

产品从最初的研发、上市直至退市的所有阶段。

（六）成品

已完成所有生产操作步骤和最终包装的产品。

（七）重新加工

将某一生产工序生产的不符合质量标准的一批中间产品或待包装产品的一部分或全部，采用不同的生产工艺进行再加工，以符合预定的质量标准。

（八）待包装产品

尚未进行包装但已完成所有其他加工工序的产品。

（九）待验

指原辅料、包装材料、中间产品、待包装产品或成品，采用物理手段或其他有效方式将其隔离或区分，在允许用于投料生产或上市销售之前贮存、等待作出放行决定的状态。

（十）发放

指生产过程中物料、中间产品、待包装产品、文件、生产用模具等在企业内部流转的一系列操作。

（十一）复验期

原辅料、包装材料贮存一定时间后，为确保其仍适用于预定用途，由企业确定的需重新检验的日期。

（十二）发运

指企业将产品发送到经销商或用户的一系列操作，包括配货、运输等。

（十三）返工

将某一生产工序生产的不符合质量标准的一批中间产品或待包装产品、成品的一部分或全部返回到之前的工序，采用相同的生产工艺进行再加工，以符合预定的质量标准。

（十四）放行

对一批物料或产品进行质量评价，作出批准使用或投放市场或其他决定的操作。

（十五）高层管理人员

在企业内部最高层指挥和控制企业、具有调动资源的权力和职责的人员。

（十六）工艺规程

为生产特定数量的成品而制定的一个或一套文件，包括生产处方、生产操作要求和包装操作要求，规定原辅料和包装材料的数量、工艺参数和条件、加工说明（包括中间控制）、注意事项等内容。

（十七）供应商

指物料、设备、仪器、试剂、服务等的提供方，如生产商、经销商等。

（十八）回收

在某一特定的生产阶段，将以前生产的一批或数批符合相应质量要求的产品的一部分或全部，加入到另一批次中的操作。

（十九）计算机化系统

用于报告或自动控制的集成系统，包括数据输入、电子处理和信息输出。

（二十）交叉污染

不同原料、辅料及产品之间发生的相互污染。

（二十一）校准

在规定条件下，确定测量、记录、控制仪器或系统的示值（尤指称量）或实物量具所代表的量值，与对应的参照标准量值之间关系的一系列活动。

（二十二）阶段性生产方式

指在共用生产区内，在一段时间内集中生产某一产品，再对相应的共用生产区、设施、设备、工器具等进行彻底清洁，更换生产另一种产品的方式。

（二十三）洁净区

需要对环境中尘粒及微生物数量进行控制的房间（区域），其建筑结构、装备及其使用应当能够减少该区域内污染物的引入、产生和滞留。

（二十四）警戒限度

系统的关键参数超出正常范围，但未达到纠偏限度，需要引起警觉，可能需要采取纠正措施的限度标准。

（二十五）纠偏限度

系统的关键参数超出可接受标准，需要进行调查并采取纠正措施的限度标准。

（二十六）检验结果超标

检验结果超出法定标准及企业制定标准的所有情形。

（二十七）批

经一个或若干加工过程生产的、具有预期均一质量和特性的一定数量的原辅料、包装材料或成品。为完成某些生产操作步骤，可能有必要将一批产品分成若干亚批，最终合并成为一个均一的批。在连续生产情况下，批必须与生产中具有预期均一特性的确定数量的产品相对应，批量可以是固定数量或固定时间段内生产的产品量。

例如：口服或外用的固体、半固体制剂在成型或分装前使用同一台混合设备一次混合所生产的均质产品为一批；口服或外用的液体制剂以灌装（封）前经最后混合的药液所生产的均质产品为一批。

（二十八）批号

用于识别一个特定批的具有唯一性的数字和（或）字母的组合。

（二十九）批记录

用于记述每批药品生产、质量检验和放行审核的所有文件和记录，可追溯所有与成品质量有关的历史信息。

（三十）气锁间

设置于两个或数个房间之间（如不同洁净度级别的房间之间）的具有两扇或多扇门的隔离空间。设置气锁间的目的是在人员或物料出入时，对气流进行控制。气锁间有人员气锁间和物料气锁间。

（三十一）企业

在本规范中如无特别说明，企业特指药品生产企业。

（三十二）确认

证明厂房、设施、设备能正确运行并可达到预期结果的一系列活动。

（三十三）退货

将药品退还给企业的活动。

（三十四）文件

本规范所指的文件包括质量标准、工艺规程、操作规程、记录、报告等。

（三十五）物料

指原料、辅料和包装材料等。

例如：化学药品制剂的原料是指原料药；生物制品的原料是指原材料；中药制剂的原料是指中药材、中药饮片和外购中药提取物；原料药的原料是指用于原料药生产的除包装材料以外的其他物料。

（三十六）物料平衡

产品或物料实际产量或实际用量及收集到的损耗之和与理论产量或理论用量之间的比较，并考虑可允许的偏差范围。

（三十七）污染

在生产、取样、包装或重新包装、贮存或运输等操作过程中，原辅料、中间产品、待包装产品、成品受到具有化学或微生物特性的杂质或异物的不利影响。

（三十八）验证

证明任何操作规程（或方法）、生产工艺或系统能够达到预期结果的一系列活动。

（三十九）印刷包装材料

指具有特定式样和印刷内容的包装材料，如印字铝箔、标签、说明书、纸盒等。

（四十）原辅料

除包装材料之外，药品生产中使用的任何物料。

（四十一）中间产品

指完成部分加工步骤的产品，尚需进一步加工方可成为待包装产品。

（四十二）中间控制

也称过程控制，指为确保产品符合有关标准，生产中对工艺过程加以监控，以便在必要时进行调节而做的各项检查。可将对环境或设备控制视作中间控制的一部分。

第三百一十三条　本规范自 2011 年 3 月 1 日起施行。按照《中华人民共和国药品管理法》第九条规定，具体实施办法和实施步骤由国家食品药品监督管理局规定。

附录二 关于发布《药品生产质量管理规范（2010年修订）》无菌药品等5个附录的公告有关管理事宜的公告

根据卫生部令第79号《药品生产质量管理规范（2010年修订）》第三百一十条规定，现发布无菌药品、原料药、生物制品、血液制品及中药制剂等5个附录，作为《药品生产质量管理规范（2010年修订）》配套文件，自2011年3月1日起施行。

特此公告。

附件：1. 无菌药品
2. 原料药
3. 生物制品
4. 血液制品
5. 中药制剂

国家食品药品监督管理局
二〇一一年二月二十四日

附录1：

无 菌 药 品

第一章 范 围

第一条 无菌药品是指法定药品标准中列有无菌检查项目的制剂和原料药，包括无菌制剂和无菌原料药。

第二条 本附录适用于无菌制剂生产全过程以及无菌原料药的灭菌和无菌生产过程。

第二章 原 则

第三条 无菌药品的生产须满足其质量和预定用途的要求，应当最大限度降低微生物、各种微粒和热原的污染。生产人员的技能、所接受的培训及其工作态度是达到上述目标的关键因素，无菌药品的生产必须严格按照精心设计并经验证的方法及规程进行，产品的无菌或其他质量特性绝不能只依赖于任何形式的最终处理或成品检验（包括无菌检查）。

第四条 无菌药品按生产工艺可分为两类：采用最终灭菌工艺的为最终灭菌产品；部分或全部工序采用无菌生产工艺的为非最终灭菌产品。

第五条 无菌药品生产的人员、设备和物料应通过气锁间进入洁净区，采用机械连续传输物料的，应当用正压气流保护并监测压差。

第六条 物料准备、产品配制和灌装或分装等操作必须在洁净区内分区域（室）进行。

第七条 应当根据产品特性、工艺和设备等因素，确定无菌药品生产用洁净区的级别。每一步生产操作的环境都应当达到适当的动态洁净度标准，尽可能降低产品或所处理的物料被微粒或微生物污染的风险。

第三章 洁净度级别及监测

第八条 洁净区的设计必须符合相应的洁净度要求，包括达到"静态"和"动态"的标准。

第九条 无菌药品生产所需的洁净区可分为以下 4 个级别：

A 级：高风险操作区，如灌装区、放置胶塞桶和与无菌制剂直接接触的敞口包装容器的区域及无菌装配或连接操作的区域，应当用单向流操作台（罩）维持该区的环境状态。单向流系统在其工作区域必须均匀送风，风速为 0.36—0.54m/s（指导值）。应当有数据证明单向流的状态并经过验证。

在密闭的隔离操作器或手套箱内，可使用较低的风速。

B 级：指无菌配制和灌装等高风险操作 A 级洁净区所处的背景区域。

C 级和 D 级：指无菌药品生产过程中重要程度较低操作步骤的洁净区。

以上各级别空气悬浮粒子的标准规定如下表：

洁净度级别	悬浮粒子最大允许数/立方米			
	静态		动态[3]	
	≥0.5μm	≥5.0μm[2]	≥0.5μm	≥5.0μm
A 级[1]	3520	20	3520	20
B 级	3520	29	352000	2900
C 级	352000	2900	3520000	29000
D 级	3520000	29000	不作规定	不作规定

注：

（1）为确认 A 级洁净区的级别，每个采样点的采样量不得少于 1 立方米。A 级洁净区空气悬浮粒子的级别为 ISO 4.8，以≥5.0μm 的悬浮粒子为限度标准。B 级洁净区（静态）的空气悬浮粒子的级别为 ISO 5，同时包括表中两种粒径的悬浮粒子。对于 C 级洁净区（静态和动态）而言，空气悬浮粒子的级别分别为 ISO 7 和 ISO 8。对于 D 级洁净区（静态）空气悬浮粒子的级别为 ISO 8。测试方法可参照 ISO14644-1。

（2）在确认级别时，应当使用采样管较短的便携式尘埃粒子计数器，避免≥5.0μm 悬浮粒子在远程采样系统的长采样管中沉降。在单向流系统中，应当采用等动力学的取样头。

（3）动态测试可在常规操作、培养基模拟灌装过程中进行，证明达到动态的洁净度级别，但培养基模拟灌装试验要求在"最差状况"下进行动态测试。

第十条 应当按以下要求对洁净区的悬浮粒子进行动态监测：

（一）根据洁净度级别和空气净化系统确认的结果及风险评估，确定取样点的位置并进行日常动态监控。

（二）在关键操作的全过程中，包括设备组装操作，应当对 A 级洁净区进行悬浮粒子监测。生产过程中的污染（如活生物、放射危害）可能损坏尘埃粒子计数器时，应当在设备调试操作和模拟操作期间进行测试。A 级洁净区监测的频率及取样量，应能及时发现所有人为干预、偶发事件及任何系统的损坏。灌装或分装时，由于产品本身产生粒子或液滴，允许灌装点≥5.0μm 的悬浮粒子出现不符合标准的情况。

（三）在 B 级洁净区可采用与 A 级洁净区相似的监测系统。可根据 B 级洁净区对相邻 A 级洁净区的影响程度，调整采样频率和采样量。

（四）悬浮粒子的监测系统应当考虑采样管的长度和弯管的半径对测试结果的影响。

（五）日常监测的采样量可与洁净度级别和空气净化系统确认时的空气采样量不同。

（六）在 A 级洁净区和 B 级洁净区，连续或有规律地出现少量≥5.0μm 的悬浮粒子时，应当进行调查。

（七）生产操作全部结束、操作人员撤出生产现场并经 15～20 分钟（指导值）自净后，洁净区的悬浮粒子应当达到表中的"静态"标准。

（八）应当按照质量风险管理的原则对 C 级洁净区和 D 级洁净区（必要时）进行动态监测。监控要求以及警戒限度和纠偏限度可根据操作的性质确定，但自净时间应当达到规定要求。

（九）应当根据产品及操作的性质制定温度、相对湿度等参数，这些参数不应对规定的洁净度造成不良影响。

第十一条　应当对微生物进行动态监测，评估无菌生产的微生物状况。监测方法有沉降菌法、定量空气浮游菌采样法和表面取样法（如棉签擦拭法和接触碟法）等。动态取样应当避免对洁净区造成不良影响。成品批记录的审核应当包括环境监测的结果。

对表面和操作人员的监测，应当在关键操作完成后进行。在正常的生产操作监测外，可在系统验证、清洁或消毒等操作完成后增加微生物监测。

洁净区微生物监测的动态标准[1] 如下：

洁净度级别	浮游菌 cfu/m³	沉降菌（φ90mm） cfu/4 小时[2]	表面微生物	
			接触（φ55mm） cfu/碟	5 指手套 cfu/手套
A 级	<1	<1	<1	<1
B 级	10	5	5	5
C 级	100	50	25	—
D 级	200	100	50	—

注：

（1）表中各数值均为平均值。

（2）单个沉降碟的暴露时间可以少于 4 小时，同一位置可使用多个沉降碟连续进行监测并累积计数。

第十二条　应当制定适当的悬浮粒子和微生物监测警戒限度和纠偏限度。操作规程中应当详细说明结果超标时需采取的纠偏措施。

第十三条　无菌药品的生产操作环境可参照表格中的示例进行选择。

洁净度级别	最终灭菌产品生产操作示例
C 级背景下的局部 A 级	高污染风险[1]的产品灌装（或灌封）
C 级	1. 产品灌装（或灌封）； 2. 高污染风险[2]产品的配制和过滤； 3. 眼用制剂、无菌软膏剂、无菌混悬剂等的配制、灌装（或灌封）； 4. 直接接触药品的包装材料和器具最终清洗后的处理。
D 级	1. 轧盖； 2. 灌装前物料的准备； 3. 产品配制（指浓配或采用密闭系统的配制）和过滤； 4. 直接接触药品的包装材料和器具的最终清洗。

注：

（1）此处的高污染风险是指产品容易长菌、灌装速度慢、灌装用容器为广口瓶、容器须暴露数秒后方可密封等状况；

（2）此处的高污染风险是指产品容易长菌、配制后需等待较长时间方可灭菌或不在密闭系统中配制等状况。

洁净度级别	非最终灭菌产品的无菌生产操作示例
B 级背景下的 A 级	1. 处于未完全密封[1]状态下产品的操作和转运，如产品灌装（或灌封）、分装、压塞、轧盖[2]等； 2. 灌装前无法除菌过滤的药液或产品的配制； 3. 直接接触药品的包装材料、器具灭菌后的装配以及处于未完全密封状态下的转运和存放； 4. 无菌原料药的粉碎、过筛、混合、分装。

续表

洁净度级别	非最终灭菌产品的无菌生产操作示例
B级	1. 处于未完全密封⁽¹⁾状态下的产品置于完全密封容器内的转运； 2. 直接接触药品的包装材料、器具灭菌后处于密闭容器内的转运和存放。
C级	1. 灌装前可除菌过滤的药液或产品的配制； 2. 产品的过滤。
D级	直接接触药品的包装材料、器具的最终清洗、装配或包装、灭菌。

注：

（1）轧盖前产品视为处于未完全密封状态。

（2）根据已压塞产品的密封性、轧盖设备的设计、铝盖的特性等因素，轧盖操作可选择在C级或D级背景下的A级送风环境中进行。A级送风环境应当至少符合A级区的静态要求。

第四章 隔离操作技术

第十四条 高污染风险的操作宜在隔离操作器中完成。隔离操作器及其所处环境的设计，应当能够保证相应区域空气的质量达到设定标准。传输装置可设计成单门或双门，也可是同灭菌设备相连的全密封系统。

物品进出隔离操作器应当特别注意防止污染。

隔离操作器所处环境取决于其设计及应用，无菌生产的隔离操作器所处的环境至少应为D级洁净区。

第十五条 隔离操作器只有经过适当的确认后方可投入使用。确认时应当考虑隔离技术的所有关键因素，如隔离系统内部和外部所处环境的空气质量、隔离操作器的消毒、传递操作以及隔离系统的完整性。

第十六条 隔离操作器和隔离用袖管或手套系统应当进行常规监测，包括经常进行必要的检漏试验。

第五章 吹灌封技术

第十七条 用于生产非最终灭菌产品的吹灌封设备自身应装有A级空气风淋装置，人员着装应当符合A/B级洁净区的式样，该设备至少应当安装在C级洁净区环境中。在静态条件下，此环境的悬浮粒子和微生物均应当达到标准，在动态条件下，此环境的微生物应当达到标准。

用于生产最终灭菌产品的吹灌封设备至少应当安装在D级洁净区环境中。

第十八条 因吹灌封技术的特殊性，应当特别注意设备的设计和确认、在线清洁和在线灭菌的验证及结果的重现性、设备所处的洁净区环境、操作人员的培训和着装，以及设备关键区域内的操作，包括灌装开始前设备的无菌装配。

第六章 人 员

第十九条 洁净区内的人数应当严加控制，检查和监督应当尽可能在无菌生产的洁净区外进行。

第二十条 凡在洁净区工作的人员（包括清洁工和设备维修工）应当定期培训，使无菌药品的操作符合要求。培训的内容应当包括卫生和微生物方面的基础知识。未受培训的外部人员（如外部施工人员或维修人员）在生产期间需进入洁净区时，应当对他们进行特别详细的指导和监督。

第二十一条 从事动物组织加工处理的人员或者从事与当前生产无关的微生物培养的工作人员通常不得进入无菌药品生产区，不可避免时，应当严格执行相关的人员净化操作规程。

第二十二条 从事无菌药品生产的员工应当随时报告任何可能导致污染的异常情况，包括污染的类型和程度。当员工由于健康状况可能导致微生物污染风险增大时，应当由指定的人员采取适当的措施。

第二十三条 应当按照操作规程更衣和洗手，尽可能减少对洁净区的污染或将污染物带入洁净区。

第二十四条 工作服及其质量应当与生产操作的要求及操作区的洁净度级别相适应，其式样和穿着方式应当能够满足保护产品和人员的要求。各洁净区的着装要求规定如下：

D级洁净区：应当将头发、胡须等相关部位遮盖。应当穿合适的工作服和鞋子或鞋套。应当采取适当措施，以避免带入洁净区外的污染物。

C级洁净区：应当将头发、胡须等相关部位遮盖，应当戴口罩。应当穿手腕处可收紧的连体服或衣裤分开的工作服，并穿适当的鞋子或鞋套。工作服应当不脱落纤维或微粒。

A/B级洁净区：应当用头罩将所有头发以及胡须等相关部位全部遮盖，头罩应当塞进衣领内，应当戴口罩以防散发飞沫，必要时戴防护目镜。应当戴经灭菌且无颗粒物（如滑石粉）散发的橡胶或塑料手套，穿经灭菌或消毒的脚套，裤腿应当塞进脚套内，袖口应当塞进手套内。工作服应为灭菌的连体工作服，不脱落纤维或微粒，并能滞留身体散发的微粒。

第二十五条 个人外衣不得带入通向B级或C级洁净区的更衣室。每位员工每次进入A/B级洁净区，应当更换无菌工作服；或每班至少更换一次，但应当用监测结果证明这种方法的可行性。操作期间应当经常消毒手套，并在必要时更换口罩和手套。

第二十六条 洁净区所用工作服的清洗和处理方式应当能够保证其不携带有污染物，不会污染洁净区。应当按照相关操作规程进行工作服的清洗、灭菌，洗衣间最好单独设置。

第七章 厂 房

第二十七条 洁净厂房的设计，应当尽可能避免管理或监控人员不必要的进入。B级洁净区的设计应当能够使管理或监控人员从外部观察到内部的操作。

第二十八条 为减少尘埃积聚并便于清洁，洁净区内货架、柜子、设备等不得有难清洁的部位。门的设计应当便于清洁。

第二十九条 无菌生产的A/B级洁净区内禁止设置水池和地漏。在其他洁净区内，水池或地漏应当有适当的设计、布局和维护，并安装易于清洁且带有空气阻断功能的装置以防倒灌。同外部排水系统的连接方式应当能够防止微生物的侵入。

第三十条 应当按照气锁方式设计更衣室，使更衣的不同阶段分开，尽可能避免工作服被微生物和微粒污染。更衣室应当有足够的换气次数。更衣室后段的静态级别应当与其相应洁净区的级别相同。必要时，可将进入和离开洁净区的更衣间分开设置。一般情况下，洗手设施只能安装在更衣的第一阶段。

第三十一条 气锁间两侧的门不得同时打开。可采用连锁系统或光学或（和）声学的报警系统防止两侧的门同时打开。

第三十二条 在任何运行状态下，洁净区通过适当的送风应当能够确保对周围低级别区域的正压，维持良好的气流方向，保证有效的净化能力。

应当特别保护已清洁的与产品直接接触的包装材料和器具及产品直接暴露的操作区域。

当使用或生产某些致病性、剧毒、放射性或活病毒、活细菌的物料与产品时，空气净化系统的送风和压差应当适当调整，防止有害物质外溢。必要时，生产操作的设备及该区域的排风应当作去污染处理（如排风口安装过滤器）。

第三十三条 应当能够证明所用气流方式不会导致污染风险并有记录（如烟雾试验的录像）。

第三十四条 应设送风机组故障的报警系统。应当在压差十分重要的相邻级别区之间安装压差表。压差数据应当定期记录或者归入有关文档中。

第三十五条 轧盖会产生大量微粒，应当设置单独的轧盖区域并设置适当的抽风装置。不单独设置轧盖区域的，应当能证明轧盖操作对产品质量没有不利影响。

第八章 设 备

第三十六条 除传送带本身能连续灭菌（如隧道式灭菌设备）外，传送带不得在A/B级洁净区与低级别洁净区之间穿越。

第三十七条 生产设备及辅助装置的设计和安装，应当尽可能便于在洁净区外进行操作、保养和维修。需灭菌的设备应当尽可能在完全装配后进行灭菌。

第三十八条 无菌药品生产的洁净区空气净化系统应当保持连续运行，维持相应的洁净度级别。因故停机再次开启空气净化系统，应当进行必要的测试以确认仍能达到规定的洁净度级别要求。

第三十九条 在洁净区内进行设备维修时，如洁净度或无菌状态遭到破坏，应当对该区域进行必要的清洁、消毒或灭菌，待监测合格方可重新开始生产操作。

第四十条 关键设备，如灭菌柜、空气净化系统和工艺用水系统等，应当经过确认，并进行计划性维护，经批准方可使用。

第四十一条 过滤器应当尽可能不脱落纤维。严禁使用含石棉的过滤器。过滤器不得因与产品发生反应、释放物质或吸附作用而对产品质量造成不利影响。

第四十二条 进入无菌生产区的生产用气体（如压缩空气、氮气，但不包括可燃性气体）均应当经过除菌过滤，应当定期检查除菌过滤器和呼吸过滤器的完整性。

第九章 消 毒

第四十三条 应当按照操作规程对洁净区进行清洁和消毒。一般情况下，所采用消毒剂的种类应当多于一种。不得用紫外线消毒替代化学消毒。应当定期进行环境监测，及时发现耐受菌株及污染情况。

第四十四条 应当监测消毒剂和清洁剂的微生物污染状况，配制后的消毒剂和清洁剂应当存放在清洁容器内，存放期不得超过规定时限。A/B 级洁净区应当使用无菌的或经无菌处理的消毒剂和清洁剂。

第四十五条 必要时，可采用熏蒸的方法降低洁净区内卫生死角的微生物污染，应当验证熏蒸剂的残留水平。

第十章 生 产 管 理

第四十六条 生产的每个阶段（包括灭菌前的各阶段）应当采取措施降低污染。

第四十七条 无菌生产工艺的验证应当包括培养基模拟灌装试验。

应当根据产品的剂型、培养基的选择性、澄清度、浓度和灭菌的适用性选择培养基。应当尽可能模拟常规的无菌生产工艺，包括所有对无菌结果有影响的关键操作，及生产中可能出现的各种干预和最差条件。

培养基模拟灌装试验的首次验证，每班次应当连续进行 3 次合格试验。空气净化系统、设备、生产工艺及人员重大变更后，应当重复进行培养基模拟灌装试验。培养基模拟灌装试验通常应当按照生产工艺每班次半年进行 1 次，每次至少一批。

培养基灌装容器的数量应当足以保证评价的有效性。批量较小的产品，培养基灌装的数量应当至少等于产品的批量。培养基模拟灌装试验的目标是零污染，应当遵循以下要求：

（一）灌装数量少于 5000 支时，不得检出污染品。

（二）灌装数量在 5000 至 10000 支时：

1. 有 1 支污染，需调查，可考虑重复试验；

2. 有 2 支污染，需调查后，进行再验证。

（三）灌装数量超过 10000 支时：

1. 有 1 支污染，需调查；

2. 有 2 支污染，需调查后，进行再验证。

（四）发生任何微生物污染时，均应当进行调查。

第四十八条 应当采取措施保证验证不能对生产造成不良影响。

第四十九条 无菌原料药精制、无菌药品配制、直接接触药品的包装材料和器具等最终清洗、A/B 级洁净区内消毒剂和清洁剂配制的用水应当符合注射用水的质量标准。

第五十条 必要时，应当定期监测制药用水的细菌内毒素，保存监测结果及所采取纠偏措施的相关记录。

第五十一条 当无菌生产正在进行时，应当特别注意减少洁净区内的各种活动。应当减少人员走动，避免剧烈活动散发过多的微粒和微生物。由于所穿工作服的特性，环境的温湿度应当保证操作人员的舒适性。

第五十二条 应当尽可能减少物料的微生物污染程度。必要时，物料的质量标准中应当包括微生物限度、细菌内毒素或热原检查项目。

第五十三条 洁净区内应当避免使用易脱落纤维的容器和物料；在无菌生产的过程中，不得使用此类容器和物料。

第五十四条 应当采取各种措施减少最终产品的微粒污染。

第五十五条 最终清洗后包装材料、容器和设备的处理应当避免被再次污染。

第五十六条 应当尽可能缩短包装材料、容器和设备的清洗、干燥和灭菌的间隔时间以及灭菌至使用的间隔时间。应当建立规定贮存条件下的间隔时间控制标准。

第五十七条 应当尽可能缩短药液从开始配制到灭菌（或除菌过滤）的间隔时间。应当根据产品的特性及贮存条件建立相应的间隔时间控制标准。

第五十八条 应当根据所用灭菌方法的效果确定灭菌前产品微生物污染水平的监控标准，并定期监控。必要时，还应当监控热原或细菌内毒素。

第五十九条 无菌生产所用的包装材料、容器、设备和任何其他物品都应当灭菌，并通过双扉灭菌柜进入无菌生产区，或以其他方式进入无菌生产区，但应当避免引入污染。

第六十条 除另有规定外，无菌药品批次划分的原则：

（一）大（小）容量注射剂以同一配液罐最终一次配制的药液所生产的均质产品为一批；同一批产品如用不同的灭菌设备或同一灭菌设备分次灭菌的，应当可以追溯；

（二）粉针剂以一批无菌原料药在同一连续生产周期内生产的均质产品为一批；

（三）冻干产品以同一批配制的药液使用同一台冻干设备在同一生产周期内生产的均质产品为一批；

（四）眼用制剂、软膏剂、乳剂和混悬剂等以同一配制罐最终一次配制所生产的均质产品为一批。

第十一章 灭菌工艺

第六十一条 无菌药品应当尽可能采用加热方式进行最终灭菌，最终灭菌产品中的微生物存活概率（即无菌保证水平，SAL）不得高于 10^{-6}。采用湿热灭菌方法进行最终灭菌的，通常标准灭菌时间 F_0 值应当大于8分钟，流通蒸汽处理不属于最终灭菌。

对热不稳定的产品，可采用无菌生产操作或过滤除菌的替代方法。

第六十二条 可采用湿热、干热、离子辐射、环氧乙烷或过滤除菌的方式进行灭菌。每一种灭菌方式都有其特定的适用范围，灭菌工艺必须与注册批准的要求相一致，且应当经过验证。

第六十三条 任何灭菌工艺在投入使用前，必须采用物理检测手段和生物指示剂，验证其对产品或物品的适用性及所有部位达到了灭菌效果。

第六十四条 应当定期对灭菌工艺的有效性进行再验证（每年至少一次）。设备重大变更后，须进行再验证。应当保存再验证记录。

第六十五条 所有的待灭菌物品均须按规定的要求处理，以获得良好的灭菌效果，灭菌工艺的设计应当保证符合灭菌要求。

第六十六条 应当通过验证确认灭菌设备腔室内待灭菌产品和物品的装载方式。

第六十七条 应当按照供应商的要求保存和使用生物指示剂，并通过阳性对照试验确认其质量。

使用生物指示剂时，应当采取严格管理措施，防止由此所致的微生物污染。

第六十八条 应当有明确区分已灭菌产品和待灭菌产品的方法。每一车（盘或其他装载设备）产品或物料均应贴签，清晰地注明品名、批号并标明是否已经灭菌。必要时，可用湿热灭菌指示带加以区分。

第六十九条 每一次灭菌操作应当有灭菌记录，并作为产品放行的依据之一。

第十二章 灭菌方法

第七十条 热力灭菌通常有湿热灭菌和干热灭菌，应当符合以下要求：

（一）在验证和生产过程中，用于监测或记录的温度探头与用于控制的温度探头应当分别设置，设置的位置应当通过验证确定。每次灭菌均应记录灭菌过程的时间-温度曲线。

采用自控和监测系统的，应当经过验证，保证符合关键工艺的要求。自控和监测系统应当能够记录系统以及工艺运行过程中出现的故障，并有操作人员监控。应当定期将独立的温度显示器的读数与灭菌过程中记录获得的图谱进行对照。

（二）可使用化学或生物指示剂监控灭菌工艺，但不得替代物理测试。

（三）应当监测每种装载方式所需升温时间，且从所有被灭菌产品或物品达到设定的灭菌温度后开始计算灭菌时间。

（四）应当有措施防止已灭菌产品或物品在冷却过程中被污染。除非能证明生产过程中可剔除任何渗漏的产品或物品，任何与产品或物品相接触的冷却用介质（液体或气体）应当经过灭菌或除菌处理。

第七十一条 湿热灭菌应当符合以下要求：

（一）湿热灭菌工艺监测的参数应当包括灭菌时间、温度或压力。

腔室底部装有排水口的灭菌柜，必要时应当测定并记录该点在灭菌全过程中的温度数据。灭菌工艺中包括抽真空操作的，应当定期对腔室作检漏测试。

（二）除已密封的产品外，被灭菌物品应当用合适的材料适当包扎，所用材料及包扎方式应当有利于空气排放、蒸汽穿透并在灭菌后能防止污染。在规定的温度和时间内，被灭菌物品所有部位均应与灭菌介质充分接触。

第七十二条 干热灭菌符合以下要求：

（一）干热灭菌时，灭菌柜腔室内的空气应当循环并保持正压，阻止非无菌空气进入。进入腔室的空气应当经过高效过滤器过滤，高效过滤器应当经过完整性测试。

（二）干热灭菌用于去除热原时，验证应当包括细菌内毒素挑战试验。

（三）干热灭菌过程中的温度、时间和腔室内、外压差应当有记录。

第七十三条 辐射灭菌应当符合以下要求：

（一）经证明对产品质量没有不利影响的，方可采用辐射灭菌。辐射灭菌应当符合《中华人民共和国药典》和注册批准的相关要求。

（二）辐射灭菌工艺应当经过验证。验证方案应当包括辐射剂量、辐射时间、包装材质、装载方式，并考察包装密度变化对灭菌效果的影响。

（三）辐射灭菌过程中，应当采用剂量指示剂测定辐射剂量。

（四）生物指示剂可作为一种附加的监控手段。

（五）应当有措施防止已辐射物品与未辐射物品的混淆。在每个包装上均应有辐射后能产生颜色变化的辐射指示片。

（六）应当在规定的时间内达到总辐射剂量标准。

（七）辐射灭菌应当有记录。

第七十四条 环氧乙烷灭菌应当符合以下要求：

（一）环氧乙烷灭菌应当符合《中华人民共和国药典》和注册批准的相关要求。

（二）灭菌工艺验证应当能够证明环氧乙烷对产品不会造成破坏性影响，且针对不同产品或物料所设定的排气条件和时间，能够保证所有残留气体及反应产物降至设定的合格限度。

（三）应当采取措施避免微生物被包藏在晶体或干燥的蛋白质内，保证灭菌气体与微生物直接接触。应当确认被灭菌物品的包装材料的性质和数量对灭菌效果的影响。

（四）被灭菌物品达到灭菌工艺所规定的温、湿度条件后，应当尽快通入灭菌气体，保证灭菌效果。

（五）每次灭菌时，应当将适当的、一定数量的生物指示剂放置在被灭菌物品的不同部位，监测灭菌效果，监测结果应当纳入相应的批记录。

（六）每次灭菌记录的内容应当包括完成整个灭菌过程的时间、灭菌过程中腔室的压力、温度和湿度、环氧乙烷的浓度及总消耗量。应当记录整个灭菌过程的压力和温度，灭菌曲线应当纳入相应的批记录。

（七）灭菌后的物品应当存放在受控的通风环境中，以便将残留的气体及反应产物降至规定的限度内。

第七十五条　非最终灭菌产品的过滤除菌应当符合以下要求：

（一）可最终灭菌的产品不得以过滤除菌工艺替代最终灭菌工艺。如果药品不能在其最终包装容器中灭菌，可用 0.22μm（更小或相同过滤效力）的除菌过滤器将药液滤入预先灭菌的容器内。由于除菌过滤器不能将病毒或支原体全部滤除，可采用热处理方法来弥补除菌过滤的不足。

（二）应当采取措施降低过滤除菌的风险。宜安装第二只已灭菌的除菌过滤器再次过滤药液，最终的除菌过滤器应当尽可能接近灌装点。

（三）除菌过滤器使用后，必须采用适当的方法立即对其完整性进行检查并记录。常用的方法有起泡点试验、扩散流试验或压力保持试验。

（四）过滤除菌工艺应当经过验证，验证中应当确定过滤一定量药液所需时间及过滤器二侧的压力。任何明显偏离正常时间或压力的情况应当有记录并进行调查，调查结果应当归入批记录。

（五）同一规格和型号的除菌过滤器使用时限应当经过验证，一般不得超过一个工作日。

第十三章　无菌药品的最终处理

第七十六条　小瓶压塞后应当尽快完成轧盖，轧盖前离开无菌操作区或房间的，应当采取适当措施防止产品受到污染。

第七十七条　无菌药品包装容器的密封性应当经过验证，避免产品遭受污染。

熔封的产品（如玻璃安瓿或塑料安瓿）应当作100％的检漏试验，其他包装容器的密封性应当根据操作规程进行抽样检查。

第七十八条　在抽真空状态下密封的产品包装容器，应当在预先确定的适当时间后，检查其真空度。

第七十九条　应当逐一对无菌药品的外部污染或其他缺陷进行检查。如采用灯检法，应当在符合要求的条件下进行检查，灯检人员连续灯检时间不宜过长。应当定期检查灯检人员的视力。如果采用其他检查方法，该方法应当经过验证，定期检查设备的性能并记录。

第十四章　质 量 控 制

第八十条　无菌检查的取样计划应当根据风险评估结果制定，样品应当包括微生物污染风险最大的产品。无菌检查样品的取样至少应当符合以下要求：

（一）无菌灌装产品的样品必须包括最初、最终灌装的产品以及灌装过程中发生较大偏差后的产品；

（二）最终灭菌产品应当从可能的灭菌冷点处取样；

（三）同一批产品经多个灭菌设备或同一灭菌设备分次灭菌的，样品应当从各个/次灭菌设备中抽取。

第十五章　术　　语

第八十一条　下列术语含义是：

（一）吹灌封设备

指将热塑性材料吹制成容器并完成灌装和密封的全自动机器，可连续进行吹塑、灌装、密封（简称吹灌封）操作。

（二）动态

指生产设备按预定的工艺模式运行并有规定数量的操作人员在现场操作的状态。

（三）单向流

指空气朝着同一个方向，以稳定均匀的方式和足够的速率流动。单向流能持续清除关键操作区域的颗粒。

（四）隔离操作器

指配备 B 级（ISO 5 级）或更高洁净度级别的空气净化装置，并能使其内部环境始终与外界环境（如其所在洁净室和操作人员）完全隔离的装置或系统。

（五）静态

指所有生产设备均已安装就绪，但没有生产活动且无操作人员在场的状态。

（六）密封

指将容器或器具用适宜的方式封闭，以防止外部微生物侵入。

附录 2：

原 料 药

第一章 范 围

第一条 本附录适用于非无菌原料药生产及无菌原料药生产中非无菌生产工序的操作。

第二条 原料药生产的起点及工序应当与注册批准的要求一致。

第二章 厂房与设施

第三条 非无菌原料药精制、干燥、粉碎、包装等生产操作的暴露环境应当按照 D 级洁净区的要求设置。

第四条 质量标准中有热原或细菌内毒素等检验项目的，厂房的设计应当特别注意防止微生物污染，根据产品的预定用途、工艺要求采取相应的控制措施。

第五条 质量控制实验室通常应当与生产区分开。当生产操作不影响检验结果的准确性，且检验操作对生产也无不利影响时，中间控制实验室可设在生产区内。

第三章 设 备

第六条 设备所需的润滑剂、加热或冷却介质等，应当避免与中间产品或原料药直接接触，以免影响中间产品或原料药的质量。当任何偏离上述要求的情况发生时，应当进行评估和恰当处理，保证对产品的质量和用途无不良影响。

第七条 生产宜使用密闭设备；密闭设备、管道可以安置于室外。使用敞口设备或打开设备操作时，应当有避免污染的措施。

第八条 使用同一设备生产多种中间体或原料药品种的，应当说明设备可以共用的合理性，并有防止交叉污染的措施。

第九条 难以清洁的设备或部件应当专用。

第十条 设备的清洁应当符合以下要求：

（一）同一设备连续生产同一原料药或阶段性生产连续数个批次时，宜间隔适当的时间对设备进行清洁，防止污染物（如降解产物、微生物）的累积。如有影响原料药质量的残留物，更换批次时，必须对设备进行彻底的清洁。

（二）非专用设备更换品种生产前，必须对设备（特别是从粗品精制开始的非专用设备）进行彻底的清洁，防止交叉污染。

（三）对残留物的可接受标准、清洁操作规程和清洁剂的选择，应当有明确规定并说明理由。

第十一条 非无菌原料药精制工艺用水至少应当符合纯化水的质量标准。

第四章　物　　料

第十二条　进厂物料应当有正确标识，经取样（或检验合格）后，可与现有的库存（如储槽中的溶剂或物料）混合，经放行后混合物料方可使用。应当有防止将物料错放到现有库存中的操作规程。

第十三条　采用非专用槽车运送的大宗物料，应当采取适当措施避免来自槽车所致的交叉污染。

第十四条　大的贮存容器及其所附配件、进料管路和出料管路都应当有适当的标识。

第十五条　应当对每批物料至少做一项鉴别试验。如原料药生产企业有供应商审计系统时，供应商的检验报告可以用来替代其他项目的测试。

第十六条　工艺助剂、有害或有剧毒的原料、其他特殊物料或转移到本企业另一生产场地的物料可以免检，但必须取得供应商的检验报告，且检验报告显示这些物料符合规定的质量标准，还应当对其容器、标签和批号进行目检予以确认。免检应当说明理由并有正式记录。

第十七条　应当对首次采购的最初三批物料全检合格后，方可对后续批次进行部分项目的检验，但应当定期进行全检，并与供应商的检验报告比较。应当定期评估供应商检验报告的可靠性、准确性。

第十八条　可在室外存放的物料，应当存放在适当容器中，有清晰的标识，并在开启和使用前应当进行适当清洁。

第十九条　必要时（如长期存放或贮存在热或潮湿的环境中），应当根据情况重新评估物料的质量，确定其适用性。

第五章　验　　证

第二十条　应当在工艺验证前确定产品的关键质量属性、影响产品关键质量属性的关键工艺参数、常规生产和工艺控制中的关键工艺参数范围，通过验证证明工艺操作的重现性。

关键质量属性和工艺参数通常在研发阶段或根据历史资料和数据确定。

第二十一条　验证应当包括对原料药质量（尤其是纯度和杂质等）有重要影响的关键操作。

第二十二条　验证的方式：

（一）原料药生产工艺的验证方法一般应为前验证。因原料药不经常生产、批数不多或生产工艺已有变更等原因，难以从原料药的重复性生产获得现成的数据时，可进行同步验证。

（二）如没有发生因原料、设备、系统、设施或生产工艺改变而对原料药质量有影响的重大变更时，可例外进行回顾性验证。该验证方法适用于下列情况：

1. 关键质量属性和关键工艺参数均已确定；

2. 已设定合适的中间控制项目和合格标准；

3. 除操作人员失误或设备故障外，从未出现较大的工艺或产品不合格的问题；

4. 已明确原料药的杂质情况。

（三）回顾性验证的批次应当是验证阶段中有代表性的生产批次，包括不合格批次。应当有足够多的批次数，以证明工艺的稳定。必要时，可用留样检验获得的数据作为回顾性验证的补充。

第二十三条　验证计划：

（一）应当根据生产工艺的复杂性和工艺变更的类别决定工艺验证的运行次数。前验证和同步验证通常采用连续的三个合格批次，但在某些情况下，需要更多的批次才能保证工艺的一致性（如复杂的原料药生产工艺，或周期很长的原料药生产工艺）。

（二）工艺验证期间，应当对关键工艺参数进行监控。与质量无关的参数（如与节能或设备使用相关控制的参数），无需列入工艺验证中。

（三）工艺验证应当证明每种原料药中的杂质都在规定的限度内，并与工艺研发阶段确定的杂质限度或者关键的临床和毒理研究批次的杂质数据相当。

第二十四条　清洁验证：

（一）清洁操作规程通常应当进行验证。清洁验证一般应当针对污染物、所用物料对原料药质量有最大风险的状况及工艺步骤。

（二）清洁操作规程的验证应当反映设备实际的使用情况。如果多个原料药或中间产品共用同一设备生产，且采用同一操作规程进行清洁的，则可选择有代表性的中间产品或原料药作为清洁验证的参照物。应当根据溶解度、难以清洁的程度以及残留物的限度来选择清洁参照物，而残留物的限度则需根据活性、毒性和稳定性确定。

（三）清洁验证方案应当详细描述需清洁的对象、清洁操作规程、选用的清洁剂、可接受限度、需监控的参数以及检验方法。该方案还应当说明样品类型（化学或微生物）、取样位置、取样方法和样品标识。专用生产设备且产品质量稳定的，可采用目检法确定可接受限度。

（四）取样方法包括擦拭法、淋洗法或其他方法（如直接萃取法），以对不溶性和可溶性残留物进行检验。

（五）应当采用经验证的灵敏度高的分析方法检测残留物或污染物。每种分析方法的检测限必须足够灵敏，能检测残留物或污染物的限度标准。应当确定分析方法可达到的回收率。残留物的限度标准应当切实可行，并根据最有害的残留物来确定，可根据原料药的药理、毒理或生理活性来确定，也可根据原料药生产中最有害的组分来确定。

（六）对需控制热原或细菌内毒素污染水平的生产工艺，应当在设备清洁验证文件中有详细阐述。

（七）清洁操作规程经验证后应当按验证中设定的检验方法定期进行监测，保证日常生产中操作规程的有效性。

第六章　文　　件

第二十五条　企业应当根据生产工艺要求、对产品质量的影响程度、物料的特性以及对供应商的质量评估情况，确定合理的物料质量标准。

第二十六条　中间产品或原料药生产中使用的某些材料，如工艺助剂、垫圈或其他材料，可能对质量有重要影响时，也应当制定相应材料的质量标准。

第二十七条　原料药的生产工艺规程应当包括：

（一）所生产的中间产品或原料药名称。

（二）标有名称和代码的原料和中间产品的完整清单。

（三）准确陈述每种原料或中间产品的投料量或投料比，包括计量单位。如果投料量不固定，应当注明每种批量或产率的计算方法。如有正当理由，可制定投料量合理变动的范围。

（四）生产地点、主要设备（型号及材质等）。

（五）生产操作的详细说明，包括：

1. 操作顺序；

2. 所用工艺参数的范围；

3. 取样方法说明，所用原料、中间产品及成品的质量标准；

4. 完成单个步骤或整个工艺过程的时限（如适用）；

5. 按生产阶段或时限计算的预期收率范围；

6. 必要时，需遵循的特殊预防措施、注意事项或有关参照内容；

7. 可保证中间产品或原料药适用性的贮存要求，包括标签、包装材料和特殊贮存条件以及期限。

第七章　生　产　管　理

第二十八条　生产操作：

（一）原料应当在适宜的条件下称量，以免影响其适用性。称量的装置应当具有与使用目的相适应的精度。

（二）如将物料分装后用于生产的，应当使用适当的分装容器。分装容器应当有标识并标明以下内容：

1. 物料的名称或代码；

2. 接收批号或流水号；

3. 分装容器中物料的重量或数量；

4. 必要时，标明复验或重新评估日期。

（三）关键的称量或分装操作应有复核或有类似的控制手段。使用前，生产人员应当核实所用物料正确无误。

（四）应当将生产过程中指定步骤的实际收率与预期收率比较。预期收率的范围应当根据以前的实验室、中试或生产的数据来确定。应当对关键工艺步骤收率的偏差进行调查，确定偏差对相关批次产品质量的影响或潜在影响。

（五）应当遵循工艺规程中有关时限控制的规定。发生偏差时，应当作记录并进行评价。反应终点或加工步骤的完成是根据中间控制的取样和检验来确定的，则不适用时限控制。

（六）需进一步加工的中间产品应当在适宜的条件下存放，确保其适用性。

第二十九条　生产的中间控制和取样：

（一）应当综合考虑所生产原料药的特性、反应类型、工艺步骤对产品质量影响的大小等因素来确定控制标准、检验类型和范围。前期生产的中间控制严格程度可较低，越接近最终工序（如分离和纯化）中间控制越严格。

（二）有资质的生产部门人员可进行中间控制，并可在质量管理部门事先批准的范围内对生产操作进行必要的调整。在调整过程中发生的中间控制检验结果超标通常不需要进行调查。

（三）应当制定操作规程，详细规定中间产品和原料药的取样方法。

（四）应当按照操作规程进行取样，取样后样品密封完好，防止所取的中间产品和原料药样品被污染。

第三十条　病毒的去除或灭活：

（一）应当按照经验证的操作规程进行病毒去除和灭活。

（二）应当采取必要的措施，防止病毒去除和灭活操作后可能的病毒污染。敞口操作区应当与其他操作区分开，并设独立的空调净化系统。

（三）同一设备通常不得用于不同产品或同一产品不同阶段的纯化操作。如果使用同一设备，应当采取适当的清洁和消毒措施，防止病毒通过设备或环境由前次纯化操作带入后续纯化操作。

第三十一条　原料药或中间产品的混合：

（一）本条中的混合指将符合同一质量标准的原料药或中间产品合并，以得到均一产品的工艺过程。将来自同一批次的各部分产品（如同一结晶批号的中间产品分数次离心）在生产中进行合并，或将几个批次的中间产品合并在一起作进一步加工，可作为生产工艺的组成部分，不视为混合。

（二）不得将不合格批次与其他合格批次混合。

（三）拟混合的每批产品均应当按照规定的工艺生产、单独检验，并符合相应质量标准。

（四）混合操作可包括：

1. 将数个小批次混合以增加批量；

2. 将同一原料药的多批零头产品混合成为一个批次。

（五）混合过程应当加以控制并有完整记录，混合后的批次应当进行检验，确认其符合质量标准。

（六）混合的批记录应当能够追溯到参与混合的每个单独批次。

（七）物理性质至关重要的原料药（如用于口服固体制剂或混悬剂的原料药），其混合工艺应当进行验证，验证包括证明混合批次的质量均一性及对关键特性（如粒径分布、松密度和堆密度）的检测。

（八）混合可能对产品的稳定性产生不利影响的，应当对最终混合的批次进行稳定性考察。

（九）混合批次的有效期应当根据参与混合的最早批次产品的生产日期确定。

第三十二条　生产批次的划分原则：

（一）连续生产的原料药，在一定时间间隔内生产的在规定限度内的均质产品为一批。

（二）间歇生产的原料药，可由一定数量的产品经最后混合所得的在规定限度内的均质产品为一批。

第三十三条　污染的控制：

（一）同一中间产品或原料药的残留物带入后续数个批次中的，应当严格控制。带入的残留物不得引入降解物或微生物污染，也不得对原料药的杂质分布产生不利影响。

（二）生产操作应当能够防止中间产品或原料药被其他物料污染。

（三）原料药精制后的操作，应当特别注意防止污染。

第三十四条　原料药或中间产品的包装：

（一）容器应当能够保护中间产品和原料药，使其在运输和规定的贮存条件下不变质、不受污染。容器不得因与产品发生反应、释放物质或吸附作用而影响中间产品或原料药的质量。

（二）应当对容器进行清洁，如中间产品或原料药的性质有要求时，还应当进行消毒，确保其适用性。

（三）应当按照操作规程对可以重复使用的容器进行清洁，并去除或涂毁容器上原有的标签。

（四）应当对需外运的中间产品或原料药的容器采取适当的封装措施，便于发现封装状态的变化。

第八章　不合格中间产品或原料药的处理

第三十五条　不合格的中间产品和原料药可按第三十六条、第三十七条的要求进行返工或重新加工。不合格物料的最终处理情况应当有记录。

第三十六条　返工：

（一）不符合质量标准的中间产品或原料药可重复既定生产工艺中的步骤，进行重结晶等其他物理、化学处理，如蒸馏、过滤、层析、粉碎方法。

（二）多数批次都要进行的返工，应当作为一个工艺步骤列入常规的生产工艺中。

（三）除已列入常规生产工艺的返工外，应当对将未反应的物料返回至某一工艺步骤并重复进行化学反应的返工进行评估，确保中间产品或原料药的质量未受到生成副产物和过度反应物的不利影响。

（四）经中间控制检测表明某一工艺步骤尚未完成，仍可按正常工艺继续操作，不属于返工。

第三十七条　重新加工：

（一）应当对重新加工的批次进行评估、检验及必要的稳定性考察，并有完整的文件和记录，证明重新加工后的产品与原工艺生产的产品质量相同。可采用同步验证的方式确定重新加工的操作规程和预期结果。

（二）应当按照经验证的操作规程进行重新加工，将重新加工的每个批次的杂质分布与正常工艺生产的批次进行比较。常规检验方法不足以说明重新加工批次特性的，还应当采用其他的方法。

第三十八条　物料和溶剂的回收：

（一）回收反应物、中间产品或原料药（如从母液或滤液中回收），应当有经批准的回收操作规程，且回收的物料或产品符合与预定用途相适应的质量标准。

（二）溶剂可以回收。回收的溶剂在同品种相同或不同的工艺步骤中重新使用的，应当对回收过程进行控制和监测，确保回收的溶剂符合适当的质量标准。回收的溶剂用于其他品种的，应当证明不会对产品质量有不利影响。

（三）未使用过和回收的溶剂混合时，应当有足够的数据表明其对生产工艺的适用性。

（四）回收的母液和溶剂以及其他回收物料的回收与使用，应当有完整、可追溯的记录，并定期检测杂质。

第九章　质　量　管　理

第三十九条　原料药质量标准应当包括对杂质的控制（如有机杂质、无机杂质、残留溶剂）。原料药有微生物或细菌内毒素控制要求的，还应当制定相应的限度标准。

第四十条 按受控的常规生产工艺生产的每种原料药应当有杂质档案。杂质档案应当描述产品中存在的已知和未知的杂质情况，注明观察到的每一杂质的鉴别或定性分析指标（如保留时间）、杂质含量范围，以及已确认杂质的类别（如有机杂质、无机杂质、溶剂）。杂质分布一般与原料药的生产工艺和所用起始原料有关，从植物或动物组织制得的原料药、发酵生产的原料药的杂质档案通常不一定有杂质分布图。

第四十一条 应当定期将产品的杂质分析资料与注册申报资料中的杂质档案，或与以往的杂质数据相比较，查明原料、设备运行参数和生产工艺的变更所致原料药质量的变化。

第四十二条 原料药的持续稳定性考察：

（一）稳定性考察样品的包装方式和包装材质应当与上市产品相同或相仿。

（二）正常批量生产的最初三批产品应当列入持续稳定性考察计划，以进一步确认有效期。

（三）有效期短的原料药，在进行持续稳定性考察时应适当增加检验频次。

第十章 采用传统发酵工艺生产原料药的特殊要求

第四十三条 采用传统发酵工艺生产原料药的应当在生产过程中采取防止微生物污染的措施。

第四十四条 工艺控制应当重点考虑以下内容：

（一）工作菌种的维护。

（二）接种和扩增培养的控制。

（三）发酵过程中关键工艺参数的监控。

（四）菌体生长、产率的监控。

（五）收集和纯化工艺过程需保护中间产品和原料药不受污染。

（六）在适当的生产阶段进行微生物污染水平监控，必要时进行细菌内毒素监测。

第四十五条 必要时，应当验证培养基、宿主蛋白、其他与工艺、产品有关的杂质和污染物的去除效果。

第四十六条 菌种的维护和记录的保存：

（一）只有经授权的人员方能进入菌种存放的场所。

（二）菌种的贮存条件应当能够保持菌种生长能力达到要求水平，并防止污染。

（三）菌种的使用和贮存条件应当有记录。

（四）应当对菌种定期监控，以确定其适用性。

（五）必要时应当进行菌种鉴别。

第四十七条 菌种培养或发酵：

（一）在无菌操作条件下添加细胞基质、培养基、缓冲液和气体，应当采用密闭或封闭系统。初始容器接种、转种或加料（培养基、缓冲液）使用敞口容器操作的，应当有控制措施避免污染。

（二）当微生物污染对原料药质量有影响时，敞口容器的操作应当在适当的控制环境下进行。

（三）操作人员应当穿着适宜的工作服，并在处理培养基时采取特殊的防护措施。

（四）应当对关键工艺参数（如温度、pH值、搅拌速度、通气量、压力）进行监控，保证与规定的工艺一致。必要时，还应当对菌体生长、产率进行监控。

（五）必要时，发酵设备应当清洁、消毒或灭菌。

（六）菌种培养基使用前应当灭菌。

（七）应当制定监测各工序微生物污染的操作规程，并规定所采取的措施，包括评估微生物污染对产品质量的影响，确定消除污染使设备恢复到正常的生产条件。处理被污染的生产物料时，应当对发酵过程中检出的外源微生物进行鉴别，必要时评估其对产品质量的影响。

（八）应当保存所有微生物污染和处理的记录。

（九）更换品种生产时，应当对清洁后的共用设备进行必要的检测，将交叉污染的风险降低到最低程度。

第四十八条 收获、分离和纯化：

（一）收获步骤中的破碎后除去菌体或菌体碎片、收集菌体组分的操作区和所用设备的设计，应当能够将污染风险降低到最低程度。

（二）包括菌体灭活、菌体碎片或培养基组分去除在内的收获及纯化，应当制定相应的操作规程，采取措施减少产品的降解和污染，保证所得产品具有持续稳定的质量。

（三）分离和纯化采用敞口操作的，其环境应当能够保证产品质量。

（四）设备用于多个产品的收获、分离、纯化时，应当增加相应的控制措施，如使用专用的层析介质或进行额外的检验。

第十一章 术　　语

第四十九条 下列术语含义是：

（一）传统发酵

指利用自然界存在的微生物或用传统方法（如辐照或化学诱变）改良的微生物来生产原料药的工艺。用"传统发酵"生产的原料药通常是小分子产品，如抗生素、氨基酸、维生素和糖类。

（二）非无菌原料药

法定药品标准中未列有无菌检查项目的原料药。

（三）关键质量属性

指某种物理、化学、生物学或微生物学的性质，应当有适当限度、范围或分布，保证预期的产品质量。

（四）工艺助剂

在原料药或中间产品生产中起辅助作用、本身不参与化学或生物学反应的物料（如助滤剂、活性炭，但不包括溶剂）。

（五）母液

结晶或分离后剩下的残留液。

附录3：

中 药 制 剂

第一章 范　　围

第一条 本附录适用于中药材前处理、中药提取和中药制剂的生产、质量控制、贮存、发放和运输。

第二条 民族药参照本附录执行。

第二章 原　　则

第三条 中药制剂的质量与中药材和中药饮片的质量、中药材前处理和中药提取工艺密切相关。应当对中药材和中药饮片的质量以及中药材前处理、中药提取工艺严格控制。在中药材前处理以及中药提取、贮存和运输过程中，应当采取措施控制微生物污染，防止变质。

第四条 中药材来源应当相对稳定。注射剂生产所用中药材的产地应当与注册申报资料中的产地一致，并尽可能采用规范化生产的中药材。

第三章 机构与人员

第五条 企业的质量管理部门应当有专人负责中药材和中药饮片的质量管理。

第六条　专职负责中药材和中药饮片质量管理的人员应当至少具备以下条件：

（一）具有中药学、生药学或相关专业大专以上学历，并至少有三年从事中药生产、质量管理的实际工作经验；或具有专职从事中药材和中药饮片鉴别工作八年以上的实际工作经验；

（二）具备鉴别中药材和中药饮片真伪优劣的能力；

（三）具备中药材和中药饮片质量控制的实际能力；

（四）根据所生产品种的需要，熟悉相关毒性中药材和中药饮片的管理与处理要求。

第七条　专职负责中药材和中药饮片质量管理的人员主要从事以下工作：

（一）中药材和中药饮片的取样；

（二）中药材和中药饮片的鉴别、质量评价与放行；

（三）负责中药材、中药饮片（包括毒性中药材和中药饮片）专业知识的培训；

（四）中药材和中药饮片标本的收集、制作和管理。

第四章　厂 房 设 施

第八条　中药材和中药饮片的取样、筛选、称重、粉碎、混合等操作易产生粉尘的，应当采取有效措施，以控制粉尘扩散，避免污染和交叉污染，如安装捕尘设备、排风设施或设置专用厂房（操作间）等。

第九条　中药材前处理的厂房内应当设拣选工作台，工作台表面应当平整、易清洁，不产生脱落物。

第十条　中药提取、浓缩等厂房应当与其生产工艺要求相适应，有良好的排风、水蒸气控制及防止污染和交叉污染等设施。

第十一条　中药提取、浓缩、收膏工序宜采用密闭系统进行操作，并在线进行清洁，以防止污染和交叉污染。采用密闭系统生产的，其操作环境可在非洁净区；采用敞口方式生产的，其操作环境应当与其制剂配制操作区的洁净度级别相适应。

第十二条　中药提取后的废渣如需暂存、处理时，应当有专用区域。

第十三条　浸膏的配料、粉碎、过筛、混合等操作，其洁净度级别应当与其制剂配制操作区的洁净度级别一致。中药饮片经粉碎、过筛、混合后直接入药的，上述操作的厂房应当能够密闭，有良好的通风、除尘等设施，人员、物料进出及生产操作应当参照洁净区管理。

第十四条　中药注射剂浓配前的精制工序应当至少在D级洁净区内完成。

第十五条　非创伤面外用中药制剂及其他特殊的中药制剂可在非洁净厂房内生产，但必须进行有效的控制与管理。

第十六条　中药标本室应当与生产区分开。

第五章　物　　料

第十七条　对每次接收的中药材均应当按产地、采收时间、采集部位、药材等级、药材外形（如全株或切断）、包装形式等进行分类，分别编制批号并管理。

第十八条　接收中药材、中药饮片和中药提取物时，应当核对外包装上的标识内容。中药材外包装上至少应当标明品名、规格、产地、采收（加工）时间、调出单位、质量合格标志；中药饮片外包装上至少应当标明品名、规格、产地、产品批号、生产日期、生产企业名称、质量合格标志；中药提取物外包装上至少应当标明品名、规格、批号、生产日期、贮存条件、生产企业名称、质量合格标志。

第十九条　中药饮片应当贮存在单独设置的库房中；贮存鲜活中药材应当有适当的设施（如冷藏设施）。

第二十条　毒性和易串味的中药材和中药饮片应当分别设置专库（柜）存放。

第二十一条　仓库内应当配备适当的设施，并采取有效措施，保证中药材和中药饮片、中药提取物以及中药制剂按照法定标准的规定贮存，符合其温、湿度或照度的特殊要求，并进行监控。

第二十二条　贮存的中药材和中药饮片应当定期养护管理，仓库应当保持空气流通，应当配备相应的设施或采取安全有效的养护方法，防止昆虫、鸟类或啮齿类动物等进入，防止任何动物随中药材和中药饮片带入仓储区而造成污染和交叉污染。

第二十三条　在运输过程中，应当采取有效可靠的措施，防止中药材和中药饮片、中药提取物以及中药制剂发生变质。

第六章　文　件　管　理

第二十四条　应当制定控制产品质量的生产工艺规程和其他标准文件：

（一）制定中药材和中药饮片养护制度，并分类制定养护操作规程；

（二）制定每种中药材前处理、中药提取、中药制剂的生产工艺和工序操作规程，各关键工序的技术参数必须明确，如：标准投料量、提取、浓缩、精制、干燥、过筛、混合、贮存等要求，并明确相应的贮存条件及期限；

（三）根据中药材和中药饮片质量、投料量等因素，制定每种中药提取物的收率限度范围；

（四）制定每种经过前处理后的中药材、中药提取物、中间产品、中药制剂的质量标准和检验方法。

第二十五条　应当对从中药材的前处理到中药提取物整个生产过程中的生产、卫生和质量管理情况进行记录，并符合下列要求：

（一）当几个批号的中药材和中药饮片混合投料时，应当记录本次投料所用每批中药材和中药饮片的批号和数量。

（二）中药提取各生产工序的操作至少应当有以下记录：

1. 中药材和中药饮片名称、批号、投料量及监督投料记录；

2. 提取工艺的设备编号、相关溶剂、浸泡时间、升温时间、提取时间、提取温度、提取次数、溶剂回收等记录；

3. 浓缩和干燥工艺的设备编号、温度、浸膏干燥时间、浸膏数量记录；

4. 精制工艺的设备编号、溶剂使用情况、精制条件、收率等记录；

5. 其他工序的生产操作记录；

6. 中药材和中药饮片废渣处理的记录。

第七章　生　产　管　理

第二十六条　中药材应当按照规定进行拣选、整理、剪切、洗涤、浸润或其他炮制加工。未经处理的中药材不得直接用于提取加工。

第二十七条　中药注射剂所需的原药材应当由企业采购并自行加工处理。

第二十八条　鲜用中药材采收后应当在规定的期限内投料，可存放的鲜用中药材应当采取适当的措施贮存，贮存的条件和期限应当有规定并经验证，不得对产品质量和预定用途有不利影响。

第二十九条　在生产过程中应当采取以下措施防止微生物污染：

（一）处理后的中药材不得直接接触地面，不得露天干燥；

（二）应当使用流动的工艺用水洗涤拣选后的中药材，用过的水不得用于洗涤其他药材，不同的中药材不得同时在同一容器中洗涤。

第三十条　毒性中药材和中药饮片的操作应当有防止污染和交叉污染的措施。

第三十一条　中药材洗涤、浸润、提取用水的质量标准不得低于饮用水标准，无菌制剂的提取用水应当采用纯化水。

第三十二条　中药提取用溶剂需回收使用的，应当制定回收操作规程。回收后溶剂的再使用不得对产品造成交叉污染，不得对产品的质量和安全性有不利影响。

第八章　质量管理

第三十三条　中药材和中药饮片的质量应当符合国家药品标准及省（自治区、直辖市）中药材标准和中药炮制规范，并在现有技术条件下，根据对中药制剂质量的影响程度，在相关的质量标准中增加必要的质量控制项目。

第三十四条　中药材和中药饮片的质量控制项目应当至少包括：

（一）鉴别；

（二）中药材和中药饮片中所含有关成分的定性或定量指标；

（三）已粉碎生药的粒度检查；

（四）直接入药的中药粉末入药前的微生物限度检查；

（五）外购的中药饮片可增加相应原药材的检验项目；

（六）国家药品标准及省（自治区、直辖市）中药材标准和中药炮制规范中包含的其他检验项目。

第三十五条　中药提取、精制过程中使用有机溶剂的，如溶剂对产品质量和安全性有不利影响时，应当在中药提取物和中药制剂的质量标准中增加残留溶剂限度。

第三十六条　应当对回收溶剂制定与其预定用途相适应的质量标准。

第三十七条　应当建立生产所用中药材和中药饮片的标本，如原植（动、矿）物、中药材使用部位、经批准的替代品、伪品等标本。

第三十八条　对使用的每种中药材和中药饮片应当根据其特性和贮存条件，规定贮存期限和复验期。

第三十九条　应当根据中药材、中药饮片、中药提取物、中间产品的特性和包装方式以及稳定性考察结果，确定其贮存条件和贮存期限。

第四十条　每批中药材或中药饮片应当留样，留样量至少能满足鉴别的需要，留样时间应当有规定；用于中药注射剂的中药材或中药饮片的留样，应当保存至使用该批中药材或中药饮片生产的最后一批制剂产品放行后一年。

第四十一条　中药材和中药饮片贮存期间各种养护操作应当有记录。

第九章　委托生产

第四十二条　中药材前处理和中药提取的委托生产应当至少符合以下要求：

（一）委托生产使用的中药材和中药饮片来源和质量应当由委托方负责；

（二）委托方应当制定委托生产产品质量交接的检验标准。每批产品应当经检验合格后，方可接收；

（三）委托生产的产品放行时，应当查阅中药材和中药饮片检测报告书，确认中药材和中药饮片的质量。

第四十三条　中药提取的委托生产还应当注意以下事项，并在委托生产合同中确认：

（一）所使用中药饮片的质量标准。

（二）中药提取物的质量标准，该标准应当至少包括提取物的含量测定或指纹图谱以及允许波动范围。

（三）中药提取物的收率范围。

（四）中药提取物的包装容器、贮存条件、贮存期限。

（五）中药提取物的运输条件：

1. 中药提取物运输包装容器的材质、规格；

2. 防止运输中质量改变的措施。

（六）中药提取物交接的确认事项：

1. 每批提取物的交接记录；

2. 受托人应当向委托人提供每批中药提取物的生产记录。

（七）中药提取物的收率范围、包装容器、贮存条件、贮存期限、运输条件以及运输包装容器的材质、规格应当进行确认或验证。

第十章 术 语

第四十四条 下列术语含义是：

原药材

指未经前处理加工或未经炮制的中药材。

参 考 文 献

［1］ 《药品生产质量管理规范解读》编委会. 药品生产质量管理规范.（2010 年修订）解读［M］. 中国医药科技出版社，2011.

［2］ 罗文华. 药品生产质量管理［M］. 人民卫生出版社，2009.

［3］ 何思煌. 药品生产质量管理［M］. 中国医药科技出版社，2009.

［4］ 国家食品药品监督管理局药品认证管理中心. 药品 GMP 指南［M］. 中国医药科技出版社，2011.

［5］ 张中社，郑剑玲. 药品 GMP 实务［M］. 西安：西安交通大学出版社，2012.

［6］ 《中华人民共和国药典》编委会. 中华人民共和国药典（2010 年版）［M］. 北京：中国医药科技出版社，2010.

［7］ 国家食品药品监督管理局. 药品生产质量管理规范（2010 年修订）［EB/OL］. http://www.sda.gov.cn.